后蜀
赵廷隐墓
发掘报告

成都文物考古研究院　编著

科学出版社

北京

内 容 简 介

赵廷隐墓位于成都市龙泉驿区十陵街道青龙村一组，2010年11月～2011年6月进行了抢救性发掘。墓葬出土墓志和买地券明确记载墓主人为后蜀宋王赵廷隐。赵廷隐卒于后蜀广政十三年（950年）冬，葬于广政十四年（951年），墓葬修建年代应在950年左右。该墓规格较大、器物精美，出土随葬器物共116件，包括彩绘陶俑、庭院模型、陶器、瓷器、锡器、铜器、铁器、砖石质文物等。本报告共分四章，第一章为绪论部分，详细介绍了墓葬所在区域地理环境、历史沿革及墓葬发掘过程，第二章详尽介绍了墓葬结构及葬具、人骨等相关信息，第三章按器物质地逐一报告了墓葬出土器物的情况，第四章对墓主赵廷隐的生平、家世以及墓葬的形制、盗掘情况、出土庭院和乐舞俑作了相关研究。

本书可供唐宋考古、音乐考古、古代服饰、古建筑等领域学者及学生参考，报告中大量精美的器物照片也可供文物摄影、文博爱好者阅读、欣赏。

图书在版编目（CIP）数据

后蜀赵廷隐墓发掘报告 / 成都文物考古研究院编著. — 北京：科学出版社，2024.6

ISBN 978-7-03-063054-4

Ⅰ.①后… Ⅱ.①成… Ⅲ.①赵廷隐－墓葬（考古）－发掘报告 Ⅳ.①K878.85

中国版本图书馆CIP数据核字（2019）第254757号

责任编辑：柴丽丽／责任校对：张亚丹
责任印制：肖　兴／书籍设计：北京美光设计制版有限公司

科 学 出 版 社 出版
北京东黄城根北街16号
邮政编码：100717
http://www.sciencep.com
北京华联印刷有限公司 印刷
科学出版社发行　各地新华书店经销
*
2024年6月第 一 版　开本：889×1194　1/16
2024年6月第一次印刷　印张：35　插页：1
字数：1 008 000
定价：558.00元
（如有印装质量问题，我社负责调换）

第三章　随葬器物

插图目录

图版目录

第一章

绪　论

一、地理环境

后蜀赵廷隐墓（M1）位于成都市龙泉驿区十陵街道青龙村一组（图一），中心点地理坐标为东经 104.164°、北纬 30.646°，海拔 505 米。北距成洛路约 300 米、西北距长江职业技术学院约 50 米。龙泉驿区地处成都平原东部，区境东屏龙泉山与简阳市交界，西邻成华、锦江两区，北与青白江区和新都区接壤，南连双流区，东西长 29.8、南北宽 28.75 千米。最高海拔 1051.3 米，最低海拔 456.8 米，相对高差 594.5 米。龙泉山是区内唯一山脉，唐代称"分栋山"（《北周文王碑》称"分东山"，《简州志》称"分栋山"），宋代随灵泉县改称"灵泉山"，明代改为"龙泉山"。龙泉山是一条呈东北略偏西南走向的狭长低山，属背斜断块山，东缓西陡，海拔 700 ~ 1000 米，相对高差 250 ~ 600 米。最高处海拔在区境内长松山东北的周家梁子，为 1051.3 米，南北两端均倾没于丘陵之中。其中段纵卧区境东南部，为成都平原与川中丘陵之界山。境内低山、丘陵、平坝兼有，地势由东

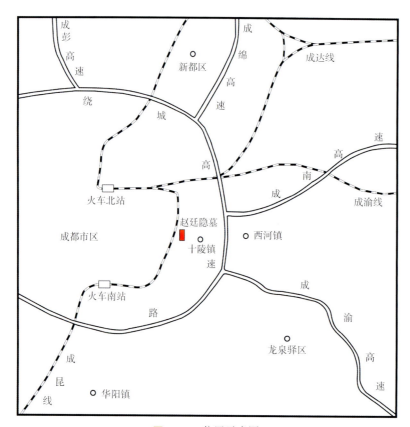

图一　M1位置示意图

南逐渐向西北微倾，以平坝为主、低山次之、丘陵面积最小。区境位于长江流域，东南部属岷江水系府河的支流，西北部属沱江水系毗河、绛溪河支流，以长松山脊一线为岷江与沱江水系分水岭。区境属四川盆地中亚热带湿润气候区，总的特征是气候温和、空气潮湿，冬无严寒，夏无酷暑，春暖秋凉，四季分明，无霜期长，风力偏小。春季气温回升快而不稳定，易出现倒春寒，且降水少，偶有冰雹与阵性大风；夏季降水多，易成洪灾；秋季多阴雨，天气偏凉；冬季多雾，日照少。

十陵街道，东邻西河镇，南接大面街道洪河村，西与成华区保和街道办事处、圣灯街道办事处相接，北与成华区龙潭街道办事处毗邻。地属成都平原东山浅丘，平均海拔 500 米。土质多黄壤水稻土。自然河流有东部的清水河向东流入西江河，人工灌渠有东风渠的总干渠从境内川流而过。

二、历史沿革

龙泉驿区境古为蜀国地。公元前 316 年秦惠文王灭蜀国置蜀郡，今区境属蜀郡。秦王政二十六年（前 221 年）秦王朝统一天下，置三十六郡，蜀郡未变。西汉武帝元朔二年（前 127 年）置广都县，元鼎二年（前 115 年）置成都县，元封五年（前 106 年）分全国为十三部（州），置刺史，今区境属益州蜀郡之成都、广都县地。东汉建武元年（25 年），公孙述据益州称帝（国号"成家"），其隶属未变。建武十二年（36 年），公孙述败亡，蜀地遂入东汉版图。中平五年（188 年），刘焉入蜀，到建安十九年（214 年），刘焉、刘璋父子割据二十六年。三国蜀汉时期，境地入刘备建立的汉版图四十三年（221～263 年），建制未变。魏景元四年（263 年），魏灭蜀，分益州置梁州，今区境仍属益州蜀郡之成都县地。西晋泰始元年（265 年），晋灭魏，今区境入晋版图。西晋永兴元年（304 年），流民军领袖李雄据蜀自称"成都王"，光熙元年（306 年）称皇帝（国号"成"），定都成都。后李寿改国号为汉，至东晋穆帝永和三年（347 年），桓温伐蜀灭成汉，今区境入成汉四十四年（304～347 年）。此后其地复入东晋版图。安帝义熙元年（405 年），益州兵变，建立西蜀王国，拥戴谯纵为王，九年后（413 年）被东晋所灭，今区境又入西蜀九年（405～413 年）。南北朝时期，今区境属宋益州蜀郡地六十年（420～479 年），属南齐益州蜀郡之成都、广都县地二十四年（479～502 年），属梁益州蜀郡地五十二年（502～553 年）。西魏废帝二年（553 年）平蜀，今四川大部分地区入西魏版图，其统治时间仅四年。至 557 年，北周取代西魏统治今四川大部分地区二十四年（558～581 年）。隋开皇初废蜀郡，大业时又改益州为蜀郡，今区境为蜀郡之成都、双流县地（581～618 年）。唐武德元年（618 年）定天下，推行道、州、县制，蜀置剑南、山南、黔中三道，剑南道下置十九州，益州领成都等十县。贞观十七年（643 年）分成都县之东偏置蜀县。龙朔二年（662 年）析双流县复置广都县，今区境属广都、蜀县地。久视元年（700 年）

分蜀县、广都县置东阳县，隶属于剑南道之益州，治地王店镇，即今龙泉驿，这是区境建县之始。天宝元年（742年）改益州为蜀郡，改东阳县为灵池县。因县南分栋山边涌出一泉，名"灵池"，县因此得名[1]。治地王店镇，隶属无变。至德二年（757年）改蜀郡为成都府。乾元元年（758年）改蜀县为华阳县。灵池、华阳县隶属于成都府。五代十国时期，前蜀王建于唐昭宗大顺二年（891年）据蜀，唐朝灭亡后遂在成都称帝（国号蜀），立国十九年（907～925年），今区境属蜀国灵池县。前蜀咸康元年即后唐庄宗同光三年（925年），李存勖灭前蜀，今区境复入后唐版图。至后唐闵帝应顺元年（934年），蜀王、西川节度使孟知祥在成都称帝（国号蜀），今区境复属蜀国灵池县。宋太祖乾德三年（965年）后蜀亡于宋，灵池县始入宋朝版图。宋代改道为路，以路统府、州、军、监，以府统县。蜀地设益、利、梓、夔四路。端拱元年（988年）改益州路为成都府路，领成都府、仙井监、永康军、石泉军及十二州，灵池县仍隶属于成都府。淳化五年（994年），王小波、李顺起兵据成都，建"大蜀"政权，灵池县随成都入大蜀二年。至道元年（995年），宋王朝王继恩率军镇压，今区境又入宋朝版图。天圣四年（1026年），改灵池县为灵泉县，治地仍在王店镇。元代建中书省和行中书省，以省统路，以路统府（州），以府（州）统县，中统元年（1260年）置陕西四川行中书省，元世祖至元八年（1271年）另置四川行省于成都，为四川境内独立行省之始。成都路下成都府立总管府，设录事司，领一司、七州、九县，各州领一、二县。至元二十二年（1285年），灵泉县由成都路下的成都府改隶府属之简州。元惠宗至正十七年（1357年），明玉珍据成都，至正二十三年（1363年）称帝，建都重庆，国号"大夏"，年号"天统"，灵泉县随成都路之简州脱离元朝入夏。明洪武四年（1371年）六月，明军灭大夏。其间政区调整，降州为县，省县入州。明洪武六年（1373年）降简州为简县，所领灵泉县省，置龙泉镇。洪武九年（1376年），改四川行中书省为四川布政使司，置龙泉镇巡检司，隶成都府之简州。崇祯十七年（1644年），张献忠攻克成都，建立农民革命政权，国号"大西"，建元"大顺"，今区境遂入大西。清顺治三年（1646年），张献忠在凤凰山（今属西充县）被清军所杀，至顺治十二年（1655年）清朝正式统治成都，今区境入清朝版图，为川西道成都府之简州地，置龙泉巡检分司，设汛署，隶成都城守营。清康熙六年（1667年），在四川大规模设置驿站，分为北、南、东、西四路，其中"东路起自简州之龙泉驿。至奉节之小桥驿"，此期龙泉驿既是驿站名也是地名。新中国成立后，龙泉驿区隶属成都市，1960年龙泉驿区成为隶属于成都市的县级区。十陵镇，原名青龙乡，在新中国成立前隶属西河乡。1952年从西河析出青龙乡，以乡政府驻地青龙埂为名。1960年更名石灵公社，1983年复乡制，1994年撤销石灵乡，建立十陵镇，2004年改十陵镇为十陵街道。

　　龙泉驿区十陵街道青龙村地势较高，在新中国开通东风渠前，周边无江河灌溉之利[2]，土地干燥、丘垅纵横，在地理位置上紧邻华阳县普安乡[3]。唐宋时期堪舆、卜地之风盛行，丘陵、台地等区域为卜葬中"地之美者"[4]，加之与成都县、华阳县城邑相近，该区域遂成为唐宋时期成都县、华阳县邑人重要墓葬分布区。这一区域内发现的重要墓葬有前蜀皇帝王建墓[5]、后蜀皇帝孟知祥墓[6]、前蜀王宗侃夫妇墓[7]、前蜀晋晖墓[8]、后唐高晖墓[9]、后蜀张虔钊墓[10]、后蜀徐铎墓[11]、后蜀宋琳墓[12]、后蜀孙汉韶墓[13]等。

　　2008年7月，接群众举报，龙泉驿区十陵镇（现十陵街道）一座古墓葬被盗，成都市文物考古工作队立即派专业人员赶往现场，经勘查，墓葬为带圆形封土的大型砖室墓，墓顶已垮塌，墓室内存大量青砖和填土，且积水较深，盗洞通至墓室积水，龙泉驿区文物保护管理所随后组织人员对墓葬进行回填保护。2010年11月底，墓葬所在区域拟建设龙泉驿区文化产业园，为配合该项目建设，同年12月初，在上报上级文物主管部门后，成都市文物考古工作队会同龙泉驿区文物保护管理所对墓葬进行抢救性发掘。

　　墓葬分布于南北向生土台上，土台高于周边区域约1.5米。鉴于墓葬规模较大、等级高，有发现墓群、墓前建筑或陵园的可能性。发掘工作开始后，一方面组织人员在墓葬周围5千米的范围内进行钻探，确认附近有无其他相关墓葬；另一方面开始清理土台之上墓葬封土周边耕土层。后在封土东侧发现墓道开口，并确认墓葬北、南、东三侧封土边界，西侧封土边界因民房叠压不详，未发现与墓葬相关的建筑或祭祀遗存。2011年1月初，大体厘清墓葬周边分布情况后，在墓葬封土中部布设宽1.5米的南北向和东西向隔梁各一条，两条隔梁十字交叉于封土正中（图版一）。在清理封土的过程中发现隔梁四壁剖面封土层位皆能对应，说明封土为一次性堆砌和夯筑完成。在封土向下清理至约1米时，确认墓葬顶部已完全垮塌，东侧门楼顶部及主室四角出现，再往下清理约1米时，北、南、西三耳室券顶出现。至此可确认，该墓葬整体呈"十"字形，东西向分布，为由墓道、主室、三耳室组成的大型砖室墓。2011年2月，考虑到墓室填满青砖和积土，考古队决定一方面开始清理墓道，并以墓道为后续清理墓室底部的主要通道。另一方面从顶部继续向下清理墓室内垮塌的青砖和积土，加快打通墓道的速度，并为墓葬搭架加固提供空间。2011年3月，墓门和墓室内部分壁画开始出土，因南方地区壁画材料稀少，文保中心特邀请陕西省文物考古研究院赵西晨、王啸啸两位壁画保护修复专家参与墓葬发掘，全程指导壁画保护和揭取工作。至2011年4月，墓道与墓室已经连通，墓葬底部填土中开始出土大量彩绘陶俑。

　　2011年5月初，墓室清理已至底部，在甬道南侧发现完整买地券一方，并在甬道与主室交界踏道附近发现已残破的墓志，通过拼接释读，确认墓主人为后蜀宋王赵廷隐，墓葬时代为后蜀广政十四年（951年）。至5月底，墓室基本清理完毕。6月初，完成回填工作。

图版一　墓葬中部十字隔梁（自西北向东南摄）

　　2011 年 7 月，成都市文物考古工作队文保中心开始对出土的陶瓷器、壁画、金属器等开展修复保护工作，至 2017 年底，出土器物的修复保护工作基本完成。2018 年初，开始对出土的随葬品进行绘图、照相，于同年 9 月基本完成。2018 年 10 月初开始系统进行考古发掘报告的编写工作，至 2019 年 7 月底，完成报告的初稿。

注释

[1]《元和郡县图志》卷三十《剑南道上》"灵池"条载"灵池县，次畿。西至府六十里。久视元年（700 年），长史李通广奏分蜀县、广都置东阳县。天宝元年为灵池县，因县南灵池为名"。（唐）李吉甫：《元和郡县图志》，中华书局，1985 年，第 769 页。

[2]《圣母山祈雨诗并序》载"锦里城东邑，高原十六乡。江流分不到，天雨降为常。"注曰"益都十县多引江水溉田，咸为沃壤。唯灵池疏决不到，须俟天雨，俗谓之'雷鸣田'"。（宋）潘洞：《圣母山祈雨诗并序》，（明）杨慎编，刘琳、王晓波点校：《全蜀艺文志》卷十四，线装书局，2003 年，上册，第 338 页。

[3] 易立：《唐宋时期成都府辖县乡、里考》，《成都考古研究》（二），科学出版社，2013 年，第 424 ～ 454 页。

[4]《二程集》卷十《葬说》，"然则曷谓地之美者？土色之光润，草木之茂盛，乃其验也……惟五患者不得不慎，须使异日不为道路，不为城郭，不为沟池，不为贵势所夺，不为耕犁所及"。（宋）程颢、

程颐著，王孝鱼点校：《二程集》，中华书局，1981 年，第 623 页。

[5] 冯汉骥：《前蜀王建墓发掘报告》，文物出版社，2002 年。

[6] 钟大全：《后蜀孟知祥墓与福庆长公主墓志铭》，《文物》1982 年第 3 期。

[7] 成都文物考古研究所、龙泉驿区文物保护管理所：《成都市龙泉驿五代前蜀王宗侃夫妇墓》，《考古》2011 年第 6 期。

[8] 赵殿增：《前蜀晋晖墓清理简报》，《考古》1983 年第 10 期。

[9] 徐鹏章等：《成都北郊站东乡高晖墓清理简报》，《考古通讯》1955 年第 6 期。

[10] 翁善良：《成都市东郊后蜀张虔钊墓》，《文物》1982 年第 3 期。

[11] 成都市博物馆考古队：《成都无缝钢管厂发现五代后蜀墓》，《四川文物》1991 年第 3 期。

[12] 任锡光：《四川彭山后蜀宋琳墓清理简报》，《考古通讯》1958 年第 5 期。

[13] 成都市博物馆考古队：《五代后蜀孙汉韶墓》，《文物》1991 年第 5 期。

第二章

墓葬形制

　　赵廷隐墓为带长方形墓道穹隆顶竖穴砖室墓，方向98°，墓葬平面略呈"十"字形，由墓道、墓门、甬道、主室、南北西三耳室构成（图二）。墓室土圹平面略呈"十"字形，东西长约20.56、南北宽约16.26、深约3.24米。墓门、主室直墙大部及耳室大部分位于土圹内，墓门门楼、主室墓顶及耳室券顶高于土圹，在墓葬四周先夯土至近墓顶处，再在其上堆砌圆形封土。

　　由于后期原址回填保护，墓葬未做详细解剖工作。

第一节　封土结构

　　封土西部因被民房叠压，仅可确认墓葬北、南、东三侧封土边界。据可确认部分判断，墓葬封土原为圆形，底部直径约30、残高约3米。墓葬封土可分为上、下两部分，下部

图版二　墓葬西侧夯土及封土（自东北向西南）

为夯土层，围绕墓室露出地表部分分层夯筑直至近墓顶处，各层大致呈水平分布，略有起伏，以红褐色黏土层为主，少部分为夹膏泥灰土层，夯层比较纯净，内仅含少量青砖块（图版二～图版四）。各层厚度不一，厚9～20厘米，各层表面直径约7厘米的圆形夯窝成组出现（图版五）。封土上部位于墓顶，破坏严重，无夯筑痕迹。从隔梁剖面观察，随墓顶垮塌至墓内的残存部分可分三层（图版六）。第1层，厚0～10厘米，灰褐色黏土，较纯净，其内未发现包含物，主要分布于墓葬中部。第2层，厚约36厘米，褐色黏土，其内仅发现少量青砖粒，分布面积覆盖耳室区域。第3层，厚30～45厘米，灰褐色黏土，内含大量料姜石块和少量青砖粒，分布区域略呈圆形，直径约30米。从各层分布面积可判断，封土原为顶小底大状。

图版三　墓葬西壁夯土与西侧夯土对应关系（自北向南）

图版四　墓葬北侧夯土（自北向南）

图版五　夯土层表成组夯窝

图版六　封土上部堆积（自北向南）

　　墓道位于墓室东侧，平面略呈长方形，长约18.2、宽约3.8、最深处约2.7米（图版七）。墓道分为前、后两段，前段在西侧近封门，底部呈阶梯状，后段在东侧，底部呈斜坡状。前段长约5.2米，由六阶青砖台阶组成，每阶逐层叠压升高，剖面皆用三层长方形青砖平铺而成，高0.24米。第一、二层阶宽约0.9米，第三、四、五层阶宽约0.85米，最上一层第六层阶宽1.7米（图版八）。墓道后段长约13米，底部呈角度约20°的斜坡状。底部为经修整的黄褐色生土，其上存膏泥痕迹，部分区域杂有青砖（图版九、图版一〇）。墓道两壁较竖直，内部为黄褐色生土，外侧用黄土和膏泥的混合物做出灰白色地仗层，光滑且坚硬，地仗层上施厚约1厘米的石灰层，在南壁石灰层上发现块状炭灰痕迹，推测经过烘烤（图版一一）。

　　墓道内的填土分为两次，第一次填土为墓道原填土，灰褐色，较为纯净，含有少量的瓷片和碎砖。第二次填土为墓道中部北侧填土，为二次开挖后回填形成，填土从墓道中部直至墓门，平面呈长条形，较为规整，由东向西呈坡状堆积，西侧最深处至墓葬封门墙中部，填土内含大量青砖以及两块长方形红砂岩石板。红砂岩石板为墓葬原封门石（图版一二）。

图版七　墓道全景（自东向西）

图版八　墓道前段全景
　　　　（自西向东）

图版九　墓葬后段全景
　　　　（自西向东）

图版一〇　墓道后段全景
　　　　　（自东向西）

图版一一　墓道南壁（自北向南）

图版一二　墓道内青砖及红砂岩石板
（自东向西）

第三节　封门

　　墓葬封门由内至外共分三层，其中内外两层用砖砌成，中部用红砂岩石板砌成（图版一三）。内层封门位于墓门门框中，用长方形青砖纵向丁砌而成，下部宽 3.32、上部宽约 1.2、厚约 0.84 米。中层封门位于墓门门框外侧，用长方形红砂岩石板横向丁砌而成，宽约 4、厚约 0.4 米。石板长度不一，宽约 0.8、厚约 0.4 米。外层封门紧贴中层封门，用长方形青砖一平一丁纵向砌成，该层不仅封闭了墓门，也遮蔽了门楼大部，宽约 5.56、厚约 0.84、高约 5.08 米。以上砖缝和石板缝间皆用黄褐色黏土作黏合剂。封门墙被二次开挖后部分拆除，形成一个高约 2.2、宽约 2 米的较为规整的方洞。

图版一三　墓葬三层封门全景（自东向西）

端门正面朝东，背靠墓室，由墓门和门楼两部分组成。墓门由门框、门顶和门洞三部分构成，两侧门框形制一致，用长方形青砖二或三或四横平和一纵丁相间砌成，宽0.52、厚0.88、高2米，其上施厚约1厘米的石灰层。两侧门框之上用长方形青砖纵向砌券顶两层，券部宽0.4、厚0.88、高2.34米，其上亦施厚约1厘米的石灰层。门洞为券顶，上部呈圆弧形、下部呈长方形，下部宽3.06、通高4米（图三；图版一四）。

门楼为砖砌仿木结构建筑，由门额、外侧门框、肋柱、光墙、门柱、阑额、补间铺作、柱头铺作和屋顶组成。墓门上侧用三层横铺平砖砌长方形门楣，其下接墓门券顶、上接阑额，夹于两门柱之间，长4.36、高0.14米，比光墙凸出约0.03米。外侧门框与门额相连，紧贴门柱内侧用长方形青砖丁砌而成，两侧结构一致，宽0.1、高2.48米，比光墙凸出约0.03米。左右肋柱形制一致，位于门洞两侧，紧贴光墙，由平砖和丁砖相间砌成，宽0.84、厚0.4、高2米，其作用一是加固光墙，二是用于上承门柱。左右门柱形制一致，分列门洞两侧，贴光墙侧为长方形，外侧为圆柱形，系用长方形砖一端保留原状、一端卷杀成圆弧状平砌而成，柱宽0.18、高2.64米。柱础分上下两层，上小下大，贴光墙侧为长方形，外侧为圆柱形，亦系用长方形砖一端保留原状、一端卷杀成圆弧状拼砌而成，上层宽0.32、下层宽0.44、通高0.14米。门柱顶端各作柱头铺作一朵，整体为一斗三升结构。栌斗由三层组成，最下部是四棱卷杀的斜边斗形砖一层，上宽0.22、下宽0.18、高0.06米。其上是两层长方形砖，形制一致，各宽0.24、高0.04米。栌斗之上为横拱，横拱正面呈半椭圆状，上部较平直，两侧各存一半圆形凹槽，槽深4厘米，下部呈圆弧状，中部存长方形凹槽与栌斗上层相套合。横拱最宽处0.48、最高处0.12米。华拱之上承三散斗，三散斗形制一致，皆由上下两层构成，上层为长方形，下层砖两侧卷杀成斜边。上层宽0.16、高0.04米，下层宽约0.14、高0.04米。墓门券顶之上两门柱间存长方形阑额，系用四层平砖横砌而成，该区域较光墙区域凸出约0.05米，并且阑额穿过门柱约0.15米，两端卷杀略呈圆弧形斜收。阑额上部正中存三斗七升的补间铺作一组，由栌斗、横拱和散斗构成，下接阑额上承屋檐。三栌斗结构与柱头栌斗一致，仅规格有异，最下层宽0.16～0.22、高0.08米，上部两层宽0.22、高0.06米。三横拱形制亦与柱头横拱形制一样，横拱最宽处0.52、最高处0.16米。三横拱上部相邻端共承一散斗。七散斗形制一致，皆由上下两层构成，上层为长方形，下层砖两侧卷杀成斜边。上层宽约0.14、高0.04米，下层宽约0.1、高0.04米（图版一五）。柱头铺作和补间铺作共同支撑的应为屋檐，其以上部分属屋顶结构。屋顶由长方形平砌青砖逐层内收形成，整体呈斜坡状，柱头铺作和补间铺作以上挑檐结构已垮塌，其上仅存正脊和筒瓦等仿木结构。正脊南北走向，系用长方形青砖横向平砌而成，残长约3.2、宽1.3、高0.08米。斜坡屋顶上等距离东西向分布长条形筒瓦20余路，中部和北侧多路已完全脱落，各长度不等，近瓦当部分皆已垮塌。各路间距约0.1、宽约0.06、高约0.05米。

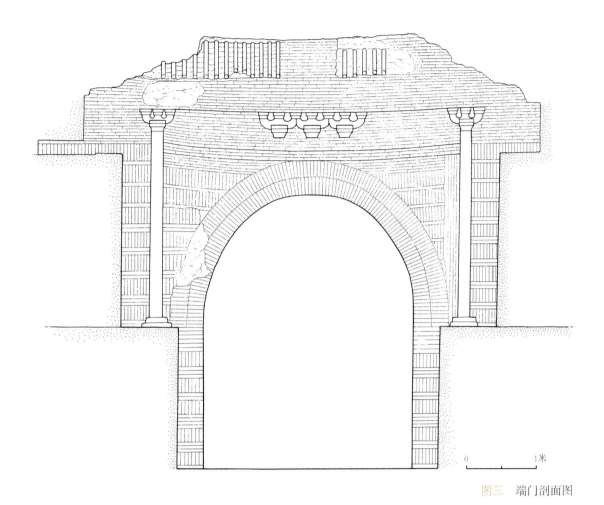

图三　端门剖面图

图版一四　墓门结构（自东向西）

图版一五　门楣、阑额及补间铺作细部（自东北向西南）

屋檐、斗拱、门柱、补间铺作、门楣等处均有零星残留白灰层和彩绘，局部偶见蓝色彩绘。因植物根须渗入、水分等因素影响，壁画开裂脱落，残损严重，现场只依稀看到屋檐与补间铺作交会处及两侧边缘有不完整的红色较宽条带边框，局部偶见较细蓝色条带相连，看似建筑图案。右侧斗拱中部有黑色线条勾勒的圆弧形，内填红色彩绘。柱头铺作局部残留有红线条勾勒的花簇图案，且最外层花瓣之间有小面积绿色填充的叶片，同时门柱中部有以圆弧形排列的叶状红色图案，依次向外有红线环绕和蓝色条状图案。门楣正中局部可见红色线条勾勒的云纹，门柱上依稀可见红色的龙纹，其他位置虽保留有极小部分，因残损严重已完全无法辨别内容（图版一六～图版二二）。

图版一六　墓门前壁斗拱局部红色彩绘

图版一七 墓门门楣局部红色线条勾勒云纹

图版一八 墓门右侧门柱上残留壁画图案

图版一九　端门横拱上花草纹

图版二〇　端门横拱上花草纹

图版二一　墓门上侧壁画

图版二二　门柱上龙形壁画

甬道位于墓门和主室之间，平面呈长方形，东西长 3.68、南北宽 4.68 米。甬道顶部为券顶，内高约 4 米。两壁各存三肋柱，肋柱宽约 0.7、厚约 0.46 米，其上砌券顶以加固券顶。据甬道底部结构可将其分为前后两部分。前部近墓门，位于第一与第三肋柱之间，东西长约 2.98 米，底部用长方形红砂岩石板一横一纵共四排相间平铺而成，石板均打磨平整，规格一致，长 1.02、宽 0.44、厚约 0.06 米（图版二三）。在距墓门第三排石板南北两侧均存月牙状地漏一个，用于排水，地漏长约 0.1、宽约 0.05 米。南北第一、第二肋柱之间各存一对称的宝塔形龛，龛底距甬道底部约 0.94 米，龛顶为宝塔状，下部宽约 0.5、高约 1 米（图版二四、图版二五）。

后部近主室，东西长约 0.7 米，位于南北第三肋柱之间，底部用两排长方形青砖横向平铺而成。近甬道前部第一排青砖底部与甬道前部石板底部同高，第二排青砖在第一排青砖高度上再平铺长方形青砖三层，前后形成台阶状，阶高 0.16 米（图版二六）。加之第二阶低于主室底部 0.14 米，总体构成甬道通向主室的三阶踏道。踏道两侧用长方形青砖纵向砌成斜坡状颊，两颊长约 0.78、宽约 0.44 米（图版二七）。

图版二三　甬道前部（自西向东）

图版二四　甬道南侧壁龛（自北向南）

图版二五　甬道北侧壁龛细部（自南向北）

图版二六　甬道后部（自东向西）

图版二七　踏道南颊（自北向南）

　　墓室由主室和南、北、西三耳室构成，总体略呈"凸"字形，东西长约 10.36、南北宽约 16.26 米，主室顶部已垮塌，残高约 6.46 米（图版二八～图版三二）。

图版二八　墓室外侧全景（自西北向东南）

图版二九　墓室外侧全景（自西向东）

图版三〇　墓室外侧全景（自西南向东北）

图版三一　墓室外侧全景
（自南向北）

图版三二　墓室外侧全景
（自东南向西北）

　　主室平面亦呈"凸"字形，东西长7.06、南北宽9.8米，据结构差异分前后两部分（图版三三）。前部近甬道，平面呈长方形，东西长5.1、南北宽9.8米，底部用长方形石板横纵相间平铺而成，石板规格与甬道石板相近，长约1、宽约0.5、厚约0.06米。前部东西两壁各存四肋柱，肋柱宽约0.74、厚约0.46米。主室以东西两壁近棺台的四根肋柱为主要支撑四面起券，最下层券内高5.68米（图版三四）。墓顶再以券顶为基础在四角用长方平砖砌角墙，然后以角墙为支撑起券封闭墓顶。虽然主室中部顶已垮塌，但据残存顶部结构推测其应为穹隆顶。主室肋柱之间形成自然肋龛，东西两壁各存两肋龛，北部对应两龛宽1.28、进深0.46米，南侧对应两龛宽0.5、进深0.46米。主室后部近西耳室，平面呈长方形，东西长1.96、南北宽4.6米。墓底用长方形石板横纵相间平砌而成。南北两壁

图版三三　墓室内部结构（自东向西）

图版三四　主室肋柱及券墙（自东南向西北）

各存肋柱两根，肋柱间形成长方形肋龛，龛宽 0.44、进深 0.46 米。主室四壁、肋柱及券顶部分区域残存厚约 1 厘米的石灰层，石灰层上可辨壁画。主室顶部第一拱形券顶处有壁画残留，壁与拱顶相连处均勾有红色边框，有些地方可看到起稿线。在券顶上部正中位置有一块长约 121.8、宽约 71.5 厘米的面积相对较大、残缺形状不规则的壁画，画面右上方有明显的错位，可能是频繁地震等因素造成的上部脱落下坠。初步清理后观察到画面正中有两只对视的鸳鸯，其中左边一只头部红色的冠羽隐约可见，翅上有扇状直立羽，判断其为雄鸟，右边另外一只的眼睛清晰可见，但头部和部分羽毛有缺损，两只鸳鸯为流畅的红色线条勾勒且内填黄色。两只鸳鸯周围簇拥缠绕有红色线条勾勒、黄色填充、绿色和蓝色零星交错点缀的花草纹。画面左下方有两条平行的墨线，墨线之间上下间隔交错散布红线勾勒的半圆轮状图案（图版三五～图版三九）。券顶上的拱形顶处残留有荷花图案的小块

图版三五　后室券顶残留壁画

图版三六　后室券顶残留壁画

图版三七　后室券顶壁画

图版三八　主室券顶水草纹壁画

图版三九　后室券顶残留壁画

壁画，同时第二道拱形券顶左端残存鸟纹样的小块壁画（图版四〇、图版四一）。

　　南、北、西三耳室结构及规格一致，以西耳室为例介绍其结构。西耳室平面略呈长方形，券顶，东西长 3.22、南北宽 2.38、内高 3.52 米。西耳室南北两壁各存对应肋柱三根，肋柱厚度相同，为 0.22 米，宽度由内到外分别为 0.44、0.48、0.62 米，两壁肋柱之间各形成南北对应两柱龛，西部对应两龛较窄，宽 0.36、进深 0.22 米，东部对应两龛较宽，宽 1.24、进深 0.22 米（图版四二、图版四三）。西耳室底部用长方形青砖一横一纵相间平砌而成，青砖规格一致，长 40、宽 22、厚约 6 厘米。内壁及底砖之上皆残存厚约 1 厘米的石灰层，因石灰层风化脱落严重，其上壁画皆漫漶不可辨，残存红、绿等色。南耳室壁画皆漫漶不清。北耳室是被破坏最严重的一处，底部发现少量从券顶掉落的壁画残片，可辨朱绘、墨

图版四〇　后室券顶残留荷花

图版四一　后室券顶残留花卉

绘祥云及花草等（图版四四）。室内有浓厚的烟熏痕迹，墙壁偶有疏松的白灰层显现（图版四五），已观察不到彩色画面。在北耳室的东壁大约中央位置发现一用墨线勾勒的人面部轮廓，其五官依稀可见，面部丰腴，神情庄重，额头、发髻和右眼部分被红褐色附着物与植物根须完全交织覆盖，除左肩局部显现外，颈下部分已完全脱落缺失，留存的画面上也出现大量疏松孔洞。经红外扫描仪检测，在人头像的发髻处发现有头钗状的线条，其右耳下也有耳饰样图案，所以推断应该是一女性的头像（图版四六、图版四七）。此外，耳室西壁局部有极小面积墨线勾勒的纹样，因残损严重，具体内容不清，似绘人物所着裙摆图案（图版四八）。

图版四三　西耳室内部结构（自东向西）

图版四四　北耳室券顶脱落壁画残片

图版四五　北耳室墙壁残存白灰层

图版四六　北耳室东壁人物形象

图版四七　北耳室东壁残存人头像

图版四八　北耳室西壁残存似裙摆图案

第七节　葬具及人骨

　　墓葬葬具由棺台、垫砖层和棺椁三部分组成，集中置于主室之内，棺台、垫砖层结构较完整，棺椁朽蚀仅存痕迹，在棺台之上及棺台四周皆发现少量液态物质，经采集检测为水银。

一、棺台

　　主室中部存砖砌棺台，棺台平面呈南北向分布长方形，剖面呈须弥座状，从上到下由台面、束腰、底座三部分构成，通高 0.54 米（图版四九、图版五〇）。方涩平面呈长方形，南北长 6.76、东西宽 3.28、厚 0.12 米，中部用长方形青砖两层纵横交错平铺而成，砖长48、宽 22、厚 6 厘米。四周用大型长方形青砖顺向平砌，砖长约 80、宽约 50、厚约 12 厘米。

图版四九　棺台俯拍

图版五〇　棺台北端侧面（自北向南）

束腰平面亦呈长方形，南北长 6.56、东西宽 3.04、厚 0.22 米，各边比方涩内束 0.1 米，系用长方形青砖平丁砌成。底座略呈覆斗状，自上而下由三层平砖逐层外扩叠砌而成，各层厚度相同，皆为 6 厘米，上层南北长 6.62、东西宽 3.02、中层各边较上层外扩约 0.02 米，下层各边较中层外扩约 0.03 米。

　　在棺台方涩及四周皆施有厚约 1 厘米的石灰层，方涩西北角及西侧边缘区域尚可辨墨绘水波纹（图版五一），方涩东端侧面尚可辨墨绘花卉纹（图版五二）。

图版五一　棺台方涩西北角墨彩壁画

图版五二　棺台方涩东端侧面壁画

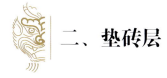

二、垫砖层

　　棺台中部存长方形垫砖一层，垫砖顺棺台方向分布，系用长方形青砖顺向平砌而成，南北长 2.84、东西宽 1.08、厚 0.16 米。垫砖之上发现少量炭灰痕迹，另在其北侧发现少量头骨碎片，初步判断其为木棺垫板。

三、棺椁

　　在棺台之上存少量木板及炭灰痕迹，据其分布规律判断葬具为棺椁，棺椁有火烧痕迹。木椁仅存西、南两侧板底部痕迹，据木板及炭灰痕迹分布位置可推测其平面略呈长方形，南北长约 5.36、东西宽约 2.16 米，高度不详。垫砖层周边存铁棺钉，初步判断垫砖层所在位置即为木棺放置之处，但木棺具体规格不详。

四、人骨

　　据墓志记载，该墓为赵廷隐与夫人合葬墓。但因盗扰和长期饱水等原因，墓葬人骨保存极差，仅在垫砖层北侧发现少量头骨痕迹（图版五三），无法判断两具人骨的具体摆放方式。从残存头骨痕迹所在位置可初步判断墓主人头向朝北，其他信息不详。

图版五三　垫砖层北侧炭灰和少量头骨痕迹

由于墓葬多次被盗，部分随葬品摆放位置被扰乱，但在发掘的过程中还是能够确认随葬品的摆放规律。买地券竖放于甬道南壁龛下，甬道的南龛内放置石缸、瓷碗、瓷四系罐，北壁龛内放置瓷四系罐。墓志置于甬道与墓室的连接处。北耳室内发现1件瓷四系罐，门口主要放置各类神怪俑。南耳室内主要放置各类男俑，门口放置各类神怪俑。西耳室内主要放置各类乐伎女俑，门口放置庭院模型，庭院内放置墓主人像及各类侍俑。

一些随葬品明显经过人为蓄意破坏，如墓志的志盖与志身发现有多个敲击点，陶房模型放置位置未变动，其碎裂的程度明显为人为蓄意地破坏。其他一些随葬品也能发现这种情况，如地轴、部分陶俑。

墓葬出土随葬器物主要有彩绘陶俑、庭院模型、陶器、瓷器、锡器、铜器、铁器、砖石质文物等，共116件，另有6枚铜钱。下文分类介绍。

第三章

随葬器物

第一节　陶俑

　　墓葬出土陶俑共54件，按功能可分神怪俑、仪仗俑、侍从俑、伎乐俑、舞俑五类。均为泥质红陶胎，俑身主体模制，局部手工捏制，底部有孔，身体中空。俑身通体施白色化妆土，其上绘彩，部分陶俑描金，颜色多剥蚀，整体呈浅黄色，局部残存有彩绘和描金痕迹。神怪俑、仪仗俑与女侍俑尺寸较大且底座较高，伎乐俑、男侍俑尺寸较小，女舞俑尺寸最小。

一、神怪俑

　　神怪俑共12件。主要出土于主室内，分布于耳室口部正中、四角肋柱间及壁龛内，少量扰至南耳室内。包括金鸡、玉犬、地轴、雷公俑、地精、仰观俑、伏听俑、观凤鸟、武士俑、蒿里老人。

1. 金鸡

　　1件。M1 : 29，立姿，作端首凝望状。鸡冠呈扇形立于头部，椭圆形耳，圆目，上喙尖锐下弧，肉裙如卷须，颈部修长，身体雄健，两翅贴身，尾翅下垂，足部修长，爪前三趾，后一趾，上翘一短趾。头、颈、背部饰黄彩，其上再用短线状红彩描绘羽毛，胸、腹、尾及腿上部施黑彩，翅部用墨线与刻画线条勾勒细节，鸡冠、肉裙及爪部描金。俑座分上、中、下三部分，下部略呈束腰圆筒状，无底，中空，器表用不规则凹凸痕表示丘壑与山陵，中部为圆饼状平台，侧面有对应的两个圆形穿孔，上部呈山峰状，支撑鸡俑尾部。俑座通体施白色化妆土，部分区域残存黄彩痕迹。俑长35.5厘米，底座最大直径24.4、高41.6厘米，通高76厘米，重9.2千克（图四；图版五四～图版五六）。

　　《大汉原陵秘葬经》记天子至庶人墓中皆置"金鸡"[1]，江西南丰桑田北宋墓出土陶鸡底部墨书"金鸡"二字[2]，甘肃武威西夏墓出土板画中所刻立鸡侧有"金鸡"题记[3]，广东海康元墓阴线刻砖上立鸡形象旁有"金鸡"题名[4]。《玄中记》云："蓬莱之东，岱舆之山，上有扶桑之树。树高万丈，树巅常有天鸡，为巢于上。每夜至子时，则天鸡鸣，而日中阳乌应之。阳乌鸣，则天下之鸡皆鸣"[5]。赵廷隐墓出土鸡俑形象与以上三件带自铭的金鸡遗存形象相似，其立于山形高台，应为仙山扶桑树巅之天鸡，即《大汉原陵秘葬经》中所记之"金鸡"。因此，将该俑定名为金鸡。

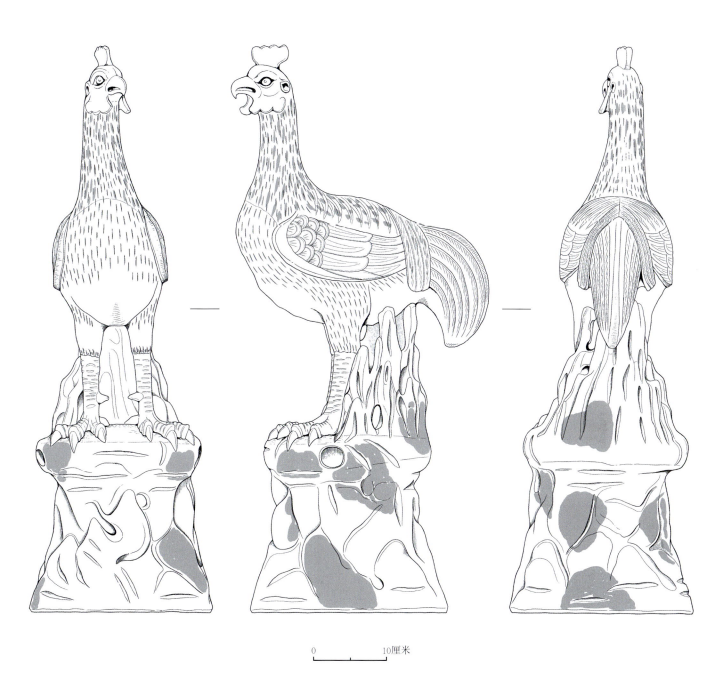

0 _____ 10厘米

图四 金鸡（M1：29）

图版五四　金鸡（M1：29）右前侧

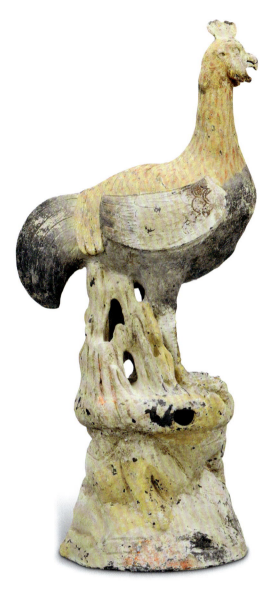

图版五五　金鸡（M1∶29）右侧

图版五六　金鸡（M1∶29）左后侧

2. 玉犬

　　1件。M1：30，前腿直立、后腿蜷曲，蹲坐于座上。怒目圆睁，张口露齿，舌尖翘起，呈吠状，牙齿整齐锋利，共22颗。长耳外翻，耳垂两侧尖部上翘。尾部竖起并于身后顺时针卷起。四掌皆带五趾。颈前以红色绶带悬金色铃铛一枚，带于背后打结。俑身通体施化妆土，舌、嘴及绶带上绘红彩，眼珠、嘴唇及铃铛上描金。底座平面呈长方形，器表饰化妆土，四周饰宽素缘，两侧中部存椭圆形对孔，四侧残存墨绘花草图案，多模糊不清。俑宽22.2厘米，底座长34.9、宽24.4、高12.7厘米，通高60厘米，重11.6千克（图五；图版五七～图版六〇）。

　　《大汉原陵秘葬经》记天子至庶人墓中皆置"玉犬"[6]，江西南丰桑田北宋墓出土陶狗底部墨书"玉犬"二字[7]，广东海康元墓阴线刻砖上卧犬形象旁有"玉犬"题名[8]。赵廷隐墓出土狗俑形象与以上两件带自铭的玉犬遗存形象相似，因此将该俑命名为玉犬。

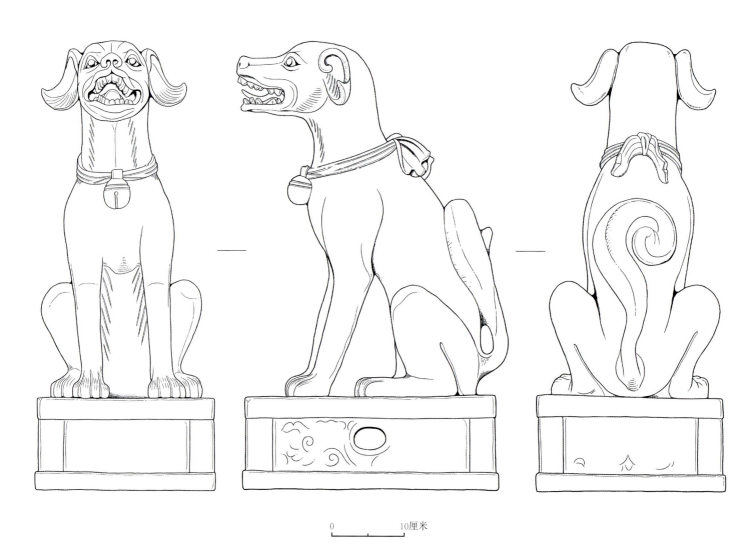

0　　　　　　10厘米

图五　玉犬（M1：30）

图版五七　玉犬（M1∶30）正面

图版五八　玉犬（M1：30）左侧

图版五九　玉犬（M1∶30）右前侧

图版六〇　玉犬（M1∶30）背面

3. 地轴

1件。M1：40，男女双首共一蛇身平卧于底座之上，双首各居一端，侧望于同一侧。男首面目端正，口微张，面向左前方，呈微笑状。头戴幞头，幞头前方后圆，前低后高，底有窄缘，巾带自脑后交叉斜绕至前，于耳际向上系结于前顶部。幞头后正中垂一巾角，而两侧绳带上刻画布帛褶皱，可见此时幞头仍保留部分头巾形式。女首面目安详，望向右前方，唇部留有少许红彩。头束双环髻，将发分为前额发、顶部及后上部发与尾发三部分，将中部发于头顶系束固定为发髻根部，前发虚拢，梳向斜上方，同束于髻根，尾发中分，梳向两侧，使底部圆弧，于耳后向上梳束于髻根，并以红带扎结，使带尾垂于脑后。将汇于一束的头发拧为左右两环，余发绕髻，并掩藏发尾，额左发上饰弧背小梳。两首颈下为蛇腹状，颈后背覆巾被，巾被边缘有窄花边，局部残存红彩草叶纹。俑下为长方形底座，中部略内束，周边饰宽素缘。两端中部饰镂空花苞主纹，主体纹饰周边墨绘云气花草纹。两侧各饰两组凹面花苞纹，花苞纹上镂前后两对圆孔，两孔之间下部刻花三瓣，花苞纹周围墨绘花草纹。俑宽77.7厘米，底座长82.6、宽21.6、高16厘米，通高51厘米，重17.8千克（图六；图版六一～图版六四）。

双人首蛇身形象俑在唐宋墓葬中多有出土，人首一般都为男性，部分为一男一女，其中广东海康元墓出土阴线刻砖中双人首蛇身形象与赵廷隐墓出土俑形象极为相似，其旁有题铭为"地轴"[9]。唐宋文献中多有墓葬中置地轴之说[10]，《大汉原陵秘葬经》云天子至庶人墓均要在东西界安地轴[11]。因此，将该俑命名为地轴。

4. 雷公俑

2件。形为台座一足支撑一鼓。根据足部的不同分为二型。

A型　1件。蹄足鼓俑。M1：56，俑为立姿，其形为一二趾蹄足支撑一立鼓。蹄部直立，二趾，高至膝部，线条流畅，关节处刻画为环状并有横向皮肤褶皱。整体饰黄彩，趾部为黑彩。鼓面有一圆形区域，中部留有黄彩，上无墨绘

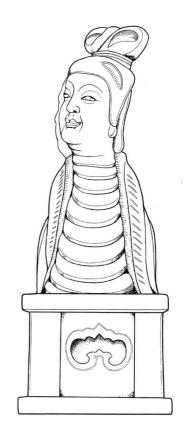

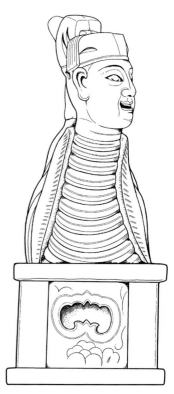

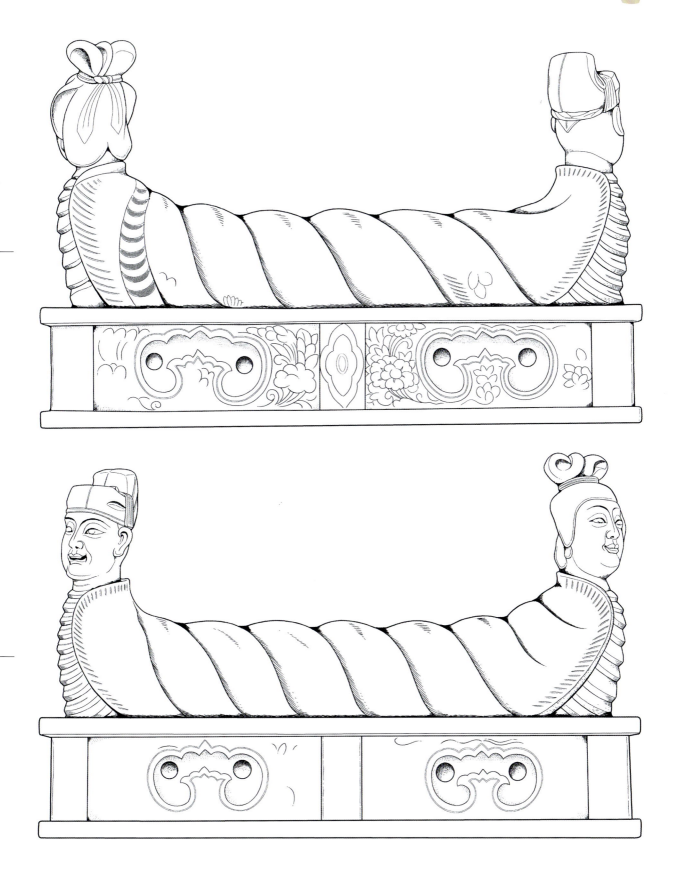

0   10厘米

图六 地轴（M1：40）

图版六一　地轴（M1：40）正面

图版六二 地轴（M1：40）背面

图版六三　地轴（M1∶40）男首端

图版六四　地轴（M1∶40）女首端

纹样。鼓身两端近鼓面处饰凹弦纹一周，弦纹与鼓面之间饰乳钉纹一周，右侧面墨绘直径6.6厘米的圆形一个。俑下部为圆形台座，上涂黄彩。底座上部为顶部内收的圆台状，周饰覆莲；下部呈有上下台面的圆柱状，腰部略内束；整体为"工"字形。前后及两侧饰花苞形纹样，前后为镂空，两侧为凹面，周围有墨绘花草云气纹。俑宽22.2厘米，底座最大径24.4、高13.8厘米，通高66厘米，重约7.4千克（图七；图版六五～图版六八）。

B型　1件。人足鼓俑。M1∶54，俑为立姿，其形为一人足支撑一立鼓。足立于圆座中部，腿部偏后而鼓部前倾。鼓部黄色，前后鼓面各墨绘一兽面，前部兽面鼻部描有红彩。足部饰黄彩并墨绘毛发。鼓身两端近鼓面处饰凹弦纹一周，弦纹与鼓面之间饰乳钉纹一周，右侧面墨绘直径6.8厘米的圆孔一个。足后侧存直径1.1厘米的圆孔一个。俑下部为圆形台座。底座上部为顶部内收的圆台状，周饰覆莲，其上留有金彩；下部呈有上下台面的圆柱状，腰部略内束；整体为"工"字形。前后及两侧饰花苞纹样，前后为镂空，两侧为凹

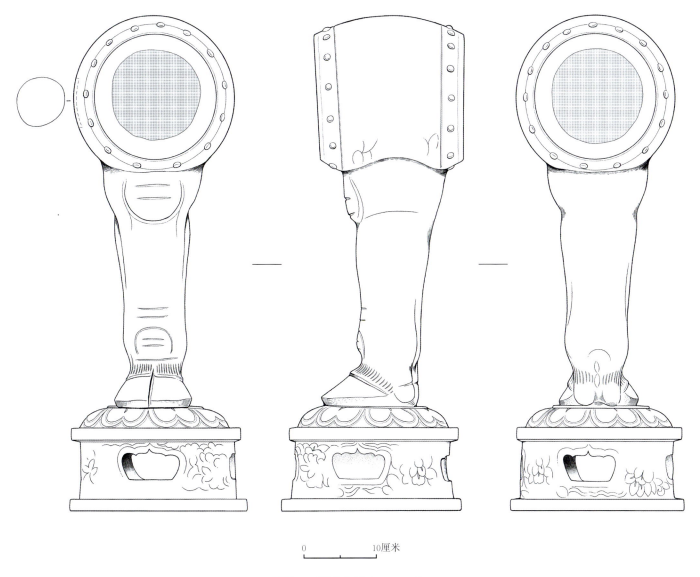

0　　　　　　　10厘米

图七　A型雷公俑（M1∶56）

图版六五　A型雷公俑（M1：56）正面

图版六六　A型雷公俑（M1：56）左侧

图版六七　A型雷公俑（M1∶56）右前侧　　　　　图版六八　A型雷公俑（M1∶56）背面

面，周围有墨绘花草云气纹。俑宽 23.8 厘米，底座最大径 27.1、高 13.3 厘米，通高 71 厘米，重 7.4 千克（图八；图版六九～图版七六）。

四川地区出土鼓俑及带鼓形象神怪俑较多，其形象有单独的鼓形、猪首人身形象骑于鼓上、怪兽负鼓、以足承鼓等[12]，白彬先生曾对该类陶俑进行过系统梳理和研究，认为该类神怪俑与四川地区五代两宋时期兴起的道教雷法有关，因此将这两件俑命名为雷公俑[13]。

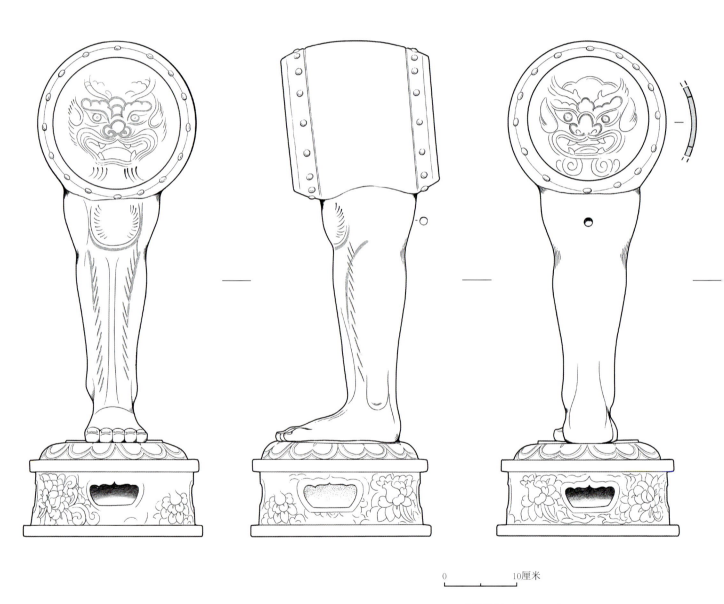

0　　　　　　　　　10厘米

图八　B型雷公俑（M1∶54）

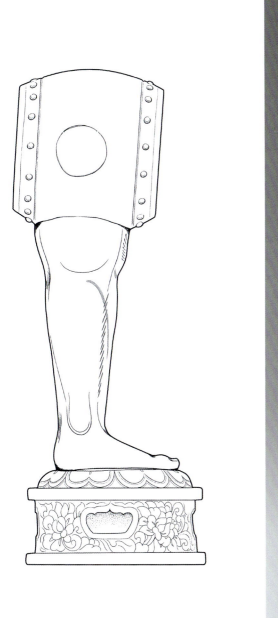

图版六九　B型雷公俑（M1∶54）正面

图版七〇　B型雷公俑（M1 : 54）左前侧　　　　　图版七一　B型雷公俑（M1 : 54）左后侧

图版七二　B型雷公俑（M1∶54）左侧　　　　　　图版七三　B型雷公俑（M1∶54）右侧

图版七五　B型雷公俑
（M1∶54）正面鼓面细部

图版七六　B型雷公俑
（M1∶54）背面鼓面细部

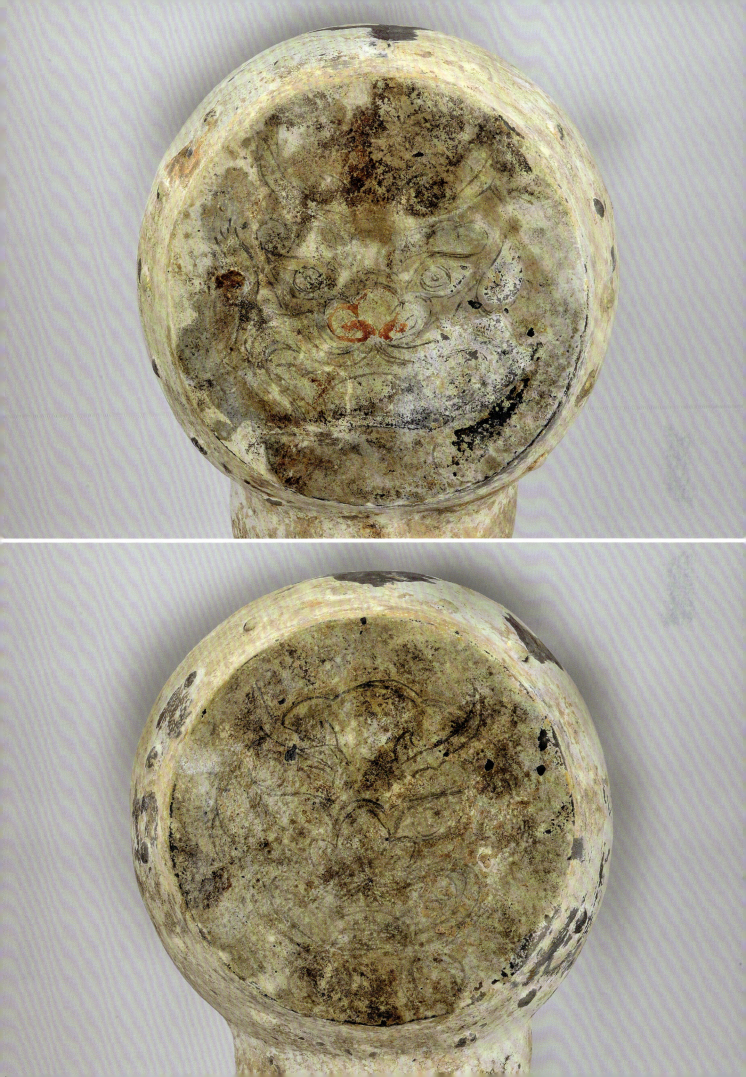

5. 地精

1件。M1：55，立姿。猪首人身，神态平和。头部涂白，眼眶及口鼻处留有少许黄彩。面微左向，目视前方，左手垂于身侧，右手扶带。头部无巾帽，墨绘顶部头发，发较短，向后梳理并于脑后呈三角状。外着浅黄色右衽圆领宽袖长袍，袍长及地。根据俑身刻画线条来看，俑衣为宽领缘，右前侧外襟边缘明显，有后中缝，无衣缘，无接襕，两侧胯部以下开衩。外袍领口、袖口可见黄色衬衣领边与宽袖口，两侧开衩处露出黄色及膝带褶衬衣下摆，衬摆下有黄色长裤。袍外腰束革带，身前部带两重，饰红色，上、下边缘有弦纹；后部带单重，饰黄色方形带銙；銙尾圆首，黄色，垂于身左后侧；推测其带首扣系于身右侧。足部刻画与众不同，形为圆首，足背刻画中线及由中线向两侧后斜下的平行线纹。俑下有长方形底座，四周饰边框，正面饰凹面花苞纹，周围饰花草纹。两侧中上部饰圆孔，周围饰花草纹。后面仅饰云气纹。俑宽25厘米，底座长27、宽22、高12厘米，通高92厘米，重11.8千克（图九；图版七七～图版八〇）。

新津邓双乡北宋石室墓出土一件类似猪首人身俑（M1西：11），其底座正面双笔勾出"地精"二字[14]，因此将该俑命名为地精。

6. 仰观俑

1件。M1：61，半跪姿。头偏右侧并向左上仰望，深目直鼻，面容丰腴，口微张，露齿。双手虚握收于腹前，手背向前，左手压右手。左腿屈起支地，右腿跪于底座。发全束于顶，外罩红色金缘莲冠，冠为四

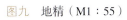

0　　　　10厘米

图九　地精（M1：55）

图版七七　地精（M1：55）正面　　　　　　　图版七八　地精（M1：55）左侧

图版七九　地精（M1∶55）右侧　　　　　　图版八〇　地精（M1∶55）背面

瓣莲状,莲瓣围合,无顶,从顶部俯视为外圆内方状,与伏听俑发冠略有不同。冠底窄缘,前中部有珠状簪首,为自前向后贯簪以固定。外着右衽交领广袖衫,根据线条与色彩来看,衫有宽领缘、袖缘、底缘、后中缝,衣主体残留红彩,领与袖缘、底缘有金彩。衣袖宽大,于两侧长垂至底座。右前部衣摆覆于跪坐的右腿上并垂在底座前;左侧衣摆于膝上垂至腿左侧并与身后摆相连。内着白色宽袖衬衣,领部较宽并外翻呈褶边状,具体形制不明。腰带黄色,高束在胸下;身前部分缘有弦纹,后有方形带铐,铊尾垂在身左后侧。俑腰前系蔽膝,蔽膝主体为白色,有金色缘边,蔽膝中部饰有曲线纹与如意云头纹,平铺在身前的下半部正中刻有黼黻图案,底部为平直缘,垂于身前底座上。身后腰带下垂有绶带,绶黄色,于腰后为双耳结,带尾垂下。下身或着白裙,具体形制不明。露出的左足着笏头履,鞋头为两瓣并列,其状为中低侧高类银杏叶,主体为白色,边缘留有少许红彩。俑身下有长方形底座,中部略内束,器表饰黄色化妆土,周边饰宽素缘,中有墨绘花苞形纹样及周围花草纹,后侧绘云气纹,前后左右的花苞形纹样互通为孔。俑宽32厘米,底座长33.7、宽31.8、高19.3厘米,通高65厘米,重13.4千克(图一〇;图版八一~图版八七)。

江西南丰古城政和八年宋墓出土类型形象瓷俑有"仰观"题记[15],《大汉原陵秘葬经》载天子至庶人墓内皆置"仰观"[16],据此称该俑为仰观俑。

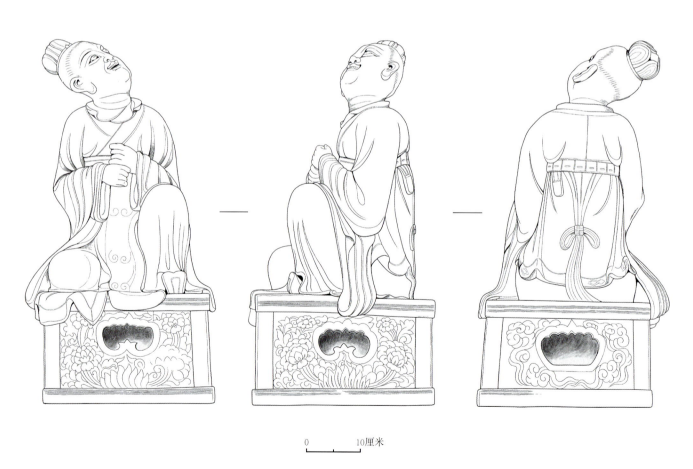

0 ___ 10厘米

图一〇 仰观俑(M1:61)

图版八一　仰观俑（M1：61）正面

图版八二　仰观俑（M1：61）左前侧

图版八三　仰观俑（M1：61）左侧

图版八四　仰观俑（M1：61）左后侧

图版八五　仰观俑（M1：61）背面

图版八六　仰观俑（M1∶61）右后侧

图版八七　仰观俑（M1∶61）右侧

7. 伏听俑

1件。M1：60，跪伏状，右耳贴底座。面朝左侧，神态安详、平静。双手伏于头两侧，宽衣博带，衣袖覆垂于底座两侧，未露手足。发全束于顶为髻，戴莲冠。髻顶留有黑彩，其冠或无顶。莲冠以前后左右四面为正，有圆形缘边花瓣，四角莲瓣相接处内侧各嵌一尖顶带棱花瓣，冠上残留金色装饰，无明显簪钗固定痕迹。身着宽领衣，外着金缘白色广袖长衫，衫上残留部分红彩，衣长至胯部，有后中缝；从袖口看，内着红色宽袖衫。腰束绳带。下身衣物连续铺在身体四周，具体形制不明，推测着白裙。俑下有黄色长方形底座，中部略内束，底座四周饰素缘框，部分区域留有红彩，前后两端框内饰花苞纹与花草纹，花苞纹内凹。左右两侧框用相邻两竖向框线分割为均等两部分，每部分内各饰一组花苞纹与云气纹，花苞纹内凹且中部存直径约2厘米的圆孔一个。俑长58厘米，底座长63、宽29.7、高12.5厘米，通高23.7厘米，重9.6千克（图一一；图版八八～图版九三）。

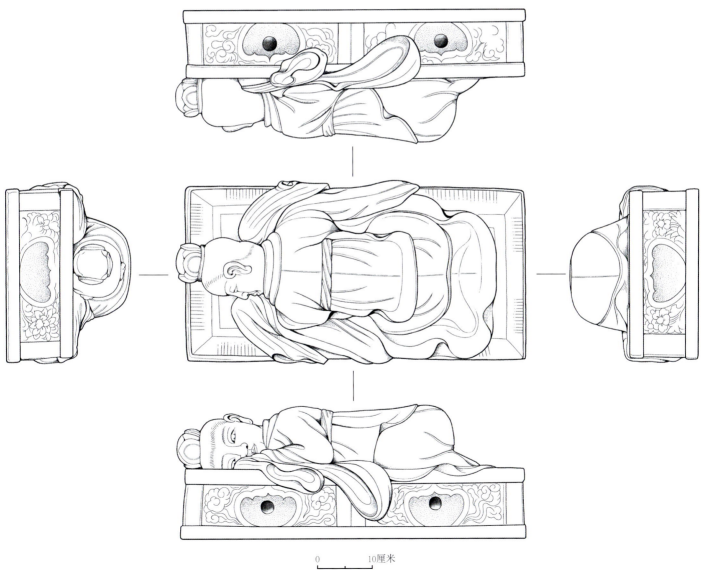

0　　　　　　10厘米

图一一　伏听俑（M1：60）

图版八八　伏听俑（M1：60）正面

图版八九 伏听俑（M1∶60）左前侧

图版九〇　伏听俑（M1∶60）前侧

图版九一　伏听俑（M1∶60）右前侧

图版九二　伏听俑（M1∶60）背面

图版九三　伏听俑（M1∶60）后侧

江西南丰古城政和八年宋墓出土类似形象瓷俑有"伏听"题记[17]，广东海康元墓出土阴线刻砖中类似形象有"覆听"题铭[18]，《大汉原陵秘葬经》载天子至庶人墓内皆置"伏听"[19]，据此称该俑为伏听俑。

8. 观风鸟

1件。M1：50，形为一凤鸟高立于一山形石座之上。鸟突额，圆目，圆耳，略类人首，翅膀收于两侧，刻画细致，双足并立，前可见三爪，骨节分明。尾部高翘起，后有长翎，展开如孔雀状。身有红、黄、黑三彩。底座略呈上小下大圆柱状，座表用凹痕表示丘壑，整体呈山陵状，两侧各存一直径2～4厘米的圆形小孔。俑宽28.3厘米，底座最大径27.8厘米，通高87.8厘米，重11.6千克（图一二；图版九四～图版一〇一）。

该类鸟形神怪俑最早出现于安徽、江苏、湖南等地隋墓中[20]，唐代流行于北方地区[21]，至五代两宋流行于川陕区域。部分学者已对该类俑的源流、发展及在墓葬中的作用进行过系统梳理[22]，尽管意见不尽统一，但可确认五代两宋时期出土于四川地区墓葬中的鸟首鸟身形俑即为观风鸟。《大汉原陵秘葬经》载天子、亲王墓葬中观风鸟与方相神相伴置于墓道口[23]，在墓葬中具有探知物候节气的镇墓功能。因此，将该俑定名为观风鸟。

9. 武士俑

2件。均身着兜鍪重甲。根据甲胄的不同分为二型。

A型　1件。M1：52，立姿。头微右倾，怒目圆睁，面向左侧。双手置于腹前，

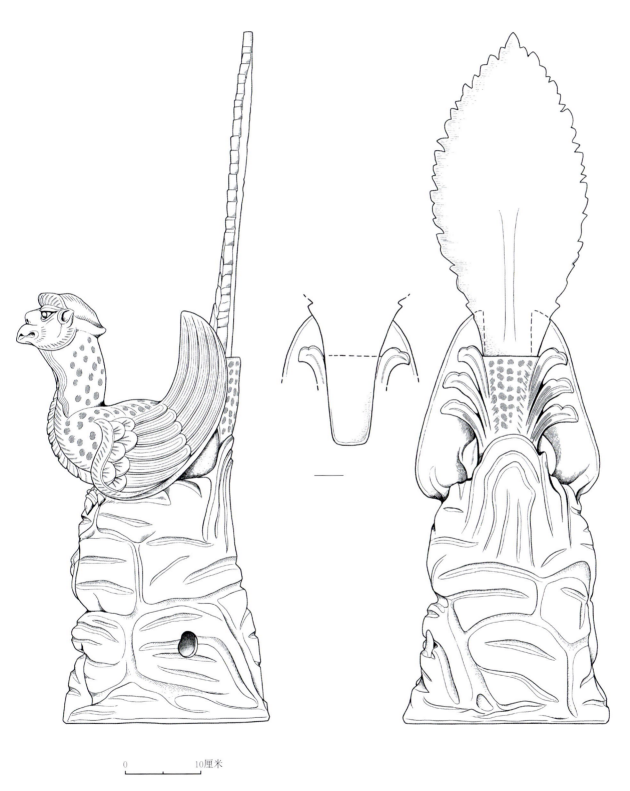

0   10厘米

图一二 观风鸟（M1：50）

图版九四　观风鸟（M1：50）正面

图版九五　观风鸟（M1：50）左前侧

图版九七　观风鸟（M1:50）左后侧

图版九六　观风鸟（M1:50）左侧

图版九九　观风鸟（M1∶50）右后侧

图版九八　观风鸟（M1∶50）背面

图版一〇〇　观风鸟（M1∶50）右侧

图版一〇一　观风鸟（M1∶50）右前侧

左手搭右手腕上，似扶兵器而立。俑脑后有一孔。俑身整体留有黄彩。头戴兜鍪，兜体圆形，两侧顿项向上翻卷，顶部正中缀一宝珠形圆缨。兜鍪顶部四周刻划线纹，两侧有花朵形饰；额前有护叶，护叶下前额部饰云纹缘边。兜鍪整体有素缘。兜鍪耳部有绳带，向下缠绕系结于下颌。着圆形护项，护项正前方为如意云头形。肩上为披膊，素面无饰，边有卷云缘；其下上臂中部衣物边缘有瓣状连续褶皱裙边，裙边内露出长至肘部的衣袖，向上飞起；小臂上绑护臂，护臂为红色缠绕状，用绳带于手腕处扎系。前后着身甲，身甲前后在肩部扣束。前甲分左右两块，每块中间有长方形甲片，外有粗缘边；后甲亦分左右两片，素面、素缘，推测为帛甲或皮甲，每片中间有长方形甲片。身甲在上腹部束编织绳带绕两匝，并系蝴蝶结于前部，绳带下为腹甲，上有"人"字形甲片。腹甲下部束系革带，带前部两侧有圆形装饰，可能为蹀躞扣，正中有兽首装饰；带为双带扣双铊尾，尾圆头，垂于身后两侧，身后革带饰有七片方形带銙，周有弦纹框，使每片带銙均呈"回"字，銙下侧存长方形凹槽。革带下有用以系束的编织绳带。腹甲与革带下围抱肚，根据身后边缘交叠情况推测为自前向后穿着，边缘交叠于身后，裙缘为云纹，正前方恰为一如意云头纹，云头中间饰一朵六瓣花纹。身后及两侧有花朵纹。抱肚上缘高至背甲下，背后上缘正中有半朵六瓣花装饰，腰后正中垫一方形素缘甲片，甲片左右两缘于革带下有绳带系单耳结以固定。身前挂一帛带，于身侧翻折固定于革带下，前部呈弧形下垂于身前，带端飘垂于两侧。下着甲裙，裙长及膝，裙下露战袍边缘，前视分左右两片而后视为一片，应为一片式。甲裙中部为细密的长方形甲片，甲片外侧为饰卷云纹宽缘，裙底部饰密褶裙边，褶上悬缨穗为饰。内着战袍，领式不明，下摆前短后长，前至小腿中部而后长至地，未见开衩，底饰缘边。裙下袍前后各垂双耳结绶带一组。下着长裤，膝下用绳带系结，缚扎吊腿，其边缘残余金彩。脚踝处用革带扣束，革带下有密褶的裙边，推测其应穿着有胫甲。足穿红色圆头靴。底座主体呈圆柱状，后部存尖棱上凸呈山峰状，座表用凹痕表示丘壑，座整体呈山陵状。座四面上部正中各有一直径 5 厘米的镂空圆孔，其下侧又间隔分布四个直径约 3.3 厘米的镂空圆孔。俑宽 41.5 厘米，底座长径 43.9、短径 35.6、高 43.1 厘米，通高 154.3 厘米，重 44.4 千克（图一三；图版一〇二～图版一〇八）。

B 型　1件。M1∶53-1，立姿。面向右前方，怒目圆睁。左手抬起，手心向上，微握，右手虚握置于腰间，掌心向下，作持长柄斧状。俑身整体留有黄彩。头戴凤翅形兜鍪，饰金彩，主体为圆形，两侧有凤翅形耳护翻折向上，顶有宝珠形圆缨，缨尖顶，下部刻画莲瓣纹。耳际有绳带垂下与下颌缠系，两侧各斜向下伸出绸带翘起在肩部。兜鍪主体周身刻画纵向波折纹，两凤翅上刻绘羽毛纹饰；兜边缘装饰窄缘，于额前为一如意云头纹，其上饰日、月纹。着圆形如意云头形护项，护项周围一周重瓣状甲片。肩上着兽首披膊，披膊下有黄色褶状裙边，其下为长至肘部短袖向身侧飞起。小臂着红色缠绕状护臂，用绳带于袖口扎系。前系鱼鳞纹身甲，宽素缘，身前中部为如意云头状；后为单片素面甲，宽素缘，背后两侧各有一方形甲片，身甲前后于肩部固定。胸下由双带扣双带首革带横向扣束，两肋处身侧各垫有素面甲片。腹前有鱼鳞纹腹甲，下束双带扣双铊尾革带，革带前中部饰有兽首。胸前护项下有一纵向扣束革带，直通至腰部革带下，其上饰圆形花朵装饰，在兽首上部露有一处带扣，其功用为束甲绊。下系云边抱肚，正前方为一如意云头纹，上有金彩，

0   10厘米

图一三   A型武士俑（M1：52）

图版一〇二　A型武士俑（M1：52）正面

图版一〇三　A型武士俑（M1∶52）左前侧　　　　　图版一〇四　A型武士俑（M1∶52）左侧

图版一〇五　A型武士俑（M1：52）背面　　　　　图版一〇六　A型武士俑（M1：52）右后侧

图版一〇七　A型武士俑（M1∶52）右侧　　　　　图版一〇八　A型武士俑（M1∶52）右前侧

为自前向后围系。后衬方形素面甲片，甲片左右两缘于革带下有用于系结的绳带。前垂帛带，于身侧翻折固定于革带下，前部呈弧形下垂于身前，带端飘垂于两侧。下着甲裙，裙长及膝。从后部观察，甲裙下穿带缘衬裙，下接褶边。甲裙分左右两片，上有长方形甲片，甲片外侧为饰卷云纹宽缘，裙底部饰密褶裙边，褶上悬缨穗为饰。甲裙上留有红彩。内着战袍，袍前短后长，未见开衩，底饰缘边。裙下袍前长垂双耳结绶带。下着长裤，膝下用绳带系结，缚扎吊腿，脚踝处束双头革带，革带下有密褶的裙边，推测其穿着有胫甲。足着黑色圆头靴。底座主体略呈圆柱状，后部存尖棱上凸呈山峰状，座表用凹痕表示丘壑，座整体呈山陵状。座四面上部正中各有一直径约 4 厘米的镂空圆孔，其下侧又间隔分布四个直径约 3 厘米的镂空圆孔。俑宽 50 厘米，底座长径 43、短径 33、高 39 厘米，通高 158 厘米，重 41.4 千克（图一四；图版一〇九～图版一一五）。在该俑附近出土陶斧 1 件。M1：53-2，斧尾呈

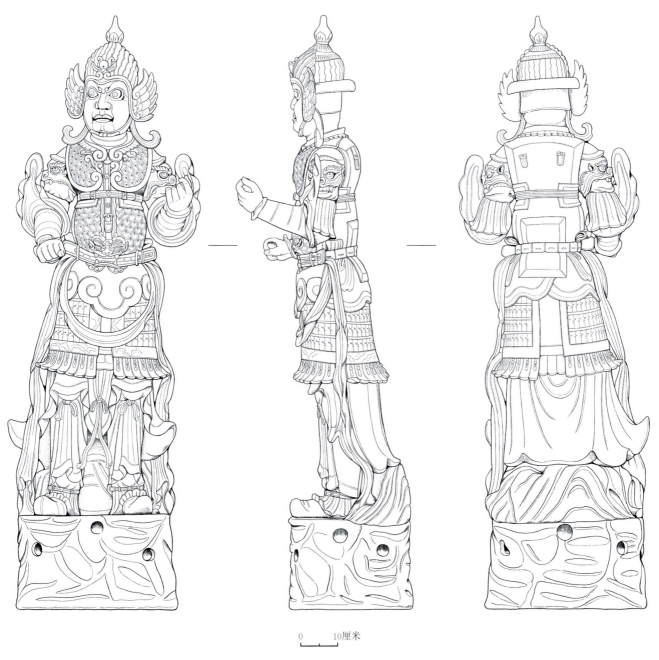

0 ———— 10厘米

图一四　B 型武士俑（M1：53-1）

图版一〇九　B型武士俑（M1：53-1）正面

图版一一○　B型武士俑（M1∶53-1）左前侧　　　　　图版一一一　B型武士俑（M1∶53-1）左侧

图版一一二　B型武士俑（M1：53-1）背面　　　图版一一三　B型武士俑（M1：53-1）右侧

图版——四　B型武士俑（M1∶53-1）右前侧

图版一五　B型武士俑（M1：53-1）头部描金痕迹

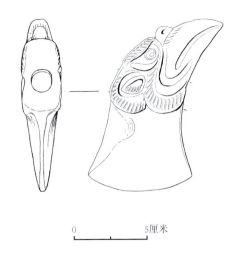

0 _____ 5厘米

图一五　B型武士俑所执鹰头斧（M1：53-2）

鹰头状，尖喙、凸鼻、圆目，头部刻出羽毛，其顶部有直径约 2 厘米的圆形銎孔，原用于安装木柄。斧中部略束腰，刃部变窄。长约 11.5、刃部宽约 7.1 厘米（图一五）。推测该斧上原安有木柄，执于 M1：53-1 之手，木柄腐朽后斧部掉落于该俑附近。

四川地区五代至宋代墓葬中武士俑多有出土，关于武士俑的名称，甘肃武威西夏 2 号墓木板画武士形象榜题为"重甲武士"[24]，江西南丰桑田北宋墓出土武士俑下自铭"二□"[25]，部分学者称其为"当圹、当野"[26]。俑所执斧乃天丁斩鬼驱魔武器[27]。武士俑执武器立于墓门两侧主要为了避邪斩魔，保护墓主和墓室的安全。

10. 蒿里老人

1 件。M1：57，立姿。面向左前方，深目直鼻，眉略蹙。右手虚握于胸前，左臂身侧下垂，似持杖而立。左侧立一童子，童子仰面向右望向老人，口微张，面露稚气，其右手搀扶老人左臂，左手虚握举于胸前，左腿直立，右腿后屈，为行走状。老人头戴风帽，为前部左右两片与后部一片布帛拼缝而成，帽顶略平，呈筒状裹住头部，仅露眉目至上唇这一区域，形似幂篱。帽自颈部分为前后两片，前长至腹部，后片披垂至腰臀处，两侧有缝，两耳处缝有系带并于脑后缠绕系结，垂至肩部。根据衣服刻画线条，推断其身着黄色右衽圆领宽袖长袍，袍长及地，上有缘边、接襕，两侧无开衩。腰束黑色革带，带上边缘饰弦纹，身右侧露出革带上有金色方形带銙，带銙下部有横向刻纹，鉈尾黄色，垂于身左后侧。足着黑色圆头鞋。童子发中分，束总角，髻根扎系红色发带。身着圆领窄袖短袍，领扣未系，衣襟反折敞在两侧，相交处为右衽；袍长至膝，后有中缝，两侧腰下开衩，露出长裤。腰束布带，打结于身前。裤口收于小腿中部，赤足。底座表面呈长方形，四周饰素面宽缘，正面中部饰凹面花苞纹，左右两侧上中部饰圆孔，花苞纹和圆孔周围皆饰以花草纹，后面仅饰云气纹。俑宽 32.5 厘米，底座长 26.8、宽 22.5、高 11.8 厘米，通高 97.5 厘米，重 12.2 千克（图一六；图版一一六～图版一二三）。

　　甘肃武威西夏 2 号墓出土板画中类似老人形象榜题为"蒿里老人"[28]。福建尤溪城关宋代壁画墓中有一老者形象，肩以上残，蓄长须，双手置胸前，头上墨书题记仅存"里"字，推测应为"蒿里老人"[29]。广东海康元墓出土阴线刻砖中有一头戴高巾、蓄须、着圆领长袍、双手置腹前的坐姿老人形象，其题铭为"蒿里父老"[30]。宋真宗永定陵中亦置"蒿里老人"[31]。蒿里即为人死后魂归之处，其说在汉代已出现[32]，至唐宋时期依然盛行[33]。《大汉原陵秘葬经》中载"蒿里者，东岳兖州局八宫有蒿里山相公，主功曹"，并说天子至庶人墓均要在西北角置蒿里老人[34]。因此，将该俑定名为蒿里老人。

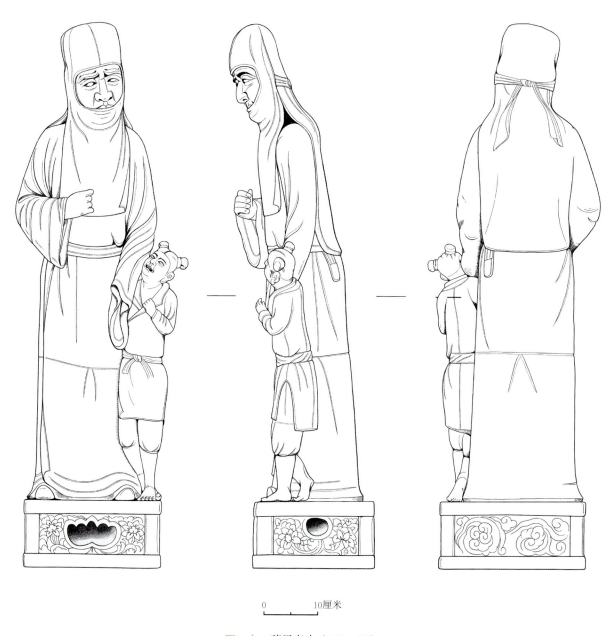

0　　　　　10厘米

图一六　蒿里老人（M1：57）

图版——六 蒿里老人（M1：57）正面

图版——七 蒿里老人（M1：57）左前侧

图版一一九　蒿里老人（M1：57）左后侧

图版一一八　蒿里老人（M1：57）左侧

图版一二一　蒿里老人（M1：57）右后侧

图版一二〇　蒿里老人（M1：57）背面

图版一二二 蒿里老人（M1：57）右侧

图版一二三 蒿里老人（M1：57）右前侧

二、仪仗俑

仪仗俑共 2 件。皆头戴幞头，身穿两侧不开衩的襕衫袍，据面目特征判断其中文官俑 1 件、武官俑 1 件，均为高座俑，尺寸较大。

1. 文官俑

1 件。M1：32，立姿。头微左倾，面朝右上。双臂曲于身前，左手四指并拢覆握右手，露出右手拇指，行叉手礼，右手拇指残。头戴黑色幞头，前高后低，前平后圆，前宽后窄，底部有窄缘，后部线条平弧，无翅。两侧有巾带，自脑后交叉并斜向前拉系结于顶部。幞头前后刻画有中缝，后部中间底部有巾角，后部两侧留有横向插翅孔，周身刻画巾帛褶皱。身着红色右衽圆领宽袖长袍，袍长及地。袍领缘较宽，袖口与衣摆有同色缘边，袍有后中缝。膝部有接襕，两侧无开衩。从刻画线条可见袍右襟明显，袍腰下接襕以上左右两侧有接缝，接缝与接襕相交处、正前正后袍身与接襕相接处均有两道细褶纹。领口露白色交领衬衣领部。腰束黑色革带，边缘刻画弦纹，前两重、后一重，身后有饰"回"字形黄色长方形带銙，铊尾压于带下垂于身左后侧，带首被衣服遮挡不见。身右后侧挂金色长方形牌饰，牌饰中部有两凸出"山"字形饰。脚着黑色圆头鞋。底座平面呈长方形，器表饰黄色化妆土，周边饰素缘框，正面饰凹面花苞纹，左右侧饰对穿圆孔，正面、左侧、右侧主体纹饰周边饰墨绘花草纹，后面饰墨绘云气纹。俑宽 24.8 厘米，底座长 28.6、宽 23.2、高 12.4 厘米，通高 96.7 厘米，重 10.8 千克（图一七；图版一二四～图版一三一）。

2. 武官俑

1 件。M1：31，立姿。身材修长，面向左前方，面白，容貌祥和。两鬓至唇下蓄须髯，修剪成侧短中长式，长及胸前。双臂曲于身前，左手四指并拢握覆右手行叉手礼，右手大拇指残。头戴黑色幞头，前高后低，前方后圆，底部有窄缘，无翅。巾带在脑后交叉并斜向前拉系结于顶部。幞头上刻画巾帛褶皱。身着暗红色宽袖长袍，从后领处及俑身前右侧的襟边刻画线条判断，应为右衽圆领袍，袍有后中缝，衣袖及衣摆皆有本色缘边及接襕，两侧不见开衩。腰束红色革带，上下边缘各饰弦纹一道，前两重、后一重，身后有黄色长方形带銙，铊尾黄色圆头，压在带下垂于身左后侧。身右后侧挂黄色长方形牌饰，上有连续两道金色半圆形凸起。足穿黑色圆头鞋。底座平面呈长方形，器表饰黄色化妆土，周边饰素缘框，正面饰凹面花苞纹，左右两侧饰对穿椭圆形孔，正面、左侧、右侧主体纹饰周边饰墨绘花草纹，后面仅饰墨绘云气纹。俑宽 23.8 厘米，底座长 27.7、宽 22.2、高 11.6 厘米，通高 96.5 厘米，重 11.2 千克（图一八；图版一三二～图版一三九）。

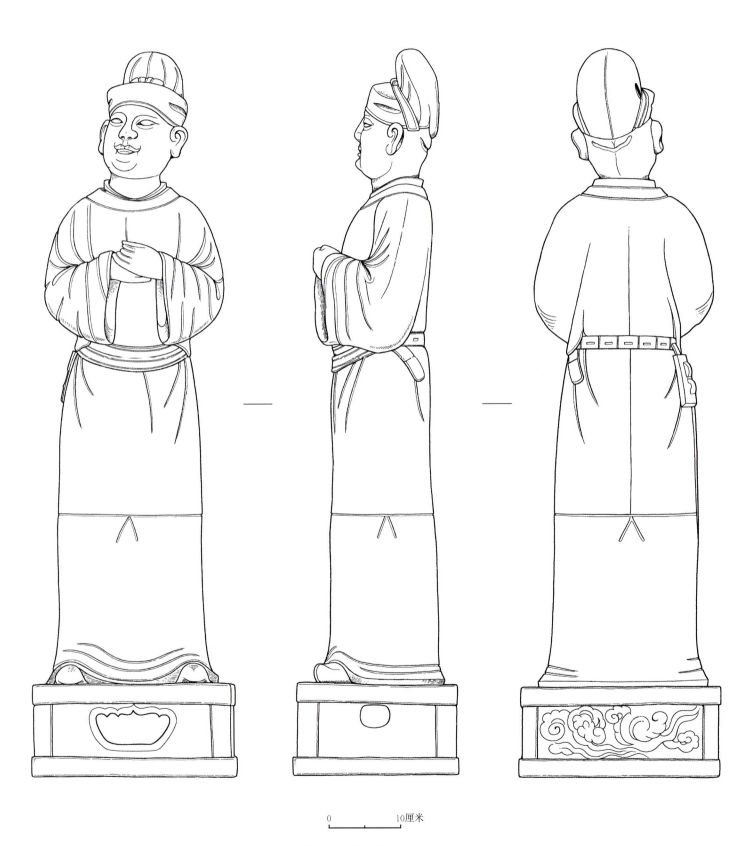

0 _____ 10厘米

图一七　文官俑（M1∶32）

图版一二四　文官俑（M1∶32）正面

图版一二五　文官俑（M1∶32）左前侧

图版一二七　文官俑（M1：32）左后侧

图版一二六　文官俑（M1：32）左侧

图版一二九 文官俑（M1：32）右后侧

图版一二八 文官俑（M1：32）背面

图版一三一　文官俑（M1：32）右前侧

图版一三〇　文官俑（M1：32）右侧

0 ————— 10厘米

图一八　武官俑（M1：31）

图版一三二　武官俑（M1：31）正面

图版一三三　武官俑（M1：31）左前侧

图版一三四　武官俑（M1∶31）左侧

图版一三五　武官俑（M1∶31）左后侧

图版一三六　武官俑（M1∶31）背面

图版一三七　武官俑（M1∶31）右后侧

图版一三九　武官俑（M1：31）右前侧

图版一三八　武官俑（M1：31）右侧

三、侍从俑

侍俑共 4 件。其中女侍俑 1 件、男侍俑 2 件、提箱童子俑 1 件。

1. 女侍俑

1 件。M1：62，表面饰黄色化妆土。立姿。身材修长，面容丰腴，细眉凤目，神态平和。双手拢于袖中置于胸前，捧一圆柱形物，物件头部略呈瓜棱状，可能为瓜棱瓶。头束抱面双环髻，与地轴女俑发型相似。推测其梳理方法为：将发分为额前发、顶发与脑后上部发、脑后部尾发三部分，先将第二部分头发于头顶扎束为发髻根部，再将前发中分，向斜后虚拢束于髻根，再将尾发中分，梳向两侧使底部圆弧，复顺耳后向上同束于髻根，三部发会合后用红色发带系扎，发带尾端呈箭矢状垂于脑后。将全部头发分成两股，一左一右弯成环状并用发缠绕固定，掩藏发尾。额鬓两侧各簪一弧背小梳。身着男装，外穿黄色圆领窄袖袍，袍长及地，领口处露衬衣交领。袍有后中缝，无缘边。袖口略宽。袍自胯部两侧开衩，露出及膝带褶衬袍摆。从开衩袍侧面看，两侧露出的褶皱连接上部无褶皱部分，结合领口露出衬衣交领，判断衬袍形制上部为交领窄袖状，腰胯处接密褶下摆，长至膝部。这种内袍或为着开衩外袍必备的衬衣。褶袍下所露部分推测为裤腿。腰束红色革带，带边饰弦纹，后部有黄色长方形"回"形饰带銙，铊尾于身左侧自上而下插入革带下部并垂于身左后侧。足着圆头鞋。底座为圆柱形，近上下面处饰宽素缘，正面饰凹面花苞纹，两侧饰对穿圆孔，主体纹饰周边饰墨绘花草纹。俑宽 21.5 厘米，底座直径约 21、高 12.6 厘米，通高 93.5 厘米，重 9.4 千克（图一九；图版一四〇～图版一四七）。

2. 男侍俑

2 件。根据陶俑姿态和服饰的不同分为二型。

A 型　1 件。M1：34，立姿。身材修长，面容丰腴，深目高鼻，腹微鼓。双臂抬于身前，左手覆右手并握住右手拇指，行叉手礼。头戴黑色幞头，前高后低，前方后圆，前宽后窄，底部有窄缘，后有中缝。巾带向后拉至脑后交叉缠绕，又拉向斜上方至顶部系结，脑后巾带交缠处两侧各有一横向圆孔，或用于插戴帽翅，后面正中巾带交缠处下存三角形巾角。身着红色圆领窄袖长袍，领缘较窄，无衣缘，有后中缝，袖口稍宽，袍长及地。两侧自胯部开衩，开衩处露出红色及膝多褶衬衣下摆与黄色大口裤腿。腰束红色革带，带饰弦纹，前两重、后一重，后有"回"形黄色长方形带銙，带銙下部各存一长方形凹槽，黄色圆首铊尾压于带下垂于身左后侧。足穿黑色圆头鞋。底座为圆形，座表素面，仅在四角各存一直径约 0.7 厘米的圆孔。俑宽 14.6 厘米，底座直径约 16、厚 1 厘米，通高 53.5 厘米，重 3.4 千克（图二〇；图版一四八～图版一五五）。

0　　　　　10厘米

图一九　女侍俑（M1：62）

图版一四〇　女侍俑（M1：62）正面

图版一四一　女侍俑（M1：62）左前侧

图版一四二　女侍俑（M1 : 62）左侧

图版一四三　女侍俑（M1 : 62）左后侧

图版一四五　女侍俑（M1：62）右后侧

图版一四四　女侍俑（M1：62）背面

图版一四六　女侍俑（M1：62）右侧

B 型　1件。M1：59，立姿。身材修长，面容微丰，目视前方。双手拢于袖中置于腹前。头戴幞头，前高后低，前宽后窄，底部有窄缘，后有中缝。巾带向后拉至脑后交叉缠绕，又拉向斜上方至顶部系结，脑后巾带交缠处两侧各有一横向插孔，或用于插戴帽翅，后面正中巾带交缠处下存三角形巾角。身着外红内白两件对襟褙子，外层略短于内层。褙子宽领缘，袖口较宽，无衣缘，有后中缝。两侧自胯部开衩，前短后长，前摆长至膝下，后摆长至小腿中部。褙子内上着黄色抹胸类衣物，领高至颈，胸前束红带，打单耳结，带头呈箭矢状垂至前腹。内衣下摆长至胯部，其内为用红带系于腹部的暗红色底本色缘云头状蔽膝，长至小腿中部，与褙子后摆齐。下着黄色大口裤，前后部裤腿中间缝隙刻画明显，足穿红色圆头鞋。底座整体呈圆柱形，上台面前高后低，器表施黄色化妆土。前面中部饰凹

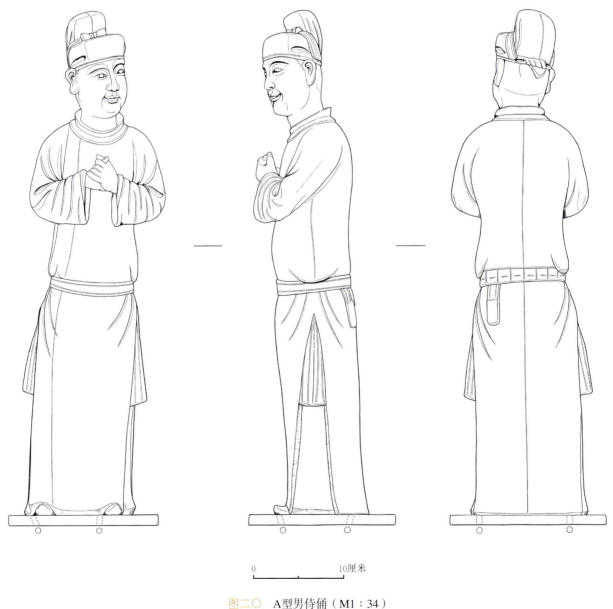

0　　　　　　10厘米

图二〇　A型男侍俑（M1：34）

图版一四八　A型男侍俑（M1：34）正面

图版一四九　A型男侍俑（M1：34）左前侧

图版一五〇　A型男侍俑（M1∶34）左侧

图版一五一　A型男侍俑（M1∶34）左后侧

图版一五二 A型男侍俑（M1：34）背面

图版一五三 A型男侍俑（M1：34）右后侧

图版一五五　A型男侍俑（M1∶34）右前侧

图版一五四　A型男侍俑（M1∶34）右侧

面花苞纹，两侧饰直径为 3 厘米的对穿圆孔，圆孔外侧墨绘直径 5.2 厘米的圆圈一个，其余区域通饰花草纹。俑宽 21.5 厘米，底座直径约 21、高 10.5～13.6 厘米，通高 95.7 厘米，重 10.4 千克（图二一；图版一五六～图版一六三）。

0　　　　　　10厘米

图二一　B型男侍俑（M1：59）

图版一五六　B型男侍俑（M1∶59）正面

图版一五七　B型男侍俑（M1∶59）左前侧

图版一五八　B型男侍俑（M1：59）左侧

图版一五九　B型男侍俑（M1：59）左后侧

图版一六一　B型男侍俑（M1：59）右后侧

图版一六〇　B型男侍俑（M1：59）背面

图版一六三　B型男侍俑（M1∶59）右前侧

图版一六二　B型男侍俑（M1∶59）右侧

3. 提箱童子俑

1件。M1：43，立姿。浓眉圆目，高鼻大嘴，嘴微张，舌齿分明，额间阴刻"十"字形饰，脸部施朱，表情滑稽可爱。上身向左前斜倾，双臂抬于身前，左手覆右手并握住右手拇指，行叉手礼，右手拇指残。头梳朝天双髻，发髻扭曲呈麻花状，右髻朝上，左髻随身斜垂，脑后墨绘齐匀短发。身着黄色窄袖圆领短袍，袍长齐膝，两侧开衩，后背有中缝。腰间系带，前为朱革两重，后为白色单层长方形带銙，銙下部皆阴刻长方形凹槽，带扣在两侧，革端红色圆首铊尾从身左侧自上而下插入带下并垂于身左后侧，带与后腰间有较大空隙。下身着过膝短裤，右裤脚束于鞋内，左裤脚下部内束。右足蹬圆头乌皮靴，靴口处施朱一周。左足穿露趾布鞋，鞋高及踝，前端仅一长方形布带裹中趾，布带在脚面打结，其他四趾露于外。脚背和脚趾皆涂朱，以表现童子皮肤赤红。童子近手腕处提带革木箱，木箱为扁长方形，上部木盖套合于箱口。木箱和木盖上共存三个横向乌革扣，纵向朱革穿两侧乌革扣形成提手。底座平面呈长方形，器表素面，仅在四角各存一直径0.7厘米的圆孔。俑宽16.5厘米，底座长16.8、宽14.9、高1.5厘米，通高46.8厘米，重3.458千克（图二二；图版一六四～图版一七二）。

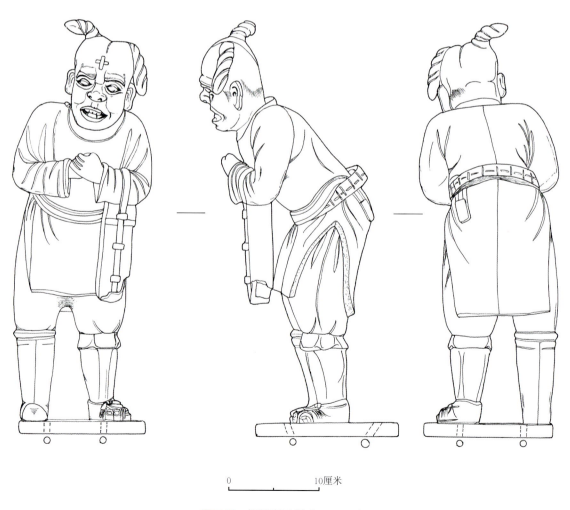

0   10厘米

图二二 提箱童子俑（M1：43）

图版一六四　提箱童子俑（M1：43）正面

图版一六五　提箱童子俑（M1：43）左前侧

图版一六七 提箱童子俑（M1：43）左后侧

图版一六六 提箱童子俑（M1：43）左侧

图版一六九 提箱童子俑（M1：43）右后侧

图版一六八 提箱童子俑（M1：43）背面

图版一七〇　提箱童子俑（M1：43）右侧

图版一七一　提箱童子俑（M1：43）右前侧

图版一七二 提箱童子俑（M1：43）发髻

四、伎乐俑

伎乐俑共 28 件，按性别可分为女伎乐俑和男伎乐俑。女伎乐俑共 23 件，除少数被扰动至主室填土中，其余大部分出土于西耳室（后耳室）及附近。男伎乐俑共 5 件，集中出土于南耳室（右耳室）。女伎乐俑为一立部伎组合主体部分，部分俑手中乐器已佚，只能据其手势推测其职能，包含拨琵琶俑一、弹竖箜篌俑二、抚筝俑一、吹笛俑二、吹排箫俑二、吹笙俑二、吹筚篥俑二、击鸡娄鼓俑二、击羯鼓俑二、击正鼓俑一、击和鼓俑一、揩答腊鼓俑一、击都昙鼓俑二、击大鼓俑一和击方响俑一。男伎乐俑与女伎乐俑共同组成完整的立部伎乐队，其中吹笛俑二、执拍板俑二、执竹竿俑一。下文按性别分类报告。

（一）女伎乐俑

1. 拨琵琶俑

1 件。M1：68，立姿。头左倾，面朝右卜方，面庞丰满，柳叶眉，丹凤眼，樱桃小嘴，面带微笑。怀抱琵琶，左手按弦，右手执拨子。琵琶顶部琴头与弦轴残，器身隐约见四弦，拨子保存完好，长柄略弧，顶端呈银杏叶状。琵琶后侧上下连接红色双股编织绳，编织绳拷于右肩并于背后打单耳结固定。头梳抱面高髻，巾带束髻，巾带在髻后打结并垂于髻下，巾端呈箭矢状，髻顶呈波浪状。发髻左上部及左下侧存两个圆孔，可能用于插簪。髻下发式呈蝴蝶状。右侧鬓间簪二弧背小梳。上身着外红内白两件对襟直领窄袖褙子，褙子前摆长至膝部以上，后摆长至小腿中部，两侧自腰间开衩。褙子内上着黄色似抹胸类衣物，下着黄色长裙，身前垂同色系带。裙两侧自膝部开衩，前摆长至小腿中部，后摆曳地，上有墨绘填白彩的花卉纹样，形似玉兰花。裙前摆下露出红色直缘蔽膝，上绘黄色花纹。下着暗白色、白色双层大口裤，外层上有整齐墨绘团花纹样。足穿翘底平顶尖头鞋。底座平面呈椭圆形，底径略大于顶径，器表素面。俑宽 24.7 厘米，底座底部长径 19.9、底部短径 17.3、高 1.3 厘米，通高 58.5 厘米，重 4.2 千克（图二三；图版一七三～图版一八〇）。

汉《风俗通义》云"批把，此近世乐家所作，不知谁也。以手批把，因以为名。长三尺五寸，法天地人与五行，四弦象四时。"又《释名》曰："批把，本出于胡中，马上所鼓也。推手前曰'批'，引手却曰'把'，象其鼓时，因以为名也。"《类说》卷十三《琵琶录》，"琵琶，法三才，象四时。本胡中马上所鼓，推手前曰'琵'，却手后曰'琶'。汉遣乌孙公主，念其行道思慕，使知音马上奏琵琶以慰之。"[35] 晚唐《乐府杂录》云"始自乌孙公主，造马上弹之。有直项者、曲项者……"[36] 宋陈旸《乐书》同此说 [37]。目前最早可见的琵琶材料应为敦煌莫高窟第 285 窟，该窟时代为西魏大统四年。窟内飞天所执琵琶直项长颈，四弦四柱，发音部略呈圆形，应是琵琶早期形态，尚用手擉法弹奏 [38]。至唐初，在敦煌莫高窟第 220 窟药师经变东侧奏乐图中琵琶项部已变曲，而身部变为椭圆花瓣状 [39]，尚流行手擉琵琶 [40]，后在中唐五代墓葬中所发现的琵琶形象多与此墓所出相同，曲项、体大而椭圆，弹奏方法亦多用木拨[41]。

2. 弹竖箜篌俑

2件。根据俑形制和服饰的不同分为二型。

A型　1件。M1：69，立姿。目视右侧，淡眉细目，面带微笑。小臂抬至身前，手部残。头梳抱面高髻，巾带束髻，巾带在髻后打结并垂于髻下，巾端呈箭矢状，髻顶呈波浪状。髻左侧存三孔，右侧存两孔，可能用于插簪。髻下发式呈蝴蝶状，两鬓簪弧背小梳为饰。上身着外红内黄两件对襟直领窄袖褙子，褙子前摆长至膝部以上，后摆略长于前摆，两侧自腰间开衩。褙子内着黄色长裙，裙腰高束至腋下。腰间束红带，带于前腹打结并下垂至膝部以上。裙两侧自膝部开衩，前摆长至踝部以上，后摆曳地。裙前摆下露出红色云

0　　　　　　　　　10厘米

图二三　拨琵琶女俑（M1：68）

图版一七三　拨琵琶女俑（M1：68）正面

图版一七四　拨琵琶女俑（M1：68）左前侧

图版一七五　拨琵琶女俑（M1：68）左侧

图版一七六　拨琵琶女俑（M1：68）左后侧

图版一七七 拨琵琶女俑（M1∶68）背面

图版一七八 拨琵琶女俑（M1∶68）右后侧

图版一八〇　拨琵琶女俑（M1：68）右前侧

图版一七九　拨琵琶女俑（M1：68）右侧

头缘蔽膝，饰本色缘边，长至踝部。下着白色大口裤，裤长盖脚面。足穿翘底平顶圆头鞋。底座平面略呈椭圆形，底径略大于顶径，器表素面。俑宽 17.4 厘米，底座底部长径 18.7、底部短径 16.2、高 1.6 厘米，通高 58.2 厘米，重 4 千克（图二四；图版一八一～图版一八八）。

B 型　1 件。M1：71，立姿。身体清瘦，目朝前方，淡眉细目，面带微笑。双手曲置于右腹前作抱竖箜篌状，手指略曲作抚琴弦状。头梳抱面高髻，巾带束髻，巾带在髻后打结并垂于髻下，巾端呈箭矢状，髻顶呈波浪状。高髻左侧及左下侧存两圆孔，可能用于插簪。髻下发式呈蝴蝶状，两鬓簪弧背小梳为饰，额前隐约可见外凸菱形花钿。上身着两件黄色对襟直领窄袖褙子，褙子前摆长至膝部以上，后摆略长于前摆，两侧自腹上部开

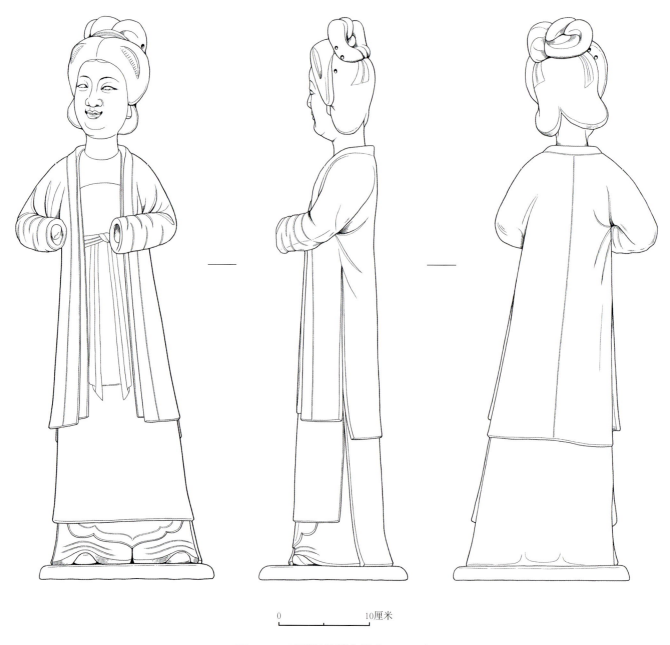

0　　　　　　　　　　10厘米

图二四　A型弹竖箜篌女俑（M1：69）

图版一八一　A型弹竖箜篌女俑（M1：69）正面

图版一八二　A型弹竖箜篌女俑（M1：69）左前侧

图版一八四　A型弹竖箜篌女俑（M1：69）左后侧

图版一八三　A型弹竖箜篌女俑（M1：69）左侧

图版一八六　A型弹竖箜篌女俑（M1∶69）右后侧

图版一八五　A型弹竖箜篌女俑（M1∶69）背面

图版一八八　A型弹竖箜篌女俑（M1：69）右前侧

图版一八七　A型弹竖箜篌女俑（M1：69）右侧

衩，左袖后部可辨墨绘花瓣纹，后背可辨墨绘花瓣纹及草叶纹。褙子内着淡黄色长裙，裙腰高束至腋下。腰间束红带，带于前腹打结并下垂至膝部以上。裙两侧自膝部以上开衩，前摆长至踝部以上，后摆曳地，后摆上可辨墨绘草叶纹。裙前摆下露出红色直边蔽膝，长至踝部。下着黄色大口裤，裤长盖脚面，裤腿部隐约可见墨绘花瓣纹。足穿翘底平顶圆头鞋。底座平面呈椭圆形，底径略大于顶径，器表素面。俑宽17.9厘米，底座底部长径19.1、底部短径17、高1.6厘米，通高59.4厘米，重4千克（图二五；图版一八九～图版一九六）。

此二俑双手置于腹前作弹奏状，俑附近伴出竖箜篌残片。唐五代壁画中常见此类演奏方法者[42]，手中多持竖箜篌。竖箜篌源于埃及和西亚[43]，东汉时期传入中土[44]，后历代

0　　　　　　　　10厘米

图二五　B型弹竖箜篌女俑（M1：71）

图版一八九　B型弹竖箜篌女俑（M1：71）正面

图版一九〇　B型弹竖箜篌女俑（M1：71）左前侧

图版一九一　B型弹竖箜篌女俑（M1：71）左侧

图版一九二　B型弹竖箜篌女俑（M1：71）左后侧

图版一九四　B型弹竖箜篌女俑（M1：71）右后侧

图版一九三　B型弹竖箜篌女俑（M1：71）背面

图版一九六　B型弹竖箜篌女俑（M1∶71）右前侧

图版一九五　B型弹竖箜篌女俑（M1∶71）右侧

文献均有提及[45]，为唐五代时期演奏胡乐的必备乐器。关于其源流、发展及种类，已有多位学者做过系统梳理研究[46]，此处不再赘述。

3. 抚筝俑

1件。M1：76-1，立姿。身微前倾，头微右倾，面向左前，圆脸微丰，弯眉凤眼，嘴唇轻闭，面带微笑。双臂屈，右手置于胸前，手心向下，手指微弯作弹拨状；左手虚握，手心朝上，为托物状。头梳抱面高髻，巾带束髻，巾带在髻后打结并垂于髻下，巾端呈箭矢状。髻顶呈波浪状，其上戴花苞形金冠，冠前后较宽，左右较窄，颈微收，无顶，正视为两瓣状，周饰窄缘、正中各有一簪孔，前侧可辨圆形金簪头，后侧簪尾已不存。其形制与击羯鼓俑M1：72-1所戴金冠相同。右鬓簪弧背小梳，其上残有红彩；左鬓簪胜形饰，饰物左右及下侧垂珠饰四颗。耳部似坠有水滴状珠饰。上身着外黄内红两件对襟直领窄袖褙子，褙子较短，前摆长至胯部，后摆长至膝部以上，两侧自腰部开衩。黄褙局部留有红彩。褙子内着浅色长裙，裙腰高束至胸前，系红色带，带于胸前打结并下垂至胯部。裙身宽松有褶皱，前摆长至踝部以上，后摆曳地。裙身留有黄彩，后摆局部残存墨绘花瓣纹，花瓣上留红白渐变颜色。裙前摆下露出浅色直边蔽膝，饰本色缘边，长至踝部。下着外红内白双层大口裤。足穿翘底尖头鞋。底座平面呈椭圆形，底径略大于顶径，器表素面。俑宽17厘米，底座底部长径19.9、底部短径17.8、高1.4厘米，通高60.7厘米，重4.2千克（图二六；图版一九七～图版二○三）。

此俑左手作托物状，右手作弹拨状，俑附近伴出筝。同时期王处直墓壁画和冯晖墓砖雕中皆以此姿态演奏筝[47]，因此可判断该俑为抚筝俑。筝为清乐中传统乐器，似瑟而小，共十二弦，源于战国秦汉时期，发展于魏晋，兴盛于唐宋，并延续至今[48]。

4. 吹笙俑

2件。根据俑服饰及笙形制的不同分为二型。

A型　1件。M1：73，立姿。身材修长，面容清瘦，面朝前方，弯眉凤眼，双唇微张。双手抬于面前捧笙吹奏。笙表髹红漆，自下而上共分三阶，下部两阶与底部用近圆形金彩框饰固定，顶端为簇状小管，两侧开口，吹嘴、吹管已佚。头梳抱面高髻，巾带束髻。髻顶呈波浪状，平面略呈环状，髻下发式呈蝴蝶状。右鬓簪弧背小梳；左鬓簪方胜形饰，饰物左右及下侧垂珠饰三颗。耳部似坠有水滴状珠饰。上身颜色脱落，现为白色，局部留有少量黄彩。上着对襟直领窄袖褙子，褙长至膝部以上，前摆略短于后摆，两侧自腰上部开衩。小臂袖口紧缚并刻画有较多弦纹，或着有臂韝。褙子内上着白色抹胸类衣物，下系红色长裙，上腹部系黄色带，带于腹中部打结，一端翻折于带下垂于下腹部，一端下垂于膝胯之间，带端呈箭矢状。裙两侧自股部开衩，前摆长至踝部以上，后摆曳地。裙前摆下露出黄色云头缘蔽膝，饰本色缘边，长至踝部。下着双层白色大口裤，裤脚处隐约可见墨绘花草纹。足穿翘底尖头鞋。底座平面呈椭圆形，底径略宽于顶径，器表素面。俑宽17厘米，底座底部长径 20.8、底部短径 17.8、高 1.4 厘米，通高 60.7 厘米，重 4 千克（图二七；图版二〇四～图版二一一）。

　　B 型　1 件。M1：90，立姿。身材修长，面容清瘦，面朝前方，弯眉凤眼，双唇微张。双手抬于面前捧笙吹奏。笙体窄，分五阶，上无髹漆痕迹，仅用竖向弦纹表示笙管。笙顶部亦呈簇管状，两侧开口，吹嘴、吹管已佚。头梳抱面高髻，红色巾带束髻，巾带在髻后打结并垂于髻下，巾端呈箭矢状。髻顶呈波浪状，平面略呈双环状，髻下发式呈蝴蝶状，鬓左下侧存一圆孔，可能用于插簪。左鬓簪二弧背小梳。上身着外黄内红两件对襟直领窄袖褙子，后带中缝，前摆长至膝部以上，后摆长至小腿中部，两侧自腰间开衩。褙子

0　　　　　　　　10厘米

图二六　抚筝女俑（M1：76-1）

图版一九七　抚筝女俑（M1：76-1）正面

图版一九九　抚筝女俑（M1∶76-1）左侧

图版一九八　抚筝女俑（M1∶76-1）左前侧

图版二〇〇　抚筝女俑（M1：76-1）背面

图版二〇一　抚筝女俑（M1：76-1）右后侧

图版二〇三　抚筝女俑（M1：76-1）右前侧

图版二〇二　抚筝女俑（M1：76-1）右侧

内着黄色长裙，裙腰高束至胸前，胸腋间系红色带，带于右胸前打结并下垂至胯膝间，带端呈箭矢状。裙身宽松有褶皱，前摆长至踝部以上，后摆曳地，前摆上有墨绘花草纹。裙前摆下露出黄色云头缘蔽膝，饰本色缘边，长至踝部，其上亦可见墨绘花草纹。下着外红内黄双层大口裤，足穿翘底尖头鞋。底座平面呈椭圆形，底径略大于顶径，器表素面。俑宽 18.3 厘米，底座底部长径 21.5、底部短径 19.3、高 1.7 厘米，通高 64.2 厘米，重 4.8 千克（图二八；图版二一二～图版二一九）。

0　　　　　　　　10厘米

图二七　A型吹笙女俑（M1：73）

图版二〇四　A型吹笙女俑（M1：73）正面

图版二〇五　A型吹笙女俑（M1：73）左前侧

图版二〇六　A型吹笙女俑（M1：73）左侧

图版二〇七　A型吹笙女俑（M1：73）左后侧

图版二〇九　A型吹笙女俑（M1：73）右后侧

图版二〇八　A型吹笙女俑（M1：73）背面

图版二一一　A型吹笙女俑（M1∶73）右前侧

图版二一〇　A型吹笙女俑（M1∶73）右侧

　　笙是我国传统乐器，也称竽[49]，相传为女娲所造[50]，湖北战国时期曾侯乙墓中出土有管笙[51]，西汉马王堆汉墓中亦出土大笙[52]，其常与瑟伴出，曹操《短歌行》中便有"我有嘉宾，鼓瑟吹笙"之句[53]，唐宋时期壁画中亦多有奏笙形象[54]，笙的艺术魅力在当今社会依然方兴未艾。较多学者已对笙的起源、发展和演奏技巧等进行过专门研究[55]，此不赘述。

0 ————————— 10厘米

图二八　B型吹笙女俑（M1：90）

图版二一二　B型吹笙女俑（M1：90）正面

图版二一三　B型吹笙女俑（M1：90）左前侧

图版二一四　B型吹笙女俑（M1∶90）左侧

图版二一五　B型吹笙女俑（M1∶90）左后侧

图版二一七　B型吹笙女俑（M1：90）右后侧

图版二一六　B型吹笙女俑（M1：90）背面

图版二一九　B型吹笙女俑（M1：90）右前侧

图版二一八　B型吹笙女俑（M1：90）右侧

5. 吹排箫俑

2 件。根据俑服饰及排箫形制的不同分为二型。

A 型　1 件。M1∶63，立姿。面容端庄丰腴，弯眉凤眼，面带笑容。双手举于胸前握排箫两侧柄部，双唇微抿作吹奏状。排箫由中部横向的黄色框固定十二根红色箫管制成，黄色框中上部有三枚黄色圆形饰。中间八根箫管长度相同，左右两侧四根较长，较长的四根箫管底部延伸为手柄，左侧手柄较长，底部圆弧向外卷起，右侧柄端残。俑额前留有两绺细短发并中分，头梳抱面高髻，红色巾带束髻，巾带在髻后打结并垂于髻下，巾端呈箭矢状。髻顶呈波浪状，平面略呈双环状，髻下发式呈蝴蝶状。两鬓各簪一弧背小梳。上身着外黄内红两件对襟直领窄袖褙子，褙子前摆长至膝部以上，后摆长至膝部，两侧自腰间开衩。小臂袖口紧缚。褙子内上着金色抹胸类衣物，高至颈下，下系暗黄色长裙，裙腰高束至胸下，胸腋间系暗红色带，带于胸右侧打结并下垂至胯部，带端呈箭矢状。裙两侧自股部开衩，前摆长至踝部以上，后摆曳地，其上可见墨绘草叶纹。裙前摆下露出稍窄的红色如意云头缘蔽膝，饰本色缘边。下着黄色大口裤，其上残存红彩。足穿翘底尖头鞋。底座平面呈椭圆形，底径略大于顶径，器表素面。俑宽 19.2 厘米，底座底部长径约 20.3、底部短径 17.2、高 1.5 厘米，通高 59.9 厘米，重 4.2 千克（图二九；图版二二〇～图版二二七）。

B 型　1 件。M1∶84，立姿。身材匀称，面朝前方。双手举于胸前握排箫内侧柄部，双唇微抿作吹奏状。排箫由中部横向的金色框固定十二根黄色箫管制成，中间两根箫管略短，左右两侧六根箫管等长，最外侧四根箫管最长，外侧四根箫管底部延伸为直柄。排箫金色框中部上侧存花瓣形装饰。俑额前留两绺细短发并中分，头梳抱面高髻，红色巾带束髻，巾带在髻后打结并垂于髻下，巾端呈斜角状。髻顶呈波浪状，平面略呈双环状，髻下发式呈蝴蝶状。左鬓簪弧背小梳，右鬓簪胜形饰，饰物左右及下侧垂珠饰四颗。上身着两件黄色对襟直领窄袖褙子，褙子前摆长至膝部以上，后摆长至膝部，两侧自腰间开衩。小臂袖口紧缚，疑穿有臂韝。褙子内上着金色抹胸类衣物，下系红色长裙，裙腰高束至胸下，上腹部系黄色带，带于腹中部打结，一端翻折于带下垂于下腹部，一端下垂于胯部，带端呈箭矢状。裙两侧自股部开衩，前摆长至踝部以上，后摆曳地。裙前摆下露出黄色弧缘蔽膝。下着白色大口裤。左侧裤腿上存墨绘填红、金、白色花草纹。足穿翘底尖头鞋。底座平面呈椭圆形，底径略大于顶径，器表素面。俑宽 17.8 厘米，底座底部长径 19.5、底部短径 17.4、高 1.2 厘米，通高 58.2 厘米，重 4.2 千克（图三〇；图版二二八～图版二三四）。

排箫古时称箫，为我国古老的多管乐器，每管一音，外形如羽翼，至元代为了与单管箫区分而改称排箫[56]。目前发现最早的排箫实物材料为商代晚期河南鹿邑长子口墓出土的 5 件骨质排箫[57]，系用禽骨制成，各管长短不一，有五管、六管和十三管者。后在春秋中晚期淅川下寺一号楚墓中发现石质排箫一件[58]，整体略呈三角形，上端平齐，钻有十三个圆孔，下端依次变短，共刻出十三管。另在春秋时期河南光山黄君孟墓[59]和战国湖北曾侯乙墓[60]均出土竹排箫，汉代画像石和画像砖上亦可见吹箫形象[61]，隋唐五代时期石窟及墓葬壁画中亦多见排箫材料[62]。以上排箫材料多为十三管，整体呈三角形状，而该墓出土排箫共十二管，中部各管略等长，两侧四根较长，下部延伸为柄，形制较特殊。两宋之后排箫逐渐走向衰落[63]。

0　　　　　　　　　10厘米

图二九　A型吹排箫女俑（M1：63）

图版二二〇　A型吹排箫女俑（M1：63）正面

图版二二一　A型吹排箫女俑（M1：63）左前侧

图版二二二　A型吹排箫女俑（M1：63）左侧

图版二二三　A型吹排箫女俑（M1：63）左后侧

图版二二五　A型吹排箫女俑（M1：63）右后侧

图版二二四　A型吹排箫女俑（M1：63）背面

图版二二七　A型吹排箫女俑（M1：63）右前侧

图版二二六　A型吹排箫女俑（M1：63）右侧

0   10厘米

图三〇　B型吹排箫女俑（M1∶84）

图版二二八　B型吹排箫女俑（M1：84）正面

图版二二九　B型吹排箫女俑（M1：84）左前侧

图版二三〇　B型吹排箫女俑（M1：84）左侧

图版二三一　B型吹排箫女俑（M1：84）左后侧

图版二三二　B型吹排箫女俑（M1：84）背面

图版二三三　B型吹排箫女俑（M1：84）右后侧

图版二三四　B型吹排箫女俑（M1：84）右侧

6. 吹笛俑

2 件。根据俑发式和服饰的不同分为二型。

A 型 1 件。M1 ：64，立姿。体态微丰，面向左侧。双手抬至颈部右前方，左手在内，右手在外，双手排成一线，手指微曲作执笛吹奏状，乐器已佚。俑额前留有两绺细短发并中分，头梳抱面高髻，髻形与其他女俑稍有不同，正视为由中部三股纵发与两侧圆髻组成的长方形髻，后视仍作环髻。红色巾带束髻，巾带在髻后打结并垂于髻下，巾端呈箭矢状。髻下发式呈蝴蝶状，鬓左下侧存一圆孔。两鬓簪弧背小梳为饰。上身着两件黄色对襟直领窄袖褙子，褙子前摆长至膝部，后摆长至小腿中部，两侧自股部开衩，隐约可见其上有墨绘花草纹样。褙子内上着黄色抹胸类衣物，领部弧形，高至颈下，下系红色长裙，裙腰高束至胸前腋下，胸前系白色带，带于胸中部打结并下垂至腰胯间，带端呈箭矢状。裙两侧开衩，前摆长至踝部以上，后摆曳地，后摆上可见墨绘花苞形纹样，中部填黄彩。裙前摆下露出浅黄色弧缘蔽膝，蔽膝外露部分可见墨绘长方形界线，界线内墨绘花草纹样，饰本色缘边。下着外黄内红双层大口裤。足穿翘底尖头鞋。底座平面呈椭圆形，底径略大于顶径，器表素面。俑宽 18 厘米，底座底部长径 20.7、底部短径 18.4、高 1.5 厘米，通高 61.5 厘米，重 4.4 千克（图三一；图版二三五～图版二四一）。

B 型 1 件。M1 ：80，立姿。体态微丰，头偏右侧，面向左侧。双手抬至颈部右前方，左手在内，右手在外，双手排成一线，手指微曲作执笛吹奏状，乐器亦佚。头梳抱面高髻，红色巾带束髻，巾带在髻后打结并垂于髻下，巾端呈箭矢状。髻顶呈波浪状，平面略呈双环状。鬓左下侧存两圆孔，右下侧存一圆孔，可能用于插簪。髻下发式呈蝴蝶状。两鬓簪弧背小梳为饰。上身着外红内白两件对襟直领窄袖褙子，褙子前摆长至股部，后摆长至膝部以上，两侧自腰部开衩，后背正中存中缝。褙子内高束黄色长裙于胸前，胸前系黄色带，带于右胸侧打结并下垂至腹胯间，带端呈箭矢状。裙两侧自膝部开衩，前摆较短至小腿下部，后摆曳地。裙前摆下露出红色云头缘蔽膝，上饰本色缘边。下着外红内白双层大口裤。足穿翘底尖头鞋。底座平面呈椭圆形，底径略大于顶径，器表素面。俑宽为 18.7 厘米，底座底部长径 20.3、底部短径 16.6、高 1.2 厘米，通高 59.9 厘米，重 4.4 千克（图三二；图版二四二～图版二四八）。

7. 吹筚篥俑

2 件。根据俑发式和服饰的不同分为二型。

A 型 1 件。M1 ：65，立姿。身材修长，面容精致，细眉凤目，嘴唇微张，神态安详。双臂抬起，双手置于颈前，手指微屈，左手覆右手，呈执筚篥吹奏状。头梳高髻并戴金冠，冠下侧有三个圆形小孔。其头发梳理方式与其他女俑相同，将头发挽做髻后戴覆斗形发冠。冠无顶，俯视可见波浪形发髻，缘饰边框，前、后侧上缘中部存长方形凹孔，前后底部中央留有圆形簪孔，由前至后簪一圆首金簪，金色簪首露于外。左鬓簪弧背小梳，右鬓簪胜形饰，饰物左右及下侧垂珠饰四颗。上身着两件黄色对襟直领窄袖褙子，褙子前摆长至胯部，后摆长至臀下，两侧自腰间开衩，左臂上有墨绘玉兰花纹样。褙子内高束黄色长裙于胸前，胸前系红色带，带于右胸侧打结并下垂至胯膝间，带端呈箭矢状。裙两侧自膝下开衩，前摆长至小腿下部，后摆曳地。裙前摆下露出红色云头缘蔽膝，上饰本色缘边。下着外黄内红双层大口裤。足穿翘底尖头鞋。底座平面呈椭圆形，底径略大于顶径，器表素面。俑宽

0　　　　　　　　10厘米

图三一　A型吹笛女俑（M1：64）

图版二三五　A型吹笛女俑（M1：64）正面

图版二三六　A型吹笛女俑（M1：64）左前侧

图版二三七　A型吹笛女俑（M1：64）左侧

图版二三八　A型吹笛女俑（M1∶64）左后侧

图版二三九　A型吹笛女俑（M1∶64）背面

图版二四一　A型吹笛女俑（M1：64）右侧

图版二四〇　A型吹笛女俑（M1：64）右后侧

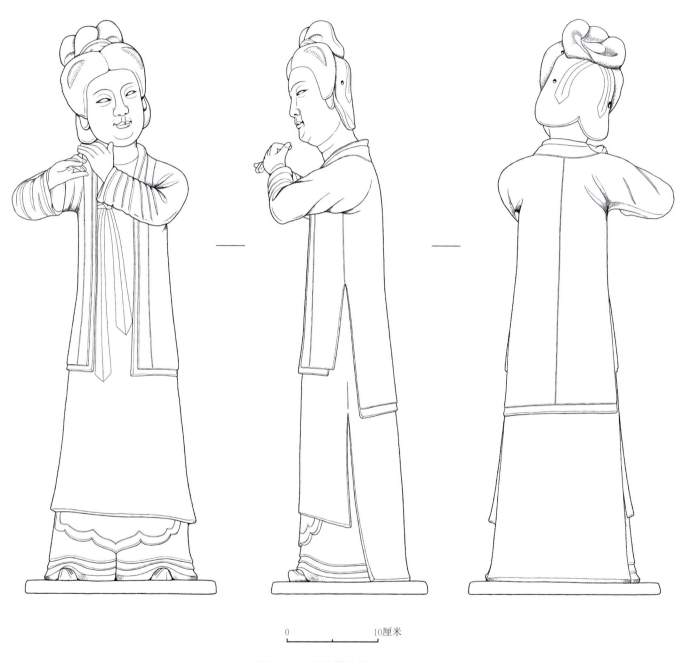

0   10厘米

图三二 B型吹笛女俑（M1∶80）

图版二四二　B型吹笛女俑（M1：80）正面

图版二四四　B型吹笛女俑（M1∶80）左前侧

图版二四三　B型吹笛女俑（M1∶80）左侧

图版二四五　B型吹笛女俑（M1∶80）背面

图版二四六　B型吹笛女俑（M1∶80）右后侧

图版二四七　B型吹笛女俑（M1∶80）右侧

图版二四八　B型吹笛女俑（M1∶80）右前侧

16.8 厘米，底座底部长径 20.7、底部短径 18.8、高 1.1 厘米，通高 61.4 厘米，重 4 千克（图三三；图版二四九～图版二五六）。

B 型　1件。M1：79，立姿。身材匀称，面容丰腴，目视前方。双臂抬起，双手置于颈前，右手手指自然平伸，左手残缺，作持竽篪吹奏状，乐器亦佚。头梳抱面高髻，红色巾带束髻，巾带在髻后打结并垂于髻下，巾端呈箭矢状。髻顶呈波浪状，平面略呈双环状，左侧存一

0　　　　　　　10厘米

图三三　A型吹竽篪女俑（M1：65）

图版二四九　A型吹竽篥女俑（M1：65）正面

图版二五〇　A型吹竽篥女俑（M1：65）左前侧

图版二五二　A型吹竽箫女俑（M1：65）左后侧

图版二五一　A型吹竽箫女俑（M1：65）左侧

图版二五四　A型吹竽簧女俑（M1：65）右后侧

图版二五三　A型吹竽簧女俑（M1：65）背面

图版二五六　A型吹竽簧女俑（M1：65）右前侧

图版二五五　A型吹竽簧女俑（M1：65）右侧

圆形小孔。髻下发式呈蝴蝶状。两鬓各簪一弧背小梳。上身着两件黄色对襟直领窄袖褙子，褙子前摆长至膝部以上，后摆长至膝部，两侧自腰间开衩，后背局部杂有红彩。内着黄色长裙，裙腰高束至胸下，上腹部系红色带，带于上腹中部打结并下垂至腰胯间，带端呈弧形。裙两侧开衩，前摆长至踝部以上，后摆曳地，其上饰墨绘花草纹。裙前摆下露出红色云头缘蔽膝，饰本色缘边。下着白色大口裤。足穿红色翘底尖头鞋。底座平面呈椭圆形，底径略大于顶径，器表素面。俑宽为18厘米，底座底部长径19.9、底部短径17.6、高1.5厘米，通高57.6厘米，重4千克（图三四；图版二五七～图版二六四）。

0　　　　　10厘米

图三四　B型吹笙簧女俑（M1：79）

图版二五七　B型吹竿篥女俑（M1：79）正面

图版二五八　B型吹竿篥女俑（M1：79）左前侧

图版二五九　B型吹竽篪女俑（M1：79）左侧

图版二六〇　B型吹竽篪女俑（M1：79）左后侧

图版二六二　B型吹竽篥女俑（M1：79）右后侧

图版二六一　B型吹竽篥女俑（M1：79）背面

图版二六四　B型吹竽箫女俑（M1：79）右前侧

图版二六三　B型吹竽箫女俑（M1：79）右侧

8. 击鸡娄鼓俑

2件。根据俑服饰的不同分为二型。

A型　1件。M1：18-1，立姿。身材修长，面容丰腴，双唇涂朱，目视前方。双手虚握，手臂抬起，小臂上举，左臂肘间置一黄色鸡娄鼓，鼓身两缘饰弦纹。左手作播鼗牢状，右手作击鸡娄鼓状。头梳抱面高髻，红色巾带束髻，巾带在髻后打结并垂于髻下，巾端呈箭矢状。发髻根部左右两侧各留有两个对应圆孔，可能用于插簪。髻顶呈波浪状，平面略呈双环状，髻下发式呈蝴蝶状。两鬓簪弧背小梳。上身着两件浅黄色对襟直领窄袖褙子，褙子前摆长至膝部，后摆长至小腿中部，两侧自腰间开衩，其上墨绘有类玉兰花朵状装饰，并部分填以红彩。褙子内上着黄色抹胸类衣物，边缘呈弧形，下系红色长裙，裙腰高束至胸下，胸下系红色带，带于胸右前侧打结，一端藏于褙子内，一端下垂于胯部，带端呈箭矢状。裙两侧自股部开衩，前摆长至脚踝以上，后摆曳地。裙施红彩，残存规律的浅色团花状区域。裙前摆下露出红色直缘蔽膝。下着白色大口裤。足穿红色翘底尖头鞋。底座平面呈椭圆形，底径略大于顶径，器表素面。俑宽21.3厘米，底座底部长径21.7、底部短径18.1、高1.3厘米，通高59.7厘米，重5千克（图三五；图版二六五~图版二七一）。

B型　1件。M1：70，立姿。身材修长，面容丰腴，头微右倾，面向左前方。双手虚握，双臂向两侧打开，小臂上举，左臂肘上夹一黄色鸡娄鼓，鼓身两缘饰弦纹，鼓面与弦纹间隐约可见墨绘乳钉纹。左手作播鼗牢状，右手作击鸡娄鼓状。身体彩绘脱落，整体呈黄白色。额前留两绺细短发并中分，头梳抱面高髻，红色巾带束髻，髻左侧

0   10厘米

图三五　A型击鸡娄鼓女俑（M1：18-1）

图版二六五　A型击鸡娄鼓女俑（M1：18-1）正面

图版二六六　A型击鸡娄鼓女俑（M1：18-1）左前侧

图版二六七　A型击鸡娄鼓女俑（M1：18-1）左侧

图版二六八　A型击鸡娄鼓女俑（M1：18-1）左后侧

图版二六九　A型击鸡娄鼓女俑（M1：18-1）背面

图版二七一　A型击鸡娄鼓女俑（M1∶18-1）右侧

图版二七〇　A型击鸡娄鼓女俑（M1∶18-1）右后侧

及左下侧存三个圆形小孔，可能用于插簪。髻顶呈波浪状，平面略呈环状，髻下发式呈蝴蝶状。两鬓各簪一弧背小梳。上身着两件黄色对襟直领窄袖褙子，褙子前摆长至膝部以上，后摆长至膝部，两侧自腰间开衩。褙子内着黄色长裙，裙腰高束至颈下，胸下系红色带。裙两侧自股部开衩，前摆长至踝部以上，后摆曳地，裙底可辨墨绘圆形瓣花草纹饰。裙前摆下露出红色云头缘蔽膝，饰本色缘边。下着黄色大口裤，其上墨绘似牡丹花朵纹。足穿红色微翘底尖头鞋。底座平面呈椭圆形，底径略大于顶径，器表素面。俑宽 26.4 厘米，底座底部长径 20.3、底部短径 16.9、高 1.3 厘米，通高 59.8 厘米，重 4.4 千克（图三六；图版二七二～图版二七九）。

0　　　　　　　10厘米

图三六　B型击鸡娄鼓女俑（M1∶70）

图版二七二　B型击鸡娄鼓女俑（M1：70）正面

图版二七三　B型击鸡娄鼓女俑（M1：70）左前侧

图版二七四 B型击鸡娄鼓女俑（M1∶70）左侧

图版二七五 B型击鸡娄鼓女俑（M1∶70）左后侧

图版二七七　B型击鸡娄鼓女俑（M1：70）右后侧

图版二七六　B型击鸡娄鼓女俑（M1：70）背面

9. 击羯鼓俑

2件。根据俑头饰的不同分为二型。

A型 1件。M1：72-1，立姿。身材匀称，头左倾，面向右，眉目含笑。双手虚握，双臂张开并微曲置于身侧作双手击鼓状。头梳抱面高髻，红色巾带束髻，巾带在髻后打结并垂于髻下，巾端呈箭矢状。髻上戴花苞形金冠，冠前后较宽，左右较窄，颈微收，无顶，正视为两瓣状，周饰窄缘，前后正中各有一簪孔。其形制与抚筝俑M1：76-1所戴金冠相同。两鬓各簪一弧背小梳。上身着两件黄色对襟直领窄袖褙子，褙子前摆长至膝部以上，后摆长至小腿中部，两侧自腰间开衩，后背可辨红彩花朵纹饰。褙子内系红色长裙，裙腰高束至腋下，胸腋间系浅黄色带，带于胸中部略偏右侧打结，并下垂于腹前，带端呈箭矢状。裙身宽松有褶皱，未见明显开衩，但裙身前短后长，前摆长至踝部以上，后摆曳地。裙前摆下露出黄色直缘蔽膝。下着黄色双层大口裤。足穿翘底尖头鞋。俑腹部存圆形小孔用于固定羯鼓。底座平面呈椭圆形，底径略大于顶径，器表素面。俑宽19.9厘米，底座底部长径20.3、底部短径18.6、高1.3厘米，通高60.3厘米，重4.4千克（图三七；图版二八〇～图版二八七）。

B型 1件。M1：87-1，立姿。身材匀称，身微左倾，面目含笑。双手虚握，双臂张开并微曲置于身侧作双手击鼓状。头束抱面双环髻，髻左环大、右环小，红色巾带束髻，巾带在髻后打结并垂于髻下，巾端呈箭矢状。推测该发式梳理方式为：总发三分，顶发及后上半部发束起固定于头顶为发髻根部，前发中分向斜后虚拢束于顶部髻根，尾发亦中分虚拢于耳后上梳束于髻根，发汇于顶后束红色巾带。总发拧紧依次向左右各绕一环并

0   10厘米

图三七　A型击羯鼓女俑（M1：72-1）

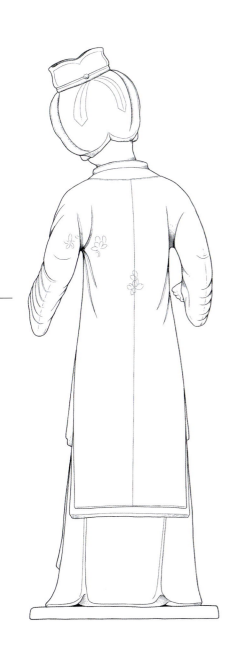

图版二八〇 A型击羯鼓女俑（M1：72-1）正面

图版二八一　A型击羯鼓女俑（M1：72-1）左前侧

图版二八三　A型击羯鼓女俑（M1：72-1）左后侧

图版二八二　A型击羯鼓女俑（M1：72-1）左侧

图版二八四 A型击羯鼓女俑（M1：72-1）背面

图版二八五 A型击羯鼓女俑（M1：72-1）右后侧

图版二八七　A型击羯鼓女俑（M1：72-1）右前侧

图版二八六　A型击羯鼓女俑（M1：72-1）右侧

以余发缠绕固定为髻。两鬓各簪一弧背小梳。上身着外黄内红两件对襟直领窄袖褙子，褙子前摆长至膝部，后摆长至小腿中部，两侧自股部开衩。褙子内系黄色长裙，裙腰高束至腋下，胸前系红色带，带于胸中部打结并下垂于腹胯间，带端呈箭矢状。裙身宽松有褶皱，两侧自膝下开衩，前摆长至踝部以上，后摆曳地，裙底可辨墨绘花草纹。裙前摆下露出红色直缘蔽膝，饰本色缘边。下着外红内黄双层大口裤。足穿红色翘底尖头鞋。俑腹部存圆形小孔用于固定羯鼓。底座平面呈椭圆形，底径略大于顶径，器表素面。俑宽 19.5 厘米，底座底部长径 20.4、底部短径 17.4、高 1.3 厘米，通高 60.3 厘米，重 4.2 千克（图三八；图版二八八～图版二九五）。

0   10厘米

图三八　B型击羯鼓女俑（M1：87-1）

图版二八八　B型击羯鼓女俑（M1：87-1）正面

图版二八九　B型击羯鼓女俑（M1：87-1）左前侧

图版二九〇　B型击羯鼓女俑（M1：87-1）左侧

图版二九一　B型击羯鼓女俑（M1：87-1）左后侧

图版二九二　B型击羯鼓女俑（M1：87-1）背面

图版二九三　B型击羯鼓女俑（M1：87-1）右后侧

图版二九四　B型击羯鼓女俑（M1：87-1）右侧

图版二九五　B型击羯鼓女俑（M1：87-1）右前侧

10. 击正鼓俑

1件。M1：74-1，立姿。体态微丰，头微右倾，面向左前。左臂向左侧打开，小臂上举，手掌打开，指尖向上，作击打状；右臂向右侧打开，微曲，手心虚握。额前留有两绺细短发并中分，头梳抱面高髻，红色巾带束髻。髻顶呈波浪状，平面略呈环状，髻下发式呈蝴蝶状。左鬓簪一弧背小梳，右鬓簪一胜形饰，饰物左右及下侧垂珠饰四颗。上身着两件黄色对襟直领窄袖褙子，褙子前摆长至膝部以上，后摆长至膝部，两侧自腰间开衩。小臂衣袖紧缚，着黄色臂韝。褙子内系黄色长裙，裙腰高束至胸前。胸下系红色带，带于胸下右侧打成单耳结并下垂于腹胯间，带端呈箭矢状。裙两侧自股部开衩，前摆长至踝部以上，后摆曳地，裙上墨绘花朵纹并残余少量红彩。裙前摆下露出红色云头缘蔽膝，饰本色缘边。下着白色大口裤。足穿翘底尖头鞋。俑腹部存圆形小孔用于固定正鼓。底座平面呈椭圆形，底径略大于顶径，器表素面。俑宽23厘米，底座底部长径20、底部短径17.7、高1.3厘米，通高59.5厘米，重3.6千克（图三九；图版二九六～图版三〇三）。

11. 击和鼓俑

1件。M1：85-1，立姿。身材匀称，头微右倾，目视左前方，面带微笑。左臂向左侧打开，小臂上举，手掌打开，指尖向上，作击打状；右臂向右侧打开，微曲，手心虚握。额前留有两绺细短发并中分，头梳抱面高髻，红色巾带束髻，巾带在髻后打结并垂于髻下，巾端呈斜角状。髻顶呈波浪状，平面略呈环状，发髻侧面留有圆形簪孔。髻下发式呈蝴蝶状。左鬓簪一黄色弧背小梳，右鬓簪胜形饰。上身着黄色对襟直领窄袖褙子，褙子前摆长至膝部以上，后摆长至膝部，后部带中缝，两侧自腰间开衩。小臂衣袖紧缚，着红色臂韝。褙子内着黄色长裙，裙腰不明，抹胸或裙头高至胸前，胸下系红色带，带于胸下右侧打结并下垂于腹胯间，带端呈箭矢状。裙两侧自股部开衩，前摆长至踝部以上，后摆曳地。裙前摆下露出红色云头缘蔽膝，饰本色缘边。下着红色大口裤。足穿红色翘底尖头鞋。俑腹部存圆形小孔用于固定和鼓。底座平面呈椭圆形，底径略大于顶径，器表素面。俑宽22.7厘米，底座底部长径20.4、底部短径18.1、高1.3厘米，通高60.8厘米，重3.6千克（图四〇；图版三〇四～图版三一一）。

0   10厘米

图三九　击正鼓女俑（M1：74-1）

图版二九六　击正鼓女俑（M1：74-1）正面

图版二九七　击正鼓女俑（M1：74-1）左前侧

图版二九八　击正鼓女俑（M1：74-1）左侧

图版二九九　击正鼓女俑（M1：74-1）左后侧

图版三〇〇　击正鼓女俑（M1：74-1）背面

图版三〇一　击正鼓女俑（M1：74-1）右后侧

图版三〇二　击正鼓女俑（M1：74-1）右侧

图版三〇三　击正鼓女俑（M1：74-1）右前侧

0 　　　　　　 10厘米

图四〇　击和鼓女俑（M1∶85-1）

图版三〇四　击和鼓女俑（M1∶85-1）正面

图版三〇五　击和鼓女俑（M1∶85-1）左前侧

图版三〇六 击和鼓女俑（M1：85-1）左侧

图版三〇七 击和鼓女俑（M1：85-1）左后侧

图版三〇八   击和鼓女俑（M1：85-1）背面

图版三〇九   击和鼓女俑（M1：85-1）右后侧

图版三一一 击和鼓女俑（M1∶85-1）右前侧

图版三一〇 击和鼓女俑（M1∶85-1）右侧

12. 揩答腊鼓俑

1件。M1∶83-1，立姿。身材匀称，面带微笑，目视前方。右臂抬至身前，小臂略上举，手心朝左，手指略内曲；左臂屈于身侧，手心朝上，手指内曲作抓握状，整体作左手持鼓右手揩打状。额前留有两绺细短发并中分，头梳抱面高髻，红色巾带束髻，巾带在髻后打结并垂于髻下，巾端呈箭矢状。髻顶呈波浪状，平面略呈环状，发髻侧面留有圆形簪孔。髻下发式呈蝴蝶状。左鬓簪一黄色弧背小梳，右鬓簪胜形饰。上身着两件黄色对襟直领窄袖褙子，褙子前摆长至膝部以上，后摆长至小腿上部，后部带中缝，两侧自腰间开衩。褙子内着黄色长裙，裙腰高至颈下，胸前系红色带，带于胸右侧打结，一端藏于褙子内，一端下垂于胯部，带端呈箭矢状。裙两侧自股部开衩，前摆长至踝部以上，后摆曳地，裙上可辨墨绘花草枝叶纹。裙前摆下露出红色云头缘蔽膝，饰本色缘边。下着白色大口裤，裤腿处可辨墨绘花草纹。足穿红色翘底尖头鞋。俑腹部存圆形小孔用于固定答腊鼓。底座平面呈椭圆形，底径大于顶径，器表素面。俑宽20.5厘米，底座底部长径20.8、底部短径18.1、高1.3厘米，通高60.8厘米，重4.2千克（图四一；图版三一二～图版三一九）。

0　　　　　　　10厘米

图四一　揩答腊鼓女俑（M1∶83-1）

　揩答腊鼓女俑（M1：83-1）正面

图版三一三　揩答腊鼓女俑（M1：83-1）左前侧

图版三一四　揩答腊鼓女俑（M1：83-1）左侧

图版三一五　揩笭腊鼓女俑（M1∶83-1）左后侧

图版三一六　揩笭腊鼓女俑（M1∶83-1）背面

图版三一八　揩箸腊鼓女俑（M1：83-1）右侧

图版三一七　揩箸腊鼓女俑（M1：83-1）右后侧

13. 击都昙鼓俑

2 件。根据腰带系法的不同分为二型。

A 型　1 件。M1：75-1，立姿。身材匀称，头微左倾，面向右前方，双唇微张，面含笑容。双臂打开，右臂弯曲，右手虚握，抬至右胸前；左臂向内微曲，左手自然平展，放于腰前，整体作左手持鼓、右手持鼓槌击打状。额前饰圆形花钿，头梳抱面高髻，红色巾带束髻，巾带在髻后打结并垂于髻下，巾端呈斜角状。髻顶呈波浪状，平面略呈环状，发髻侧面留有圆孔。髻下发式呈蝴蝶状。两鬓各簪一弧背小梳。上身着外黄内红两件对襟直领窄袖褙子，褙子前摆长至膝部以上，后摆长至膝部。褙子内着黄色长裙，裙腰高至胸前，胸下系红色带，带于胸下右侧打结，一端藏于褙子内，一端下垂于胯部，带端呈箭矢状。裙两侧自股部开衩，前摆长至踝部以上，后摆曳地，裙后摆可辨墨绘花草纹样。裙前摆下露出黄色云头缘蔽膝，饰本色缘边。下着红色大口裤。足穿翘底尖头鞋。底座平面呈椭圆形，底径大于顶径，器表素面。俑宽 19.9 厘米，底座底部长径 18.6、底部短径 16.3、高 1.3 厘米，通高 58.5 厘米，重 4.4 千克（图四二；图版三二〇～图版三二七）。

B 型　1 件。M1：81，立姿。身材匀称，面容丰腴，头微右倾，面向左前方。双臂打开，右臂弯曲，右手虚握，抬至右胸前；左臂向内微曲，左手自然平展，放于腰前，整体作左手持鼓、右手持鼓槌击打状。头梳抱面高髻，红色巾带束髻。髻顶呈波浪状，平面略呈环状，发髻侧面留有两个圆孔，可能用于插簪。脑后发间有一处不明凸起，髻下发式呈蝴蝶状。两鬓各簪一弧背小梳。上身着外黄内红两件对襟直领窄袖褙子，

图版三一九　揩答腊鼓女俑（M1：83-1）右前侧

0　　　　　10厘米

图四二　A型击都昙鼓女俑（M1：75-1）

图版三二〇　A型击都昙鼓女俑（M1：75-1）正面

图版三二一　A型击都昙鼓女俑（M1：75-1）左前侧

图版三二二　A型击都昙鼓女俑（M1：75-1）左侧

图版三二三　A型击都昙鼓女俑（M1：75-1）左后侧

图版三二四　A型击都昙鼓女俑（M1：75-1）背面

图版三二五　A型击都昙鼓女俑（M1：75-1）右后侧

图版三二七　A型击都昙鼓女俑（M1∶75-1）右前侧

图版三二六　A型击都昙鼓女俑（M1∶75-1）右侧

褂子前摆长至膝部以上，后摆略长于前摆。褂子前后及手臂处皆可辨墨绘玉兰花卉纹饰。褂子内着黄色长裙，裙腰高至胸前，胸下系红色带，带于胸下中部打单耳结并下垂于胯部，带端呈箭矢状。裙两侧开衩，前摆长至踝部以上，后摆曳地，后摆可见墨绘花草枝叶纹。裙前摆下露出黄色云头缘蔽膝，其上存墨绘玉兰花卉纹。下着红色大口裤，裤腿侧面绘有白色花卉纹。足穿浅色翘底尖头鞋。俑腹部存圆形小孔用于固定都昙鼓。底座平面呈椭圆形，底径略大于顶径，器表素面。俑宽 19.5 厘米，底座底部长径 19.1、底部短径 16.6、高 1.2 厘米，通高 57.4 厘米，重 3.8 千克（图四三；图版三二八～图版三三五）。

0   10厘米

图四三　B 型击都昙鼓女俑（M1∶81）

图版三二八　B型击都昙鼓女俑（M1∶81）正面

图版三二九　B型击都昙鼓女俑（M1∶81）左前侧

B型击都昙鼓女俑（M1∶81）左侧

B型击都昙鼓女俑（M1∶81）左后侧

图版三三三　B型击都昙鼓女俑（M1：81）右后侧

图版三三二　B型击都昙鼓女俑（M1：81）背面

图版三三五　B型击都昙鼓女俑（M1∶81）右前侧

图版三三四　B型击都昙鼓女俑（M1∶81）右侧

14. 击大鼓俑

1件。M1∶66-1，立姿。身材修长，面容丰腴，略带微笑，正视前方，面敷白粉，唇留朱彩，其前额隐约可辨由倒"V"形与两侧圆点组成的花钿。双臂打开，右臂弯曲，右手虚握，抬至右胸前；左臂微曲，左手微握，置于腰前，整体作双手执槌交替击鼓状。额前留有两绺细短发并中分，头梳抱面高髻，红色巾带束髻，巾带在髻后打结并垂于髻下，巾端呈箭矢状。髻上戴莲花形金冠，冠前后较宽，左右较窄，颈微束，无顶，正视为三瓣莲状，整体呈元宝形，周饰窄缘，前后正中各有一簪孔，一簪前后贯于发冠以固定。冠形制与击方响女俑（M1∶82-1）所戴相同。髻下发式呈蝴蝶状。左鬓簪一黄色弧背小梳，右侧簪胜形饰。上身着两件黄色对襟直领窄袖褙子，褙子前摆长至膝部以上，后摆长至小腿中部。小臂衣袖紧缚，着红色臂韝。褙子内上着黄色抹胸类衣物，下系红色长裙，裙腰高束至胸下，系黄色带，带于胸下右侧打结，一端藏于褙子内，一端垂于胯股间，带端呈箭矢状。裙两侧开衩，前摆长至踝部以上，后摆曳地。裙前摆下露出黄色弧缘蔽膝，上有墨绘花卉纹，饰本色缘边。下着黄色大口裤，上有墨绘花草纹饰并残有白彩。足穿翘底尖头鞋。底座平面呈椭圆形，底径略大于顶径，器表素面。俑宽21.5厘米，底座底部长径20、底部短径17、厚1.5厘米，通高60厘米，重3.8千克（图四四；图版三三六～图版三四三）。

0　　　　　　　　10厘米

图四四　击大鼓女俑（M1∶66-1）

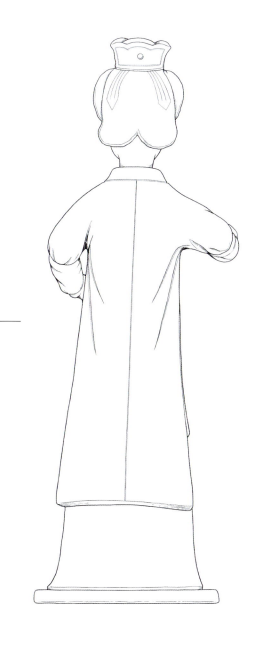

图版三三六　击大鼓女俑（M1：66-1）正面

图版三三七　击大鼓女俑（M1：66-1）左前侧

图版三三八　击大鼓女俑（M1：66-1）左侧

图版三三九　击大鼓女俑（M1：66-1）左后侧

图版三四一　击大鼓女俑（M1∶66-1）右后侧

图版三四〇　击大鼓女俑（M1∶66-1）背面

图版三四三　击大鼓女俑（M1：66-1）右前侧

图版三四二　击大鼓女俑（M1：66-1）右侧

15. 击方响俑

1件。M1：82-1，立姿。身材匀称，颈部以上微前伸，面容丰腴，头微右倾，面向左前侧。双臂微曲，双手虚握抬于身前两侧作持物状。额前留有两绺细短发并中分，额头正中饰圆形花钿。头梳抱面高髻，红色巾带束髻，巾带在髻后打结并垂于髻下，巾端呈箭矢状。髻上戴莲花形金冠，冠前后较宽，左右较窄，颈微束，无顶，正视为三瓣莲状，整体呈元宝形，周饰窄缘，前后正中各有一簪孔，一簪前后贯于发冠以固定。髻下发式呈蝴蝶状。左鬓簪一弧背小梳，右鬓簪胜形饰，饰物左右两侧及下部垂有珠饰。上身着外红内白两件对襟直领窄袖褙子，褙子前摆长至膝部，后摆长至小腿中部。小臂衣袖紧缚，着黄色臂韝。褙子内着黄色长裙，裙腰高至胸前，上腹部系黄色带，带于腹中部打结、翻卷后下垂于股膝间，带端呈箭矢状。裙两侧开衩，前摆长至踝部以上，后摆曳地，前后摆上墨绘花卉纹，其内填红彩。裙前摆下露出黄色直缘蔽膝。下着红色大口裤。足穿翘底尖头鞋。底座平面呈椭圆形，底径略大于顶径，器表素面。俑宽17.2厘米，底座底部长径19.9、底部短径17.2、高1.3厘米，通高59.4厘米，重3.4千克（图四五；图版三四四～图版三五一）。

0   10厘米

图四五　击方响女俑（M1：82-1）

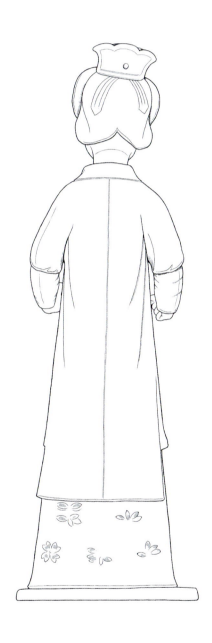

图版三四四　击方响女俑（M1：82-1）正面

图版三四五　击方响女俑（M1：82-1）左前侧

图版三四六　击方响女俑（M1：82-1）左侧

图版三四七　击方响女俑（M1：82-1）左后侧

图版三四八　击方响女俑（M1：82-1）背面

图版三四九　击方响女俑（M1：82-1）右后侧

图版三五〇　击方响女俑（M1：82-1）右侧

图版三五一　击方响女俑（M1：82-1）右前侧

（二）男伎乐俑

1. 吹笛俑

2件。俑服饰和姿态相似，分别描述如下。

M1：38，立姿。身材修长，眉目清秀，身略偏左，面向左前方，眉目含笑。双手抬起至肩颈部，左手置于近身内侧，右手置于外侧，手指自然平伸在一条直线上，作执笛吹奏状。头戴幞头，颜色剥落呈黄色。幞头前低后高，整体窄长，前方后圆，后壁微弧，底部有窄缘，前后中部有缝，脑后底部有巾角。两侧有巾带，巾带自脑后交叉并斜向前拉系结于顶部。幞头上多刻画巾帛褶皱。脑后幞头下部有两个对应窄长方形孔，可能用于插帽翅。身着红色右衽圆领窄袖长袍，袍长及地。袍领缘较窄，无衣缘，衣摆无接襕，有后中缝。袍两侧自胯部开衩，开衩处露出黄色及膝带褶衬衣摆和黄色大口裤。腰束黑色革带，带饰弦纹，前两重、后一重，身后有饰"回"字形黄色长方形带銙，銙中部皆刻凹槽，长方形铊尾压于带下垂于身左后侧。足穿翘底尖头鞋。底座平面略呈椭圆形，底径略大于顶径，器表素面。俑宽17.5厘米，底座底部长径19.5、底部短径16.5、高1.5厘米，通高59厘米，重3.312千克（图四六；图版三五二～图版三五九）。

M1：39，立姿。身材修长，脸颊略瘦，头右倾，面向左前方。双手抬起至肩颈部，左手置于近身内侧，右手置于外侧，手指自然平伸在一条直线上，作执笛吹奏状。头戴幞头，颜色剥落呈黄色。幞头前低后高，整体窄长，前后均为圆顶，后壁微弧，底部有窄缘，前后中部有缝，脑后底部有巾角。两侧有巾带，巾带自脑后交叉并斜向

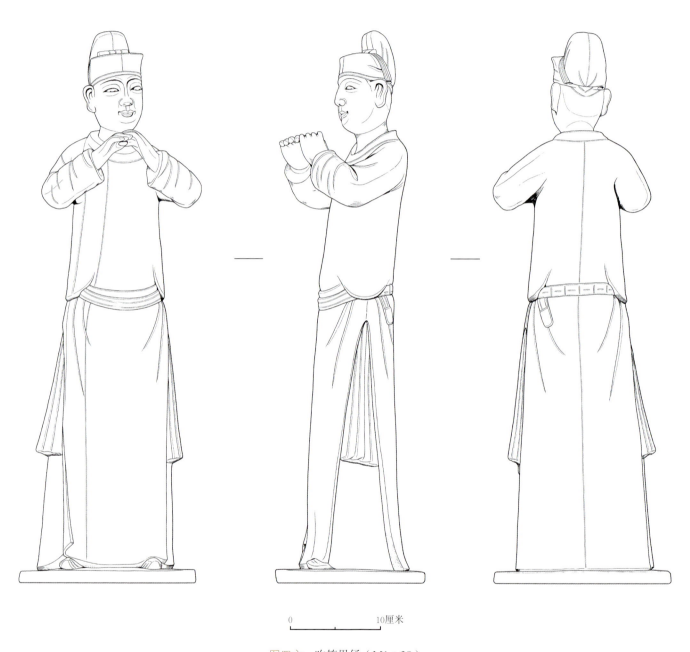

0　　　　　　　　10厘米

图四六　吹笛男俑（M1∶38）

图版三五二　吹笛男俑（M1：38）正面

图版三五三　吹笛男俑（M1：38）左前侧

图版三五四　吹笛男俑（M1：38）左侧

图版三五七　吹笛男俑（M1：38）右后侧

图版三五六　吹笛男俑（M1：38）背面

图版三五八　吹笛男俑（M1：38）右侧

图版三五九　吹笛男俑（M1：38）右前侧

前拉系结于顶部，幞头上多刻画巾帛褶皱。身着红色右衽圆领窄袖长袍，袍长及地。袍领缘较窄，无衣缘，衣摆无接襕，有后中缝。袍两侧自胯部开衩，开衩处露出红色及膝带褶衬衣摆和黄色大口裤。腰束红色革带，带饰弦纹，前两重、后一重，身后有饰"回"字形黄色长方形带銙，銙中部皆刻凹槽，长方形铊尾压于带下垂于身左后侧。足穿翘底尖头鞋。底座平面呈椭圆形，底径略大于顶径，器表素面。俑宽18.7厘米，底座底部长径20.3、底部短径16.6、高1.2厘米，通高60.7厘米，重3.6千克（图四七；图版三六〇～图版三六七）。

0　　　　　　　　　　10厘米

图四七　吹笛男俑（M1∶39）

图版三六〇　吹笛男俑（M1：39）正面

图版三六一　吹笛男俑（M1：39）左前侧

图版三六二 吹笛男俑（M1：39）左侧

图版三六三 吹笛男俑（M1：39）左后侧

图版三六四　吹笛男俑（M1：39）背面

图版三六五　吹笛男俑（M1：39）右后侧

图版三六七　吹笛男俑（M1：39）右前侧

图版三六六　吹笛男俑（M1：39）右侧

2. 执拍板俑

2件。根据俑姿态的不同分为二型。

A型　1件。M1：33，立姿。身材高挑，头略右倾，面向左前方，双唇微翘作微笑状。左手掌心朝上平放于左腹前托拍板，右手曲置于右胸前，掌心朝内，中间三指内曲，大拇指、小拇指自然伸展。拍板由六块形制相同的弧顶方底扇形板构成，近顶部处有墨绘贯板绳痕迹。头戴幞头，颜色剥落呈黄色。幞头前低后高，整体窄长，前后均为圆顶，后壁微弧，底部有窄缘，前后中部有缝，脑后底部有巾角。两侧有巾带，巾带自脑后交叉并斜向前拉系结于顶部，幞头上多刻画巾帛褶皱。身着暗红色右衽圆领窄袖长袍，袍长及地。袍领缘较窄，无衣缘，衣摆无接襕，有后中缝。袍两侧自胯部开衩，开衩处露出黄色及膝带褶衬衣摆和黄色大口裤。腰束红色革带，带饰弦纹，前两重、后一重，身后有饰"回"字形黄色长方形带銙，銙中部皆刻凹槽，长方形铊尾压于带下垂于身左后侧。足穿翘底尖头鞋。底座平面呈椭圆形，底径略大于顶径，器表素面。俑宽18.6厘米，底座底部长径20.4、底部短径16.7、高1.3厘米，通高60.6厘米，重3.746千克（图四八；图版三六八~图版三七五）。

B型　1件。M1：44，立姿。身材高挑，头微右倾，面向左前方，眉目带笑，大嘴微张。双手拢于袖子中捧小拍板于胸前，仅见右手拇指，推测双手执叉手礼。拍板由六块形制相同的弧顶扇形木板构成。头戴幞头，颜色剥落呈黑色。幞头前低后高，整体窄长，前后均为圆顶，后壁微弧，底部有窄缘，前后中部有缝，脑后底部有巾角，两侧有巾带，巾带自脑后交叉并斜向前拉系结于顶部，幞头上多刻画巾帛褶皱。

0　　　　　　　10厘米

图四八　A型执拍板男俑（M1：33）

图版三六八　A型执拍板男俑（M1∶33）正面

图版三六九　A型执拍板男俑（M1：33）左前侧

图版三七〇　A型执拍板男俑（M1∶33）左侧

图版三七一　A型执拍板男俑（M1∶33）左后侧

图版三七三　A型执拍板男俑（M1：33）右后侧

图版三七二　A型执拍板男俑（M1：33）背面

图版三七五 A型执拍板男俑（M1：33）右前侧

图版二七四 A型执拍板男俑（M1：33）右侧

身着红色右衽圆领窄袖长袍，袍长及地。袍领缘较窄，无衣缘，衣摆无接襕，有后中缝。袍两侧自胯部开衩，开衩处露出黄色及膝带褶衬衣摆和黄色大口裤。腰束黑色革带，带饰弦纹，前两重、后一重，身后有饰"回"字形黄色长方形带銙，銙中部皆刻凹槽，长方形铊尾压于带下垂于身左后侧。足穿翘底尖头鞋。底座平面呈椭圆形，底径略大于顶径，器表素面。俑宽15.3厘米，底座底部长径19.1、底部短径16.6、高1.6厘米，通高60.7厘米，重3.192千克（图四九；图版三七六~图版三八三）。

0　　　　　　　　10厘米

图四九　B型执拍板男俑（M1∶44）

图版三七六　B型执拍板男俑（M1：44）正面

图版三七七　B型执拍板男俑（M1：44）左前侧

图版三七九　B型执拍板男俑（M1：44）左后侧

图版三七八　B型执拍板男俑（M1：44）左侧

图版三八一 B型执拍板男俑（M1：44）右后侧

图版三八〇 B型执拍板男俑（M1：44）背面

图版三八三　B型执拍板男俑（M1：44）右前侧

图版三八二　B型执拍板男俑（M1：44）右侧

3. 执竹竿俑

1件。M1：42，立姿。身体健硕，浓眉大眼，身向左倾，面向左前方，张口作报词状。双臂曲置身前，手左上右下对应虚握，作执竹竿状。头戴黑色幞头，前低后高，整体窄长，前壁上部圆顶略低、下部略呈长方形，后壁微弧，底部有窄缘，前后中部有缝，脑后底部有巾角。两侧有巾带，巾带自脑后交叉并斜向前拉系结于顶部。幞头上多刻画巾帛褶皱。身着黄色右衽圆领窄袖长袍，前摆长至踝部，作飘荡状，后摆曳地。袍领缘较窄，无衣缘，衣摆无接襕，有后中缝。袍两侧自胯部开衩，开衩处露出红色及膝带褶衬衣摆和黄色长裤。腰束红色革带，带饰弦纹，前后皆一重，身后有饰"回"字形黑色长方形带銙，銙中部皆刻凹槽，长方形鉈尾压于带下垂于身左后侧。足穿乌皮靴，近靴口处呈红色。底座平面呈八边形，座四角各存一直径0.8厘米的圆孔，器表素面。俑宽16厘米，座最长处17.6、最短处16.4、高1.2厘米，通高54厘米，重3.458千克（图五〇；图版三八四~图版三九一）。

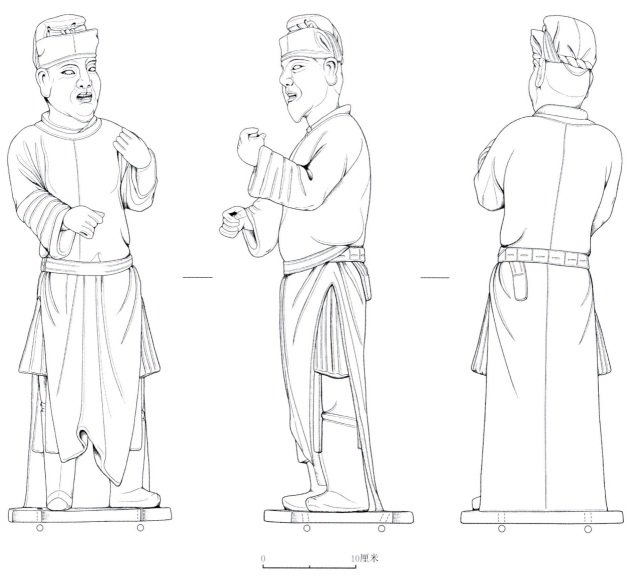

0   10厘米

图五〇 执竹竿男俑（M1：42）

图版三八四　执竹竿男俑（M1：42）正面

图版三八五　执竹竿男俑（M1：42）左前侧

图版三八六　执竹竿男俑（M1：42）左侧

图版三八七　执竹竿男俑（M1：42）左后侧

图版三八九　执竹竿男俑（M1：42）右后侧

图版三八八　执竹竿男俑（M1：42）背面

图版三九一　执竹竿男俑（M1∶42）右前侧

图版三九〇　执竹竿男俑（M1∶42）右侧

（三）乐器

因墓葬曾被扰乱，在发掘过程中，部分伎乐俑所执乐器未脱落，可直接确认其所演奏的乐器种类。同时，有部分伎乐俑所执乐器已佚，部分乐器在出土时较残破。经修复保护后，结合乐器出土位置和文献关于乐器的形制及演奏方式，笔者试图复原其与出土伎乐俑之间的对应关系。为确保发掘报告的科学性，本报告仅将伎乐俑和其可能所演奏的乐器编成一个器物号，再以小号加以区分，而将已脱落和后期修复的乐器单独编号，供读者参阅。

1. 方响

1件。M1：82-2，泥质灰陶，器表施黄色化妆土。出土时位于击方响俑（M1：82-1）前。由底座和发音部两部分构成，底座整体为呈"工"字形的柱状器，平面看为较扁的四瓣形，左右两瓣上立有云头形牌饰。四周装饰有腰果形框，框内饰"田"字形排布的菱形花瓣纹。发音部由横梁和两侧斜交柱足组成，横梁整体呈牛角状，中部弧形隆起，两侧交角上翘，剖面略呈弧角四边形。两侧由两斜向弧角长方形柱与横梁相接而成。斜柱外侧各存圆组两个，用以固定横向排列的发声板。底座宽17.2、高16.5厘米，发音部顶宽18.1、高20.1厘米，通高36.6厘米（图五一；图版三九二～图版三九九）。

2. 大鼓

1件。M1：66-2，泥质灰陶，器表施黄色化妆土。由鼓架和鼓身两部分组成。鼓架分上下两层，下层为束腰六面体，每面腰部透雕桃形壶门。上层呈六面体围栏状，共立六柱，每柱顶部饰描金桃形柱头。鼓斜向置于架上，中部向两端略内收，近端部各饰凹弦纹一周，凹弦纹与鼓面之间饰乳钉纹一周，鼓身中部另饰一对环形提手。鼓面直径约12、通高17厘米（图五二；图版四〇〇～图版四〇五）。

3. 羯鼓

2件。形制及规格相似。M1：72-2，泥质灰陶，器表施黄色化妆土。鼓身呈束腰圆筒状，两端鼓面呈边缘微内敛圆饼状。鼓身中部束腰上存直径约0.4厘米的圆孔一个，其两侧各存长径约0.6、短径约0.4厘米的椭圆形孔一个，推测皆用于与M1：72-1连接。鼓面中间隐约可见圆形红彩，其外侧饰宽约0.5厘米的红色环带一周，边缘等距离饰八个黑色半圆形，每个半圆形上部存直径约0.15厘米的圆孔一个，且两端鼓面小圆孔对称分布，推测两端鼓面之间原有细线相连。鼓长11.9、鼓面直径7.6、鼓身直径2～4厘米（图五三，1；图版四〇六、图版四〇七）。M1：87-2，陶质、陶色、形制和装饰与M1：72-2一致。鼓长11.8、鼓面直径7.4、鼓身直径2.1～4厘米（图五三，2；图版四〇八、图版四〇九）。

0   5厘米

图五一　方响（M1：82-2）

图版三九二　方响（M1：82-2）正面　　　　　　　图版三九三　方响（M1：82-2）左前侧

图版三九四 方响（M1：82-2）左侧　　　　　图版三九五 方响（M1：82-2）左后侧

图版三九六　方响（M1：82-2）背面　　　　　　　　　图版三九七　方响（M1：82-2）右后侧

图版三九八 方响（M1：82-2）右侧　　　　图版三九九 方响（M1：82-2）右前侧

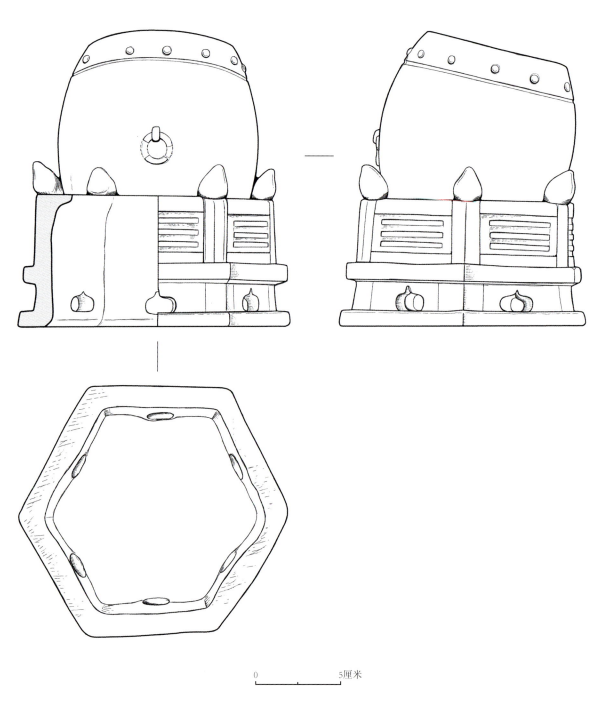

0   5厘米

图五二　大鼓（M1：66-2）

图版四〇〇　大鼓（M1∶66-2）正面

图版四〇一　大鼓（M1∶66-2）左前侧

图版四〇二　大鼓（M1∶66-2）左侧

图版四〇三　大鼓（M1：66-2）右前侧

图版四〇四　大鼓（M1：66-2）右侧

图版四〇五　大鼓（M1：66-2）右后侧

4. 都昙鼓

　　1件。M1：75-2，泥质灰陶，器表施黄色化妆土。形如羯鼓而略小，鼓身呈束腰圆筒状，两端鼓面呈边缘微内敛圆饼状。鼓身中部束腰上存直径约 0.3 厘米的圆孔一个，其两侧各存长径约 0.4、短径约 0.25 厘米的椭圆形孔一个，推测用于与 M1：75-1 连接。鼓面中间隐约可见红彩，其外侧饰宽约 0.5 厘米的红色环带一周，边缘等距离饰八个黑色半圆形，每个半圆形上部存直径约 0.15 厘米的圆孔一个，且两端鼓面小圆孔对称分布，推测两端鼓面之间原有细线相连。鼓长 10.7、鼓面直径 6.5、鼓身直径 2～3.6 厘米（图五三，3；图版四一〇、图版四一一）。

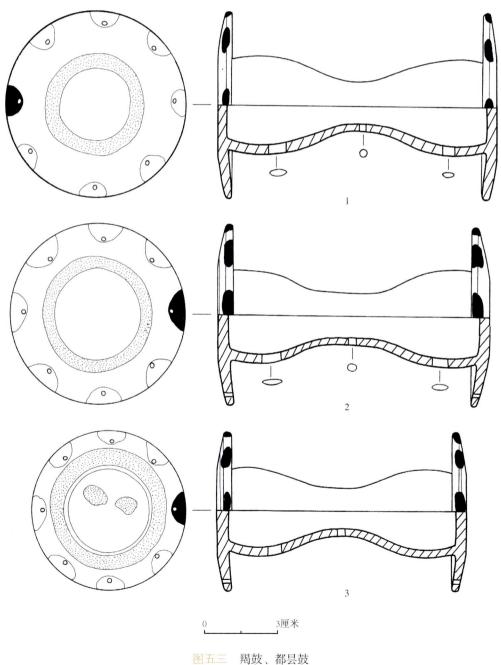

0　　　　　3厘米

图五三　羯鼓、都昙鼓

1、2. 羯鼓（M1：72-2、M1：87-2）　3. 都昙鼓（M1：75-2）

图版四〇六 羯鼓
（M1：72-2）立面

图版四〇八 羯鼓
（M1：87-2）立面

图版四一〇 都昙鼓
（M1：75-2）立面

图版四〇七 羯鼓
（M1：72-2）侧面

图版四〇九 羯鼓
（M1：87-2）侧面

图版四一一 都昙鼓
（M1：75-2）侧面

5. 正鼓

1件。M1：74-2，泥质灰陶，器表施黄色化妆土。鼓身呈圆筒状，两端鼓面呈边缘微内敛圆饼状。鼓身中部存直径约0.35厘米的圆孔一个，推测用于与M1：74-1连接。鼓面中间隐约可见红彩，边缘等距离饰八个黑色半圆形，鼓身整体施黑彩。鼓长8.5、鼓面直径5.1、鼓身直径2.9厘米（图五四，1；图版四一二、图版四一三）。

6. 和鼓

1件。M1：85-2，泥质灰陶，器表施黄色化妆土。鼓身呈中部略粗的圆筒状，两端鼓面边缘内敛较甚呈蘑菇状。鼓面中间隐约可见红彩，其外侧饰宽约0.5厘米的红色环带一周，边缘等距离饰十一个黑色半圆形，鼓身整体施黑彩。鼓长 7.1、鼓面直径 4.3、鼓身直径 2 ～ 2.5 厘米（图五四，2；图版四一四、图版四一五）。

7. 鼗牢鼓

2 件。形制及纹饰相似，仅尺寸不同，原为三个相叠，自上而下逐渐变大，现仅存其二。M1 ： 18-2，泥质灰陶，器表施白色化妆土。整体呈中部略粗的圆柱状，腹部略弧，其中部存直径 0.3 厘米的对穿圆孔，用于穿鼓于柄上。两端近鼓面处各饰凹弦纹一周，弦纹与鼓面间等距饰八个圆形黑彩，可能象征乳钉纹。鼓面直径 2、最大腹径 2.8、高 2.9 厘米（图五四，3；图版四一六、图版四一七）。M1 ： 18-3，陶质、陶色、形制和装饰与 M1 ： 18-2 一致，仅尺寸略小。鼓面直径 2、最大腹径 2.4、高 2.4 厘米（图五四，4；图版四一八、图版四一九）。

8. 答腊鼓

1 件。M1 ： 83-2，泥质灰陶，器表施黄色化妆土。整体较扁，鼓身呈圆筒状，两端鼓面呈边缘微内敛圆饼状。鼓身中部存直径约 0.35 厘米的圆孔一个，推测用于与

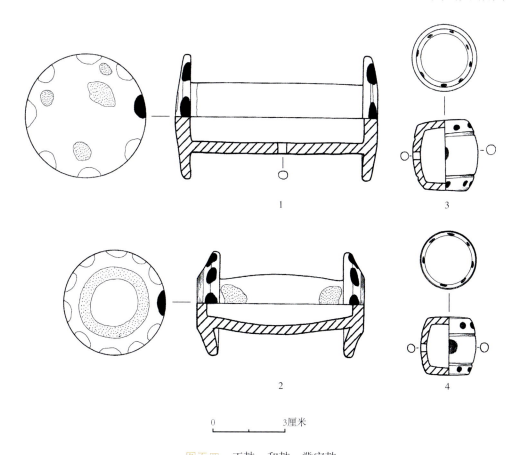

1
2
3
4

0　　　　　3厘米

图五四　正鼓、和鼓、鼗牢鼓
1. 正鼓（M1：74-2）　2. 和鼓（M1：85-2）　3、4. 鼗牢鼓（M1：18-2、M1：18-3）

图版四一二　正鼓（M1：74-2）立面

图版四一三　正鼓（M1：74-2）侧面

图版四一四　和鼓（M1：85-2）正面

图版四一五　和鼓（M1：85-2）侧面

M1：83-1 连接。鼓面中间隐约可见圆形红彩，边缘等距离饰黑色半圆形。鼓身饰环状黑彩，两环之间和环内绘花草纹。鼓面直径约 8、鼓身直径 6.6、高 5.5 厘米（图五五；图版四二〇、图版四二一）。

9. 筝

1 件。M1：76-2，泥质灰陶，器表施白色化妆土。整体为中空长方体，下部略宽，形近几，剖面略呈梯形。两侧壁中部近器面处存直径约 0.4 厘米的对穿圆孔，推测用于与

图版四一六　毊牢鼓（M1：18-2）立面

图版四一七　毊牢鼓（M1：18-2）侧面

图版四一八　毊牢鼓（M1：18-3）立面

图版四一九　毊牢鼓（M1：18-3）侧面

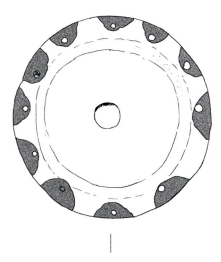

图版四二〇　答腊鼓（M1：83-2）立面

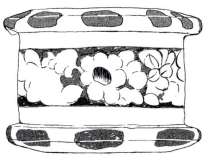

0　　　　　　　　5厘米

图五五　答腊鼓（M1：83-2）

图版四二一　答腊鼓（M1：83-2）侧面

M1：76-1 相连。器面两端各存长 2、宽 0.5、深 0.2 厘米的凹槽。上部长 8.5、下部长 9.3、上部宽 2.6、下部宽 3.1、高 2.2 厘米（图五六，1；图版四二二、图版四二三）。

10. 琴类乐器

1 件。M1：92，泥质灰陶，器表施白色化妆土。整体为中空长方体，略束腰。一侧壁中部近器面处存宽 0.4～0.7 厘米的近梯形孔，推测用于与伎乐俑相连。器面两端各存直径约 1 厘米的圆形凹槽，推测上部原有构件。残长 7.5、宽 3.9、高 2.6 厘米（图五六，2；图版四二四、图版四二五）。

11. 琵琶曲项残片

1 件。M1：93，泥质灰陶，器表施黄色化妆土。整体呈曲柄状，上端呈三叶草形，下端残，两侧存直径约 0.2 厘米的对穿圆孔，推测为轴孔，反面中部有残长约 3、宽约 0.6 厘米的长方形凹槽。曲项中上部施红彩。残长 4.8、柄宽 1.6、顶部最宽处 3.5、厚 1.5 厘米。该残片可能为 M1：68 所执琵琶上曲项（图五六，3；图版四二六、图版四二七）。

图版四二二　筝（M1：76-2）上面

图版四二三　筝（M1：76-2）底面

图版四二四　琴类乐器（M1：92）上面

图版四二五　琴类乐器（M1：92）底面

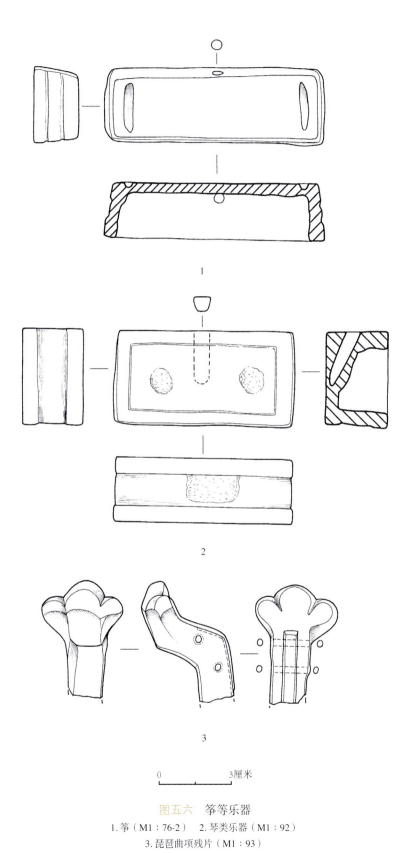

图版四二六　琵琶曲项残片（M1：93）正面

图版四二七　琵琶曲项残片（M1：93）反面

0　　　　3厘米

图五六　筝等乐器

1.筝（M1：76-2）　2.琴类乐器（M1：92）

3.琵琶曲项残片（M1：93）

五、舞俑

舞俑共 8 件。其中包括女舞俑 2 件、男舞俑 6 件。均为低底座俑。

（一）女舞俑

女舞俑　2 件。根据俑形制和服饰的不同分为二型。

A 型　1 件。M1：67，立姿。身材瘦削，面容丰腴，头微右倾，面向左下方，略带微笑。上身前躬，双手打开上举与头齐，左足支撑身体，右足脚跟着地、脚尖翘起，做舞蹈状。头戴舞帽，帽整体为红色，边缘描金。帽前额、两侧与后面贯通，下垂覆耳并向上翻折，后视其翻折部呈"山"字形，似顿项翻折的兜鍪；帽身尖顶，前中部有纵向云头状凸起似鸡冠形，上饰珠形物；两侧护耳亦为云纹状边缘似凤翅，中部绘红黄花卉；帽底有窄缘饰，额前窄缘制为云头纹；帽两侧耳部各自后向前垂下一宽长红带，搭于身前，中部饰弦纹，端为箭矢状并绘金彩，长垂至腰；帽后为披风，披垂至腰，红底金缘，上饰红黄色花卉纹样。外着红色窄袖长袍，袍长及地，外束革带。带饰弦纹，身后有饰"回"字形黄色长方形带銙，銙中部皆刻凹槽，长方形铊尾压于带下并垂于身左后侧。红袍上部左侧脱掉，系结于腰后，两侧自胯部开衩，前摆收于身前，后摆自然垂下。从领部与左襟状况来看，其为圆领右衽袍。内着两层黄色右衽交领衬衣。外侧为短袖袍，自身左侧露出部分与外袍开衩部分综合来看，当为右衽交领短袖袍，袍长至膝，两侧自腰下拼接带褶衣摆。内为右衽交领窄袖衣，形制不明。褶袍下，前垂一红色如意云头形边缘裙片，饰同色缘边，长至脚面，上有墨绘黄色花卉纹样。其形制同蔽膝，当与其他男女俑裙下所着衣物相同。下露外白内红双层大口裤，白色裤脚上有墨绘花草枝叶。足穿红色面黄色底的翘底尖头鞋，鞋头有金色云纹装饰。底座平面呈椭圆形，底径略大于顶径，器表素面。俑宽 23.2 厘米，底座底部长径 17、底部短径 15.8、高 1.2 厘米，通高 45.3 厘米，重 2.6 千克（图五七；图版四二八～图版四三五）。

有学者将其与文献及其他相似考古材料进行对比，确认该舞俑表达的是唐代三胡舞之一的"柘枝舞"，并将柘枝舞俑服饰特征与已出土昭武九姓、柔然和鲜卑的图像及文献资料进行对比，判断柘枝舞起源于柔然，后传至鲜卑和昭武九姓地区，在吸收鲜卑和粟特文化因素后，于唐中期传入中土并迅速风靡全国。晚唐时期，柘枝舞传播至南方地区与当地文化融合形成屈柘枝，并流行于全国。五代时期，屈柘枝已经出现了宋代宫廷柘枝队舞因素。宋初，柘枝舞作为宫廷十大少儿队舞之一尚比较流行，至北宋中晚期，柘枝舞已步入衰落。及至元明，柘枝舞已基本湮灭于历史中[64]。

　　B型　1件。M1：88，立姿。身形较小，面容丰腴，双唇微张，眉目含笑，头偏左侧，望向右手。身微躬，上身前倾，左臂屈，夹于身侧，左手握短剑，剑端已残；右臂抬起置于身体右侧，小臂上举，手收于袖中；双腿张开，双膝微屈，左足后立，右足脚跟着地、脚尖翘起，作舞蹈状。头戴黑色幞头，幞头前方后圆，前低后高，前宽后窄，底部有窄缘，后部正中左右插平行的两根直立窄长帽翅，帽前后中部有缝，脑后底部有巾角。帽上缠红色头巾一条，将红巾拧做长条，自帽额向后拉使两端交于帽后的帽身与帽翅之间，复继续拉向左右斜上方，缠系于帽前顶部，红巾尾部垂于幞头两侧自然散开。身着红色右衽圆领窄袖长袍，有后中缝。袖长回肘，袍长及地。袍两侧自胯部开衩，开衩处露出白色及膝衬袍褶。前摆卷起挂于前腹腰带之上，后摆自然垂下，前摆内露出长方形直缘蔽膝，长度曳地，饰本色缘边。红袍领间露出白色衬衣交领。外束红色革带，带后有"回"字形黄色长方形銙，銙中间皆刻凹槽，长方形铊尾压于带下并垂于身左后侧。下着白色圆头长靴，靴筒高至膝下，上饰宽缘。靴身刻画细致，可见靴身与靴筒的横向拼接痕迹。底座平面略呈椭圆形，底径

0　　　　　　　10厘米

图五七　A型女舞俑（M1：67）

图版四二八　A型女舞俑（M1：67）正面

图版四二九　A型女舞俑（M1：67）左前侧

图版四三〇　A型女舞俑（M1：67）左侧

图版四三一　A型女舞俑（M1：67）左后侧

图版四三三　A型女舞俑（M1∶67）右后侧

图版四三二　A型女舞俑（M1∶67）背面

图版四三五　A型女舞俑（M1：67）右前侧

图版四三四　A型女舞俑（M1：67）右侧

略大于顶径，器表素面。俑宽 19.2 厘米，底座底部长径 18.4、底部短径 17.2、高 1.2 厘米，通高 43.2 厘米，重 2.8 千克（图五八；图版四三六~图版四四三）。

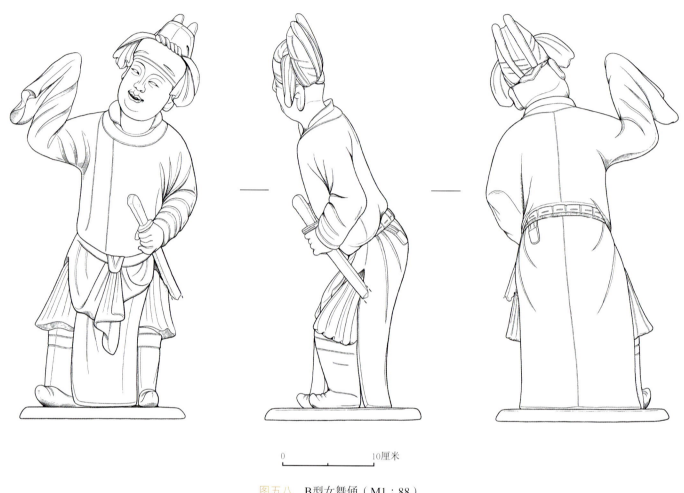

0 ⸺⸺⸺⸺ 10厘米

图五八　B型女舞俑（M1：88）

（二）男舞俑

6 件。根据俑形制和服饰的不同分为六型。

A 型　1 件。M1：35，立姿。身形魁梧，目视左前方，面容和善，双唇微张。两鬓至唇下蓄须，修剪成侧短中长式，长及胸前。双手叠置于腹前，右手握举，手背朝上，左手横向平覆于右手手背，两腿微曲、略岔开，似作扶杖站立状。头戴黑色幞头，前平后圆，前低后高，前宽后窄，底部有窄缘，脑后底部有巾角。幞头外裹束红色头巾，头巾为宽长形，自前向后覆于幞头前半部，向后拉至脑后交叉收紧，复继续斜拉向左右至顶部缠绕收紧，红巾尾部垂在幞头两侧自然散开。上身外着红色圆领长袍，袍长及地。宽领缘，无衣缘，衣摆无接襕，有后中缝。小臂衣袖紧缚，着红色臂韝。袍两侧自胯部开衩，开衩处露出黄色及膝带褶衬衣摆和白色大口裤腿。腰束红色革带，带饰弦纹，前两重、后一重，身后有饰"回"字形黄色长方形带銙，銙中下部皆刻凹槽，黄色长方形铊尾压于带下垂于身左后

图版四三六　B型女舞俑（M1∶88）正面

图版四三七　B型女舞俑（M1∶88）左前侧

图版四三九　B型女舞俑（M1：88）左后侧

图版四三八　B型女舞俑（M1：88）左侧

图版四四一　B型女舞俑（M1∶88）右后侧

图版四四〇　B型女舞俑（M1∶88）背面

图版四四三　B型女舞俑（M1：88）右前侧

图版四四二　B型女舞俑（M1：88）右侧

侧。足穿翘底尖头鞋。底座平面呈椭圆形，底径略大于顶径，器表素面。俑宽 17.4 厘米，底座底部长径 20.8、底部短径 17、高 1.2 厘米，通高 59.9 厘米，重 3.8 千克（图五九；图版四四四～图版四五一）。

B 型 1 件。M1：41，立姿。身材匀称，略显魁梧，深目高鼻，虬髯，头微右倾，面向左前方，表情严肃。左手虚握置于左胸前，右手抬至右胸前，手指平展，手心向外做推手状。两腿分开，微曲，左脚在前，右脚稍后，面、右手掌与左腿同向。头戴黑色软幞头，前低后高，前半部较方正，后部质地较软，底部有窄缘，前后皆有中缝。巾带自脑后交叉向前系扎于头顶，幞头后部包裹发髻的巾带向前搭于幞头前部上。上身外着红色开衩长袍，外束革带，袍上部脱下拧起系缚于腰间，前摆在腹部打结并扎于身前，后摆曳地。革带被衣物包裹，仅见长方形铊尾垂于身左后侧，推测革带系束方法与形制与其他俑相同。外露

0   10厘米

图五九 A型男舞俑（M1：35）

图版四四四　A型男舞俑（M1：35）正面

图版四四五　A型男舞俑（M1：35）左前侧

图版四四六　A型男舞俑（M1：35）左侧

图版四四七　A型男舞俑（M1：35）左后侧

图版四四九　A型男舞俑（M1：35）右后侧

图版四四八　A型男舞俑（M1：35）背面

图版四五一　A型男舞俑（M1：35）右前侧

图版四五〇　A型男舞俑（M1：35）右侧

黄色右衽交领窄袖及膝衬袍，宽领缘，腰下前后无褶而两侧多褶，其褶皱与其他男俑袍侧露出的衬衣褶相同。外袍、内袍皆有后中缝。根据领部形状与褶袍下尚有右侧两层与左侧一层黄色衣片推测交领袍内可能穿有右衽窄袖衬衣一件。下着白色长裤。足穿乌皮圆头长靴，鞋底前部微翘，靴筒左右侧有纵向拼缝，靴筒与鞋部亦为拼接而成，靴筒口部有红缘，或为穿着裤裆。底座平面略呈椭圆形，座上分布四个直径0.6厘米的圆孔，器表素面。俑宽18.1厘米，底座底部长径19.5、底部短径18.6、高1.3厘米，通高56.2厘米，重4.6千克（图六〇；图版四五二～图版四五九）。

C型　1件。M1：46，立姿。身材魁梧，浓眉大眼，大鼻高挺，张嘴露齿，厚唇外翻，头微右倾，面向左前方，表情滑稽。右手曲扬于右脑后，左手屈伸于左侧，大拇指和食指自然外伸，其他三指内握。粗脖大肚，袒胸露乳，外凸双乳及腹部整体呈人面状，双乳之间至颈部阴刻茂密胸毛。胯部残，两腿呈"八"字形分立。头戴黑色软幞头，前低后高，前半部较方正，后部质地较软，底部有窄缘，前后皆有中缝。巾带自脑后交叉向前系扎于

0　　　　　　　　　10厘米

图六〇　B型男舞俑（M1：41）

图版四五二　B型男舞俑（M1∶41）正面

图版四五三　B型男舞俑（M1∶41）左前侧

图版四五五　B型男舞俑
（M1∶41）左后侧

图版四五四　B型男舞俑
（M1∶41）左侧

图版四五六　B型男舞俑
（M1∶41）背面

图版四五七　B型男舞俑
（M1：41）右后侧

图版四五八　B型男舞俑
（M1：41）右侧

图版四五九　B型男舞俑
（M1：41）右前侧

头顶，幞头后部包裹发髻的巾带向前搭于幞头前部。上身外着红色开衩长袍，外束革带，袍上部脱下拧起系缚于腰间，前摆扎于身前，后摆曳地。革带被衣物包裹，仅见长方形铊尾垂于身左后侧，推测革带系束方法与形制与其他俑相同。外露黄色右衽短袖及膝衬袍，袍小贴身，两衽相交于下腹部，宽领缘、窄袖口，袖长近肘，腰下四侧多褶，其褶皱与其他男俑袍侧露出的衬衣褶相同。外袍、内袍皆有后中缝。下着黄色长裤。足穿乌皮圆头长靴，靴筒口部有红缘，或为穿着裤袼，靴筒外侧阴刻"十"字。底座平面呈椭圆形，底径略大于顶径，其上共分布三个直径约 0.8 厘米的圆孔，器表素面。俑宽 18.3 厘米，底座底部长径 22.8、底部短径 18.3、高 1.6 厘米，通高 47.6 厘米，重 3.738 千克（图六一；图版四六〇～图版四六七）。

D 型　1 件。M1：36，立姿。身材匀称，略显清瘦，面容清秀，嘴微张，露齿，无须，头微右倾，面向左前方。右手虚握置于胸前；左手抬至胸前，手指平展，手心向外做推手状。两腿分开，微曲，左脚在前，右脚稍后，面、左手掌与左腿同向。头戴黑色软幞头，前低后高，前面上部较方正，下部略呈圆形，两侧帽褶呈双耳状，后部质地较软，底部有窄缘，前后留有中缝，脑后底部有巾角，巾带自后交叉向前系扎于头顶。上身外着红

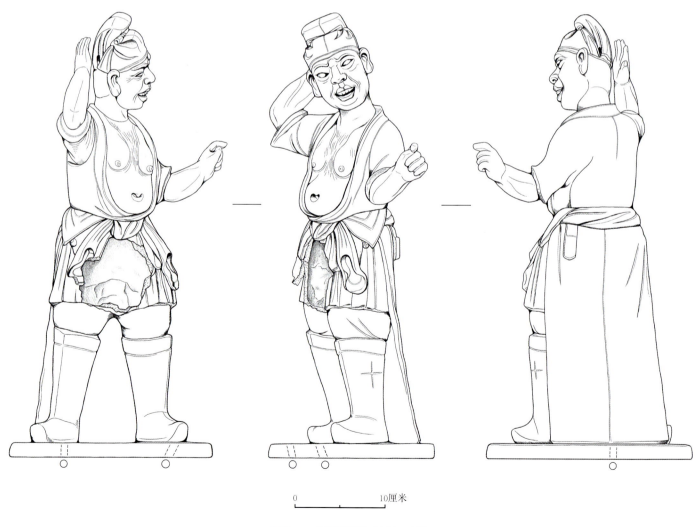

图六一　C 型男舞俑（M1：46）

图版四六〇　C型男舞俑（M1：46）正面

图版四六一　C型男舞俑（M1：46）左前侧

图版四六二　C型男舞俑（M1∶46）左侧

图版四六三　C型男舞俑（M1∶46）左后侧

图版四六四　C型男舞俑（M1∶46）背面

图版四六五　C型男舞俑（M1∶46）右后侧

图版四六七　C型男舞俑（M1∶46）右前侧

图版四六六　C型男舞俑（M1∶46）右侧

色开衩长袍，外束革带，袍上部脱下拧起系缚于腰间，前摆在腹部打结并扎于身前，后摆曳地。革带被衣物包裹，仅见长方形铊尾垂于身左后侧，推测革带系束方法与形制与其他俑相同。外露红色右衽交领短袖及膝衬袍，宽领缘，窄袖口，袖长近肘，腰下四侧多褶，其褶皱与其他男俑袍侧露出的衬衣褶相同。外袍、内袍皆有后中缝。内穿黄色右衽交领窄袖过膝短袍，宽领缘，窄袖口，两侧开衩。下着黄色长裤。足穿乌皮圆头长靴，靴筒口部有红缘，或为穿着裤䙆。底座平面呈八边形，其上分布三个直径约0.5厘米的圆孔，器表素面。俑宽17.6厘米，底座最长17.2、最宽16.5、高1.5厘米，通高47.2厘米，重3.6千克（图六二；图版四六八～图版四七四）。

E型　1件。M1：37，立姿。身材匀称，略显魁梧，浓眉大眼，嘴唇下撇，身体整体前倾，头微左倾，面向右前方，表情严肃。左手前伸至左腹外侧，掌心朝上作托物状；右手抬至右肩之前，掌心朝下，五指作抓握状。两腿分开呈"八"字状，微曲，左脚脚尖

0　　　　　　10厘米

图六二　D型男舞俑（M1：36）

图版四六八　D型男舞俑（M1：36）正面

图版四七〇 D型男舞俑（M1：36）左后侧

图版四六九 D型男舞俑（M1：36）左前侧

图版四七一　D型男舞俑（M1：36）背面　　　　　　图版四七二　D型男舞俑（M1：36）右后侧

图版四七三　D型男舞俑（M1：36）右侧　　　　图版四七四　D型男舞俑（M1：36）右前侧

向前，右脚脚尖朝右，两脚略呈直角站立。头戴黑色软幞头，前低后高，前半部较方正，后部质地较软，底部有窄缘，前后皆有中缝，脑后底部有巾角。巾带自后交叉向前系扎于头顶，幞头后部包裹发髻的巾带向前搭于幞头前部。上身外着红色开衩长袍，外束革带，袍上部脱下拧起系缚于腰间，前摆在腹部打结并扎于身前，后摆曳地。革带被衣物包裹，仅见长方形铊尾垂于身左后侧，推测革带系束方法与形制与其他俑相同。外露黄色右衽交领短袖及膝衬袍，宽领缘，窄袖口，袖长近肘，腰下前后无褶而两侧多褶，其褶皱与其他男俑袍侧露出的衬衣褶相同。外袍、内袍皆有后中缝。内穿黄色窄袖及膝短袍，领部漫漶，应亦为右衽交领。下着黄色长裤。足穿乌皮圆头长靴，鞋底前部微翘，靴筒左右侧有纵向拼缝，靴筒与鞋部亦为拼接而成，靴筒口部有红缘，或为穿着裤褶。底座平面略呈椭圆形，座左前侧呈弧角状，其余侧边皆为弧面，剖面前高后低，器表素面。俑宽 16.1 厘米，底座长径 21.5、短径 14.5、高 1.1 ~ 1.9 厘米，通高 48.3 厘米，重 4.15 千克（图六三；图版四七五~图版四八二）。

0　　　　　　10厘米

图六三　E型男舞俑（M1：37）

图版四七六 E型男舞俑（M1∶37）左前侧

图版四七五 E型男舞俑（M1∶37）正面

图版四七七　E型男舞俑（M1∶37）左侧

图版四七八　E型男舞俑（M1∶37）左后侧

图版四八〇　E型男舞俑（M1∶37）右后侧

图版四七九　E型男舞俑（M1∶37）背面

图版四八一 E型男舞俑（M1：37）右侧

图版四八二 E型男舞俑（M1：37）右前侧

　　F型　1件。M1：22，立姿。身体修长，面目俊秀，身体略前倾，头倾向右侧，面朝左前方，面带微笑。左手臂部残，手部握左前侧腰带，右手曲抬至右腹前作表演状，掌部已残。两脚呈"八"字形站立。头戴黑色幞头，前低后高，整体窄长，前壁上部圆顶略高、下部略呈长方形，后壁微弧，底部有窄缘，前后中部皆有缝，脑后底部有巾角。两侧有巾带，巾带自脑后交叉斜向前拉系结于顶部，幞头上多刻画巾帛褶皱。脑后幞头下部有两个对应横向窄长方形孔，可能用于插帽翅。身着黄色右衽圆领窄袖长袍，领缘较窄，无衣缘，衣摆无接襕，有后中缝，袍长及地。后摆上存直径1.2厘米的圆孔一个。腰束红色革带，带饰弦纹，前后皆一重，身后有饰"回"字形黑色长方形带銙，銙中下部皆刻凹槽，两侧存黑色带扣，长方形铊尾压于带下垂于身左后侧。足穿翘底尖头鞋。底座平面略呈八边形，座前部及左右两侧残，其上分布直径0.6厘米的圆孔一个，器表素面。俑残宽17.8厘米，底座残长16.6、残宽16.2厘米，通高60.5厘米，重4.598千克（图六四；图版四八三～图版四九〇）。

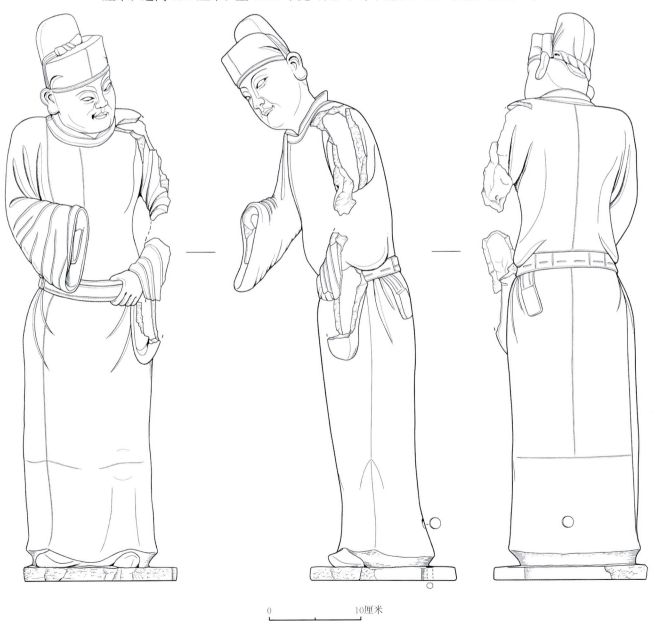

0　　　　　　　10厘米

图六四　F型男舞俑（M1：22）

图版四八四　F型男舞俑（M1：22）左前侧

图版四八三　F型男舞俑（M1：22）正面

图版四八六 F型男舞俑（M1：22）左后侧

图版四八五 F型男舞俑（M1：22）左侧

图版四八八　F型男舞俑（M1：22）右后侧

图版四八七　F型男舞俑（M1：22）背面

图版四九〇 F型男舞俑（M1：22）右前侧

图版四八九 F型男舞俑（M1：22）右侧

六、陶俑服饰特征

这批陶俑含男俑和女俑，男俑中武士俑身披甲胄，甲胄刻画精细，由兜鍪、护项、披膊、身甲、腹甲、甲裙、胫甲、革带等几部分组成，其铠甲形式与王建墓、李昇墓以及部分五代时期敦煌洞窟中的甲胄形象相似，保留较多唐末特征。仰观俑与伏听俑则为头戴莲冠、身着衣裳的道门形象，与世俗俑穿戴不同。其余男俑大都头戴幞头，身穿长袍，足穿圆头靴，为五代时期常见的男子形象。女俑则身着对襟直领开衩的长衫，内着抹胸、蔽膝、长裙，其发型与服饰在保持其五代风格基础上有独特性。

关于五代时期男子服饰，新、旧《五代史》中均无专门舆服制度的记载，但在其《乐志》中有部分涉及后晋天福五年（940 年）乐舞服饰的内容，其年代恰处于赵廷隐（884～950）生活的时期，"（文舞）舞人冠进贤冠，服黄纱袍，白纱中单，皂领襈，白练襦裆，白布大口裤，革带，乌皮履，白布袜。……武舞人服弁，平巾帻，金支绯丝大袖，绯丝布裲裆，甲金饰，白练襦裆，锦腾蛇起梁带，豹文大口布裤，乌皮靴。"乐工服饰为"武弁朱褠，革带，乌皮靴，白练襦裆，白布袜"[65]。仅寥寥数语，其中"白练襦裆""白布大口裤""革带""乌皮履""朱褠（红色臂褠）"皆见于俑身。而据《新唐书》卷二十四《车服志》中"登歌工人，朱连裳，革带，乌皮履。殿庭加白练襦裆"[66]，《旧唐书》中"自外及民任杂掌无官品者，皆平巾帻，绯衫，大口裤，朝集从事则服之；……自外品子任杂掌者，皆平巾帻，绯衫，大口裤，朝集从事则服之"[67]、"龟兹乐，工人皂丝布头巾，绯丝布袍，锦袖，绯布裤；舞者四人，红抹额，绯袄，白裤帑，乌皮靴"[68] 文，可见依唐制，歌工、乐工、舞者、无品级的杂职皆可服黑头巾、红袍、乌皮靴。赵廷隐墓出土男俑形象可与之对应，一定程度上说明了男子衣装自唐到五代时期的继承性因素。

男俑所戴幞头，多为前低后高、前宽后窄的样式，前部方正而后壁微弧，底有窄缘，帽前后中部有缝，脑后底部有巾角。除男装女舞俑（M1∶88）所戴有两直立帽翅外，现均无帽翅，而后部两侧多留有横向孔，或为插戴帽翅所用。其系束方式为两巾带自脑后交叉斜绕至前，于耳际向上缠绕系结于前顶。幞头上多刻画巾帛褶皱纹理，一方面或与史书中所载"裹头者，左右各三褶，以象三才；重系前脚，以象二仪"[69] 相关联，另一方面反映了幞头尚处于由唐代的软裹向宋代的硬裹过渡的状态。

男俑衣着大致可分为四种：第一种，如嵩里老人（M1∶57）与仪仗俑（M1∶31、M1∶32）所着，衣袍接襕、饰缘边，两侧无开衩。第二种，为男伎乐俑与着男装女伎乐俑所着的圆领开衩袍，内着两侧有褶的及膝衬袍。第三种，为男侍俑（M1∶59）所着对襟衫与大口裤。第四种，为仰观俑（M1∶61）与伏听俑（M1∶60）所着衣裳。根据《新唐书》卷二十四《车服志》所载："太宗时，……中书令马周上议：'《礼》无服衫之文，三代之制有深衣。请加襕、袖、襈、撰，为士人上服。开胯者名曰缺胯衫，庶人服之。'"[70]

第一种袍服即为唐代《车服志》中所提到的襕衫，由于多为儒生穿着且侧不开衩，在唐五代小说中也多称为"儒衣""缝掖"，现可知到后蜀时期襕衫的基本形制为右衽、圆领、宽袖、有接襕、侧不开衩、领袖底皆饰同色缘边，且后有中缝，接襕处前后左右皆有一细褶。第二种袍服为缺胯衫，这种衫在五代王处直墓、冯晖墓、李茂贞墓中的壁画、雕刻中皆可见到，袍侧开衩并露出其内穿着的带褶衬衣，为五代时期男子衣着形象的一大特征。根据对 A 型女舞俑（M1∶67）的观察，外袍下为短袖袍，其形制当为右衽、交领、短袖，两侧自腰下拼接带褶的衣摆，袍长至膝。第三种衣服，上衣与女俑相同，类似流行于宋代的直领褙子，而下穿大口裤，则与"白练褕裆，白布大口裤"这种穿法相符。第四种衣裳，类似于唐时官员公服着绛纱单衣，白裙配襦的穿法。值得一提的是，蒿里老人头戴类似羃篱的长布帽、身着襕衫、身左侧立一小童的这种人物服饰形象与组合都与现藏于日本的我国新疆阿斯塔那墓出土的一幅《树下人物图》及大英博物馆藏唐《燃灯佛授记·三苦》绘画中老人与小童形象相似。

男子腰上束红色革带，革带多扎束成前两重后一重式样，带尾压在身左后侧，以此可推断带扣多在身右侧。身后革带上存长方形带銙，带銙为古时腰带上的一种装饰，带尾的圆首带銙名为鉈尾[71]。根据形状与排列方式，带銙也被称作"排方"，《麈史·礼仪》中有"今带止用九胯，四方五圆，乃九环之遗制。胯且留一眼，号曰'古眼'，古环象也……至和、皇祐间为方胯，无古眼，其稀者目曰'稀方'，密者目曰'排方'"的记载[72]。唐代制定了依带銙数目、材质来区分身份品级的制度，"以紫为三品之服，金玉带銙十三；绯为四品之服，金带銙十一；浅绯为五品之服，金带銙十；深绿为六品之服，浅绿为七品之服，皆银带銙九；深青为八品之服，浅青为九品之服，皆鍮石带銙八；黄为流外官及庶人之服，铜铁带銙七。"[73]

该墓出土的女俑面容精致、身材修长，除侍女俑（M1∶62）与舞俑（M1∶67、M1∶88）身着袍服外，余发式、发饰、衣着相似，皆头梳抱面高髻，上着两件对襟直领窄袖开衩褙子，内高束两侧开衩裙，裙内系蔽膝，下穿大口裤，足蹬翘底尖头鞋。

女俑头束高髻，有戴冠者与不戴冠者。女俑所戴头冠，可分三种：第一种如吹竽篥俑（M1∶65）所戴，为覆斗形；第二种如击羯鼓俑（M1∶72-1）、抚筝俑（M1∶76-1）所戴，正视为两瓣的花苞形；第三种如击大鼓俑（M1∶66-1）、击方响俑（M1∶82-1）所戴，正视为三瓣的花苞形。《旧五代史》载前蜀王衍时期（918～925 年）"时宫人皆衣道服，顶金莲花冠，衣画云霞，望之若神仙。及侍宴、酒酣，皆免冠而退，则其髻鬖然"[74]。《新五代史》亦载前蜀王衍时"而后宫皆戴金莲花冠，衣道士服，酒酣免冠，其髻鬖然；更施朱粉，号'醉妆'，国中之人皆效之"[75]。可见五代时期蜀地女性流行穿道服戴道冠，赵廷隐墓出土女伎乐俑所戴冠即为这种风尚的体现，其所戴花苞形金冠可能即为史书中所提金莲花冠的延续。结合唐代《三洞法服科戒文》中提到道士有"平冠"与"四面两叶""四面三叶"的莲花冠[76]，或可与这三种女俑发冠相对应。

未戴冠的女俑皆头束高髻，两鬓发与脑后尾发皆中分且虚拢，发髻束于头顶，梳为双环或前视为三股发而后视为环的髻式，其发型描绘细致，可大致推测其梳理方式：①将头发分为额前发、顶发与脑后上部发、脑后部尾发三部分；②把第二部分头发在头顶扎系固定为发髻根部；③前发中分，向斜后虚拢并扎束于髻根；尾发中分向两侧梳虚拢使底部为圆弧状，并于耳后梳起汇于髻根；④将汇在一起的头发用红带扎束，带垂于脑后作为装饰；⑤除个别女俑将头发直接拧作左右二环并缠绕固定者，余皆将束起的头发分两股后分别反向或同向拧紧，绕环为髻，样式正视为三股发而后视为双环、单环。史书中所写宫人发冠下的发髻形状为"酒酣免冠，其髻鬡然"，"鬡"字有用服丧时的麻绳扎束的发髻与梳在头顶两旁的发髻两种意思，此处推测意为将发冠摘除，头顶有二小髻或头顶的发髻为分左右两瓣的样式，与这批女俑的双环发髻略有相通之处。发髻梳理完毕，在两鬓簪以黄色弧背小梳或胜形饰。部分女俑发髻两侧可见有横向的孔洞，当为簪饰所留。

侍女穿袍的形象自唐至五代都十分常见。女子着袍裤初为唐时风尚，"开元来……臧获贱伍者皆服襕衫"[77]，此时则成为女婢的一种装束。侍女俑（M1：62）与舞俑（M1：67、M1：88）所着的圆领袍服与这批俑中男子缺胯袍形制相同，袍侧亦有带褶的衬衣露出。

女俑所着褙子为五代至宋时的典型女子服饰，其特征为对襟、直领、宽领缘、两侧开衩、衣长较长。除此之外，这批女俑所着褙子还具以下特征：衣身紧窄、身前无系带系结、周身没有衣缘装饰、后部有中缝、袖身较窄紧缚手臂、衣前摆较后部短、两件衣服叠穿。褙子内系裙，裙腰多高束至胸前，而腰带束在胸下或上腹，均为唐末至宋常见的女性裙装样式。裙下部结构相同，均两侧开衩分前后两裙片，前部裙片较短，长至脚踝以上，后部裙长曳地。前部裙片下露出一宽度较裙摆稍窄、长至脚踝的裙片，分直缘、弧缘与如意云纹缘三种，皆饰本色缘边，根据与同批男俑（M1：59）、舞俑（M1：67）的对比，推测其与蔽膝相同，形制为系在腰前的单独裙片，本文以蔽膝相称。而蔽膝下露出的衣物，推测为双层大口裤，虽史书中关于女子着装无提及裤类，但根据前文中《五代史》与《新唐书》中皆提到有乐舞工人着"白练襕裆，白布大口裤"（即白练合裆裤与白布大口裤两件裤套穿），结合宋代女子套穿裤的普及，后蜀乐伎身着双层裤的可能性较大。女俑所着褙子、裙、蔽膝、裤现主要为红、黄、白色，其上原都有墨绘填彩的花卉纹样，现多已模糊不清。女俑所着鞋履鞋底前部制为尖角并微上翘，使鞋子整体为鞋底上翘的尖头鞋，与宋代弓鞋相似。

从赵廷隐墓出土陶俑服饰可知，前后蜀时期男女服饰多继承晚唐风格，但在女性服饰上亦颇多创新，其为宋代服饰发展和风格形成贡献了蜀地因素，如前后蜀时期流行的对襟式女装为宋代褙子文化的流行产生了直接影响。

第二节　陶瓷器

共出土陶瓷器26件，其中陶器2件，皆为长口杯。瓷器共24件，包括执壶、四系罐、双系罐、碗、盏、水盂等。

一、陶器

陶器仅出土有长口杯，形制类魏晋时期曲水流觞之器。2件。形制一致，仅大小略有别。以 M1 ∶ 107 为例，泥质灰陶，器表施黑色陶衣。整体呈船形，长口外敞，圆唇，两斜壁逐阶内收，两端斜弧内收较甚，小平底略弧。内底饰阴刻纹饰，中部为同心圆形，四周为波浪纹，整体呈太阳状。口长 15.5、口宽 4.9、高 3.7 厘米（图六五，1；图版四九一～图版四九四）。M1 ∶ 108，陶质、陶色、形制和纹饰与 M1 ∶ 107 相似，口长 19.2、口宽 5.7、高 4 厘米。

二、瓷器

1. 执壶

1件。M1 ∶ 101，褐胎，器身、器底及口沿内壁施白色化妆土。注部残，直口微侈，平沿，尖唇，长颈微束，弧肩，颈肩部存立耳状提梁，提梁相对一侧为圆柱状注，弧腹微鼓，腹部以下斜弧内收，平底外撇呈饼足状，最大径在上腹部。器身为轮制，提梁和壶注为捏制。肩部用褐绿釉绘草叶纹，提梁外侧饰凹弦纹。口径 8.1、最大腹径 13.9、底径 8.5、高 24.2 厘米（图六五，2；图版四九五、图版四九六）。

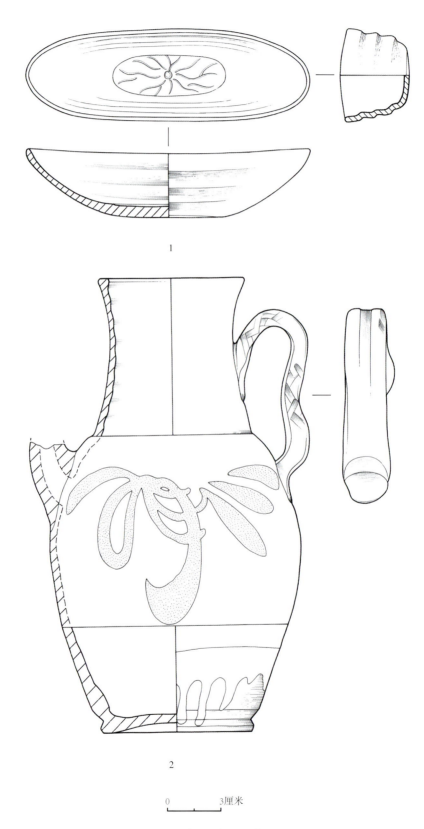

1

2

0   3厘米

图六五　陶长口杯、瓷执壶

1.陶长口杯（M1∶107）　2.瓷执壶（M1∶101）

图版四九一 陶长口杯（M1：107）口部

图版四九二 陶长口杯（M1：107）底部

图版四九三 陶长口杯（M1：107）侧面

图版四九四 陶长口杯（M1：107）侧面

图版四九五　瓷执壶（M1：101）

图版四九六　瓷执壶（M1：101）

2. 四系罐

7件。颈肩部存四桥形立耳。根据口、肩、腹部的不同分为二型。

A型　5件。直口，弧肩，鼓腹，腹部以下斜弧内收，最大径在上腹部。根据颈部、底部的不同分为二亚型。

Aa型　4件。器身略胖，短颈，平底略外撇呈饼足状。M1：94，砖红胎，器表中腹以上施酱釉。平沿微卷，尖唇。器身轮制，系部捏制。口径9.8、最大腹径14.6、底径7.8、高13厘米（图六六，1；图版四九七）。M1：95，灰胎，器表中腹以上残存零星酱釉痕迹。窄平沿，尖唇。器身轮制，系部捏制。口径9.1、最大腹径14.6、底径7.8、高14.5厘米（图六六，2；图版四九八）。M1：96，灰胎，器表周身残存化妆土及酱釉痕迹，下腹部残存线状釉下黑彩。斜沿微卷，尖唇。器身轮制，系部捏制。口径10.6、最大腹径14.8、底径7.6、高13.3厘米（图六七，1；图版四九九）。M1：97，灰胎，器表施白色化妆土，化妆土上残存少量酱釉痕迹。斜沿，圆唇。器身轮制，系部捏制。下腹部墨绘弦纹两周，弦纹以上墨绘花卉、卷云纹。口径9.7、最大腹径14.7、底径7.9、高14.5厘米（图六七，2；图版五〇〇）。

Ab型　1件。器身略瘦，中颈，平底。M1：51，褐红胎，器表中腹以上残存褐釉痕迹。尖唇。器身轮制，系部捏制。口径7.6、最大腹径12.8、底径8.4、高14.7厘米（图六八，1；图版五〇一）。

B型　2件。大口较直，平沿，尖唇，中颈，溜肩，弧腹微鼓，腹部以下斜弧内收，平底，最大径在上腹部。M1：1，砖红胎，口沿施白色化妆土，其上再施青釉，其余部位素面。器身轮制，系部捏制。口径7.7、最大腹径8.7、底径5、高13.7厘米（图六九，1；图版五〇二）。M1：28，砖红胎，口沿及上颈部施白色化妆土，其上再施青釉，颈肩部存流釉现象，其余部位素面。口径8.2、最大腹径10.2、底径5.1、高15.1厘米（图六九，2；图版五〇三）。

3. 双系罐

1件。M1：27，灰胎，器表上腹部以上施白色化妆土。直口微敛，平沿，尖唇，弧肩，肩部存桥形横耳一对，弧腹微鼓，腹部以下斜弧内收，平底，最大径在上腹部。器身轮制，系部捏制。口径8.9、最大腹径11.6、底径6、高11.5厘米（图六八，2；图版五〇四）。

4. 碗

12件。多为灰胎，少部分为砖红胎，皆为轮制。根据口部的不同分为二型。

A型　11件。大部分为圆形口沿，敞口，部分不甚规整，弧腹。根据底部的变化分为二式。

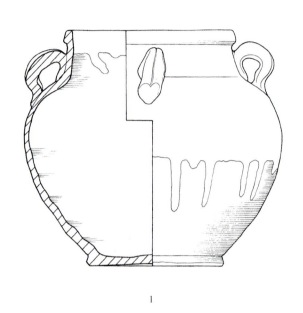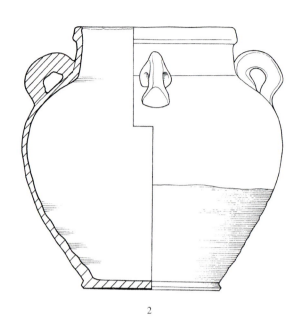

1　　　　　　　　　　　　　　　　2

0　　　　3厘米

图六六　Aa型瓷四系罐

1. M1 : 94　2. M1 : 95

图版四九七　Aa型瓷四系罐（M1 : 94）　　　　　　图版四九八　Aa型瓷四系罐（M1 : 95）

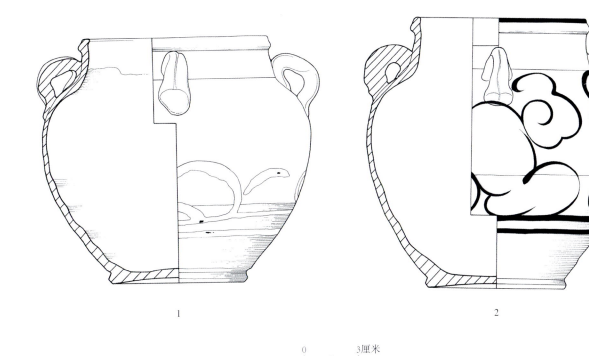

1　　　　　　　　　　　2

0 ⎯⎯ 3厘米

图六七　Aa型瓷四系罐
1. M1 : 96　2. M1 : 97

图版四九九　Aa型瓷四系罐（M1 : 96）　　　　图版五〇〇　Aa型瓷四系罐（M1 : 97）

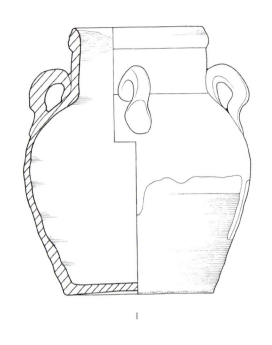

1　　　　　　　　　　　　　　　2

0　　　　3厘米

图六八　Ab型瓷四系罐、瓷双系罐

1.Ab型瓷四系罐（M1：51）　2.瓷双系罐（M1：27）

图版五〇一　Ab型瓷四系罐（M1：51）　　　　　图版五〇二　B型瓷四系罐（M1：1）

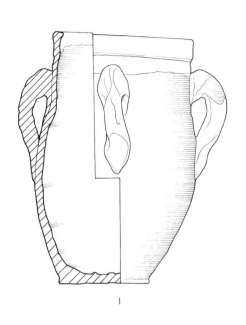
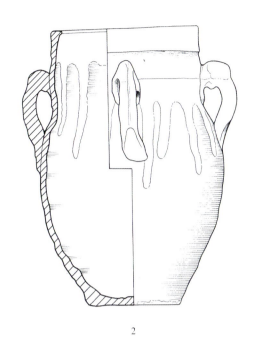

1   2

0   3厘米

图六九　B型瓷四系罐
1. M1 : 1　2. M1 : 28

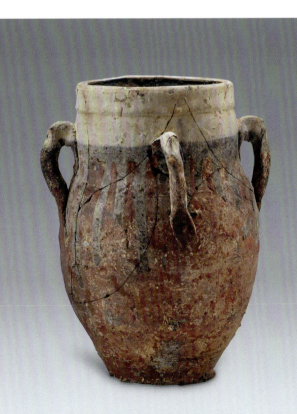
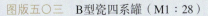

图版五〇三　B型瓷四系罐（M1 : 28）

图版五〇四　瓷双系罐（M1 : 27）

Ⅰ式：4件。圆唇，饼足或假圈足。M1：3，灰胎，内壁及口沿施化妆土。敞口不甚规则，饼足。口径19.3、底径7.3、高6.5厘米（图七〇，1；图版五〇五）。M1：5，砖红胎，口沿内外壁及上腹部施白色化妆土，其上施青釉，部分区域存流釉现象，内壁底部存五处近长方形支钉痕迹。敞口不甚规整，饼足外底微内凹。口径15.3、底径5.9、高4.2厘米（图七〇，2；图版五〇六）。M1：9，砖红胎，内壁及外壁口沿施白色化妆土，内壁底部饰一周凹弦纹，底部存五处三角形支钉痕迹。饼足。口径15.2、底径5.9、高4.2厘米（图七〇，3；图版五〇七）。M1：102，灰胎，除近底部外周身施灰釉，内底中部存五处近圆形支钉痕迹。口部较规整，饼足底微内凹。口径18.2、底径7.6、高5.5厘米（图七〇，4；图版五〇八）。

Ⅱ式：7件。圆唇或尖唇，圈足。M1：26，灰胎，内壁及外壁口沿处施酱釉，内底存五个近椭圆形支钉痕迹。口部不甚规整，圆唇。口径15.3、足径4.9、高4厘米（图七〇，5；图版五〇九）。M1：48，砖红胎，内壁及外壁口沿处施白色化妆土，底部存五处近长方形支钉痕迹。口部不甚规则，尖唇。口径15.9、足径5.8、高4.9厘米（图七一，

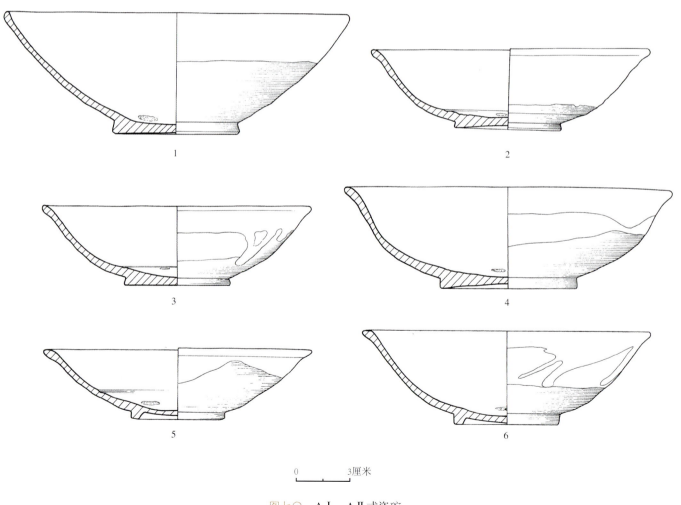

1　　　　　　　　2

3　　　　　　　　4

5　　　　　　　　6

0　　　3厘米

图七〇　AⅠ、AⅡ式瓷碗
1~4.AⅠ式（M1：3、M1：5、M1：9、M1：102）　5、6.AⅡ式（M1：26、M1：78）

1；图版五一〇）。M1：77，灰胎，内壁及外壁口沿部施化妆土，内壁及外壁口腹部施酱釉，底部存五处近长方形支钉痕迹。口部不甚规则，尖唇。口径 15.4、足径 5.7、高 5 厘米（图七一，2；图版五一一）。M1：78，砖红胎，内壁及外壁口沿施白色化妆土，内壁底部存五处近三角形支钉痕迹。口部较规整，尖圆唇。口径 15.9、足径 5.8、高 5.1 厘米（图七〇，6；图版五一二）。M1：100，灰胎，内壁及外壁口沿处施酱釉，内壁近底部饰一周凹弦纹，内底存五个近椭圆形支钉痕迹。口部规整，圆唇。口径 15.5、足径 5、高 4 厘米（图七一，3；图版五一三）。M1：103，灰胎，内壁及外壁口沿部施青釉，内壁底部存五处近椭圆形支钉痕。敞口不甚规整，圆唇。口径 15.3～15.7、足径 5.7、高 5.3 厘米（图七一，4；图版五一四）。M1：104，灰胎，除外底外周身施深褐釉。口部不甚规整，尖唇。口径 15.7、足径 5.5、高 3.9 厘米（图七一，5）。

B 型　1 件。葵形口沿，深弧腹。M1：49，砖红胎，内壁及外壁口沿部施化妆土。敞口，沿部呈五瓣葵花状，尖唇，平底，饼足微内凹。口径 13.8、底径 5.9、高 5.2 厘米（图七二，1；图版五一五、图版五一六）。

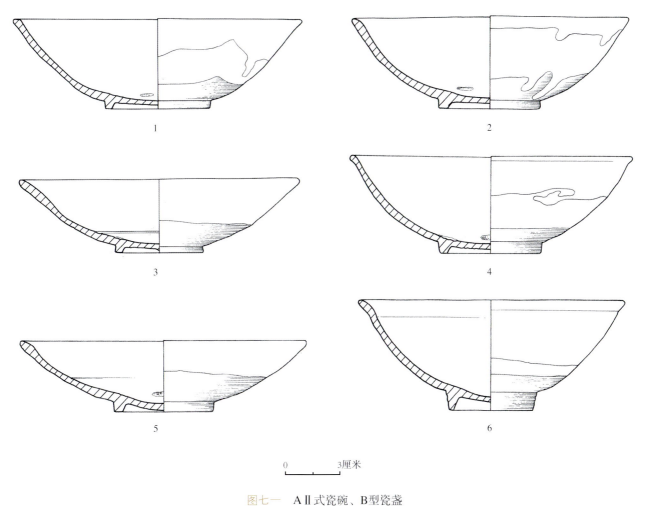

0 ___ 3厘米

图七一　AⅡ式瓷碗、B型瓷盏

1～5.AⅡ式碗（M1：48、M1：77、M1：100、M1：103、M1：104）　6.B型盏（M1：105）

图版五〇五　AⅠ式瓷碗（M1：3）

图版五〇六　AⅠ式瓷碗（M1：5）

图版五〇七　AⅠ式瓷碗（M1：9）

图版五〇八　AⅠ式瓷碗（M1：102）

图版五〇九　AⅡ式瓷碗（M1：26）

图版五一〇　AⅡ式瓷碗（M1：48）

图版五一一　AⅡ式瓷碗（M1：77）

图版五一二　AⅡ式瓷碗（M1：78）

图版五一三　AⅡ式瓷碗（M1：100）

图版五一四　AⅡ式瓷碗（M1：103）

5. 盏

2 件。根据形制的不同分为二型。

A 型　1 件。口部外敞较甚，浅弧腹，饼足。M1：106，砖红胎，内壁施白色化妆土。敞口、尖唇，浅弧腹，小平底。轮制。口径 11、底径 3.9、高 2.8 厘米（图七二，2；图版五一七）。

B 型　1 件。口部外敞，深弧腹，圈足。M1：105，灰胎，内壁及外壁除近底部外皆施酱釉，底部存五个近长方形支钉痕迹。敞口、尖唇，深弧腹，小圈足。轮制。口径 15、足径 4.8、高 6 厘米（图七一，6；图版五一八）。

6. 水盂

1件。M1：7，灰胎，器表中腹以上施白色化妆土。敛口，窄平沿，圆唇，弧肩，鼓腹，腹部以下斜弧内收，平底，最大径在上腹部。轮制。口径7.8、最大腹径13.8、底径8.4、高9.3厘米（图七二，3；图版五一九）。

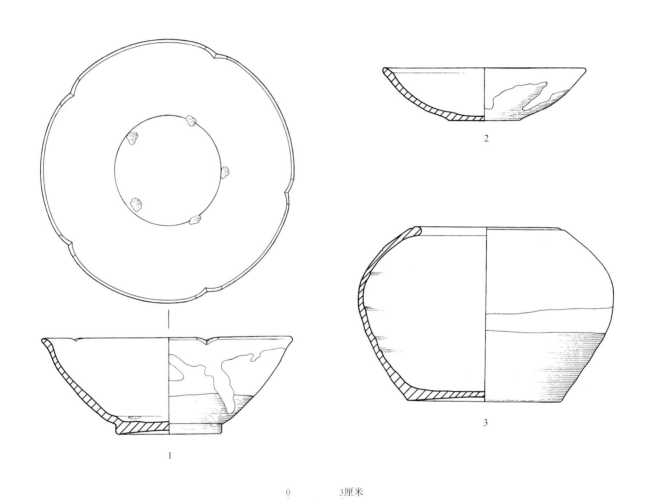

0　　　3厘米

图七二　B型瓷碗、A型瓷盏、瓷水盂
1.B型瓷碗（M1：49）　2.A型瓷盏（M1：106）　3.瓷水盂（M1：7）

图版五一五　B型瓷碗（M1：49）

图版五一六　B型瓷碗（M1：49）葵口

图版五一七　A型瓷盏（M1：106）

图版五一八　B型瓷盏（M1：105）

图版五一九　瓷水盂（M1：7）

第三节　金属器

金属器物共31件（套），主要包括锡器、铜器和铁器。

一、锡器

锡器共9件（套），器形可辨者有腰带1套、环形提手2件、小扣1件、马镫形器1件、珠4件。

1. 腰带

1套。M1：99，出土于棺台附近，鞓部已朽，存带扣、铆钉、銙、铊尾等部件。

带扣　1件。M1：99-1，铆钉已脱落，平面呈字母"C"形，截面略呈椭圆形。长6、最宽处2.8、截面直径0.5厘米（图七三，1；图版五二〇）。

铆钉　1件。M1：99-2，从扣部脱落，与扣连接部位略呈长方形，钉部呈扁舌状，前窄后宽。连接部位长3.2、宽2.3、厚约0.5厘米，钉部长2.3、宽0.7～1.2、厚约0.3厘米（图七三，2；图版五二一）。

铊尾　1件。M1：99-3，断为两片，中部残，平面略呈方形，剖面略内弧，四边带框。长约5.5、宽4.9、厚约0.4厘米（图七三，5；图版五二二）。

銙　4件。其中2件甚残，2件略残。形制一致，原平面略呈弧角长方形。M1：99-4，外侧残，残存部分略呈桃形，上部存小圆孔，中部存方形饰片，饰片锈蚀严重，从探伤X射线图像观察其上刻宝相花纹，饰片与銙体间有四点连接处，似为锡钉。銙最宽4.7、通高6.4、厚约0.3厘米，饰片边长2.7厘米（图七三，3；图版五二三、图版五二四）。M1：99-5，外侧残，略呈圆形，形制与M1：99-4一致，饰品所刻宝相花纹略有差异。銙最宽4.5、残高4.6、厚约0.3厘米，饰片边长2.7厘米（图七三，6；图版五二三、图版五二五）。

2. 环形提手

2件。整体略呈"U"形，两端呈尖头圆柱状，中部呈扁片状，近端部饰两周凹弦纹。M1：98-1，残，一端穿过钉部圆孔，钉部残存部分略呈弧角长方形，残长2.3、宽2.5厘米。提手残长11、端部直径0.5、中部最宽处1.3厘米（图七三，7；图版五二六）。M1：98-2，未见钉部。残长13、端部直径0.5、中部最宽处1.5厘米（图七三，8；图版五二七）。

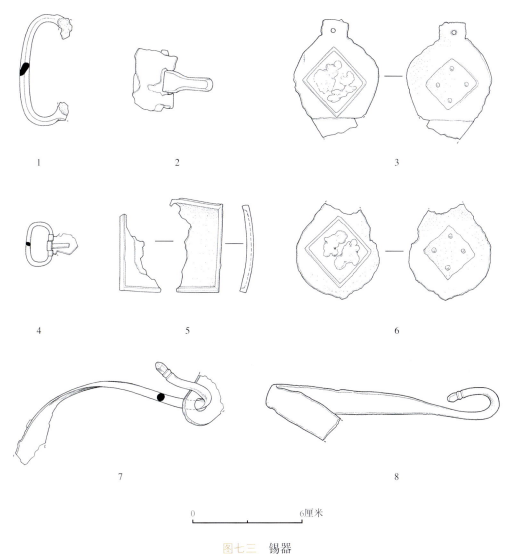

图七三　锡器

1. 带扣（M1：99-1）　2. 铆钉（M1：99-2）　3、6. 带銙（M1：99-4、M1：99-5）
4. 小扣（M1：91）　5. 铊尾（M1：99-3）　7、8. 环形提手（M1：98-1、M1：98-2）

图版五二〇　锡带扣（M1：99-1）　　图版五二一　锡铆钉（M1：99-2）　　图版五二二　锡铊尾（M1：99-3）

图版五二三　锡带銙（M1∶99-4、M1∶99-5）X射线探伤图像

图版五二四　锡带銙（M1∶99-4）

图版五二五　锡带銙（M1∶99-5）

图版五二六　锡环形提手（M1∶98-1）

图版五二七　锡环形提手（M1∶98-2）

3. 小扣

1件。M1∶91，扣部平面呈弧角长方形，铆钉与扣部由细管套合而成，钉呈细条状。扣部长约2.3、宽约1.4厘米，铆钉长1、宽0.2、厚0.2厘米（图七三，4）。

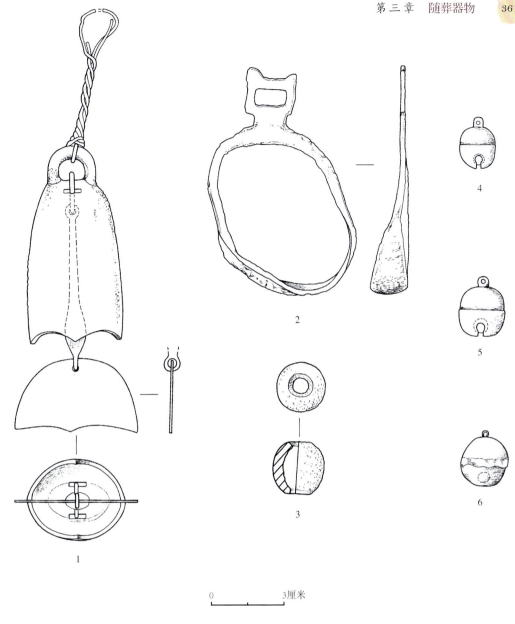

图七四　锡器、铜器

1.A 型铜铃（M1：24）　2.锡马镫形器（M1：89）　3.锡珠（M1：109-1）
4、5.Bb 型铜铃（M1：25-2、M1：25-3）　6.Ba 型铜铃（M1：25-1）

4. 马镫形器

1 件。M1：89，平面呈马镫形，上部略呈长方形，内存弧角长方形孔，下部略呈圆形，整体上窄下宽。最宽处 5.5、底部带宽约 1.6、通高 8.9、厚约 0.2 厘米（图七四，2；图版五二八）。

5. 珠

4 件。形制及规格一致。以 M1：109-1 为例，整体呈球形，中部存圆形穿孔，平面呈同心圆形，剖面呈椭圆形。直径 2.1 厘米，孔长径 2.1、短径 1.2 厘米（图七四，3；图版五二九、图版五三〇）。

图版五二九　锡珠
（M1：109-1）立面

图版五三〇　锡珠
（M1：109-1）侧面

图版五二八　锡马镫形器
（M1：89）

二、铜器

铜器共 19 件，主要为铃铛。

铃铛

19 件。根据形制的不同分为二型。

A 型　1 件。整体呈钟形。M1：24，由系、铃铛、铃舌、坠饰四部分组成。系由长条形铜丝穿过铃铛纽孔后扭曲成辫索状，上部留直径约 1.4 厘米的近圆形圈，系长 5.5、铜丝截面直径 0.1 厘米。铃铛上部为半环状纽，主体呈梯形椭圆筒状，顶部存椭圆形孔，孔内架十字榫卯结构用于悬挂铃舌，下部两角上翘，宽 2 ～ 3.8、通高 7.8、厚 0.2 厘米。铃顶部十字架构下悬挂扁舌状铁铃舌，铃舌上端呈圆形，其内圆孔悬挂于上部十字架构，下部略宽，端部呈圆形，坠饰穿过其内圆孔。坠饰整体呈银杏叶状，上部圆弧，下部呈倒"山"字形，最宽处 5、高 2.9、厚 0.1 厘米（图七四，1；图版五三一～图版五三四）。

B 型　18 件。选取标本 3 件，整体呈圆球状，下部开有铃口，内置一铃珠（图版五三五）。根据提纽形状的不同分为二亚型。

Ba 型　1 件。纽呈环状。M1：25-1，直径 2、纽径约 0.2 厘米（图七四，6；图版五三六～图版五三八）。

Bb 型　2 件。纽呈弧角方形，内有圆形小孔。M1：25-2，略呈椭圆形。长径 1.7、短径 1.5 厘米，纽边长约 0.4 厘米，孔径约 0.1 厘米（图七四，4；图版五三九、图版五四〇）。M1：25-3，下部略宽于上部。直径约 1.9 厘米，纽边长约 0.4 厘米，孔径约 0.1 厘米（图七四，5；图版五四一、图版五四二）。

图版五三一 A型铜铃铛
（M1∶24）正面

图版五三二 A型铜铃铛
（M1∶24）侧面

图版五三三 A型铜铃铛
（M1∶24）顶部

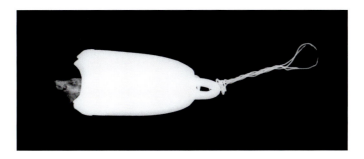

图版五三四 A型铜铃铛（M1∶24）X射线探伤图像

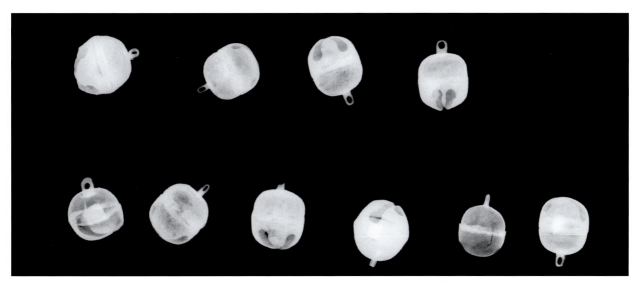

图版五三五 B型铜铃铛（M1∶25）X射线探伤图像

图版五三六　Ba型铜铃铛　　　图版五三七　Ba型铜铃铛　　　图版五三八　Ba型铜铃铛
（M1：25-1）正面　　　　　　（M1：25-1）侧面　　　　　　（M1：25-1）底部

图版五三九　Bb型铜铃铛　　图版五四〇　Bb型铜铃铛　　图版五四一　Bb型铜铃铛　　图版五四二　Bb型铜铃铛
（M1：25-2）正面　　　　　（M1：25-2）底部　　　　　（M1：25-3）正面　　　　　（M1：25-3）底部

三、铁器

　　3件。分别为1件铁链和2件铁环，推测其原为一套，固定于墓顶，用于悬挂棺台上的帷帐。

1. 铁环

　　2件。根据大小分为二型。
　　A 型　1件。规格较大。M1：19，平面呈环状，截面略呈弧角长方形。器表锈蚀严重，与铁链伴出，一侧有与其他部位连接的部件。内径9.7、外径15.2、截面长约2厘米（图七五，1；图版五四三）。
　　B 型　1件。规格较小。M1：8，平面呈环状，截面呈圆形。器表锈蚀严重，与铁链伴出。内径7.4、外径9.5、截面直径1.3厘米（图七五，2；图版五四四、图版五四五）。

2. 铁链

　　1件。M1：20，由一根长条形铁棍扭曲成"R"形，两端连接其他构件。最宽处9.4、通高9.2、棍粗1～1.4厘米（图七五，3；图版五四六）。

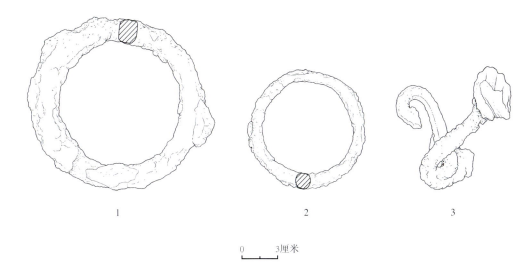

0   3厘米

图七五 铁器

1.A型铁环（M1∶19） 2.B型铁环（M1∶8） 3.铁链（M1∶20）

图版五四三 A型铁环（M1∶19）   图版五四四 B型铁环（M1∶8）

图版五四五 B型铁环（M1∶8）X射线探伤图像   图版五四六 铁链（M1∶20）

6枚，其中1枚残，选取标本5件。皆为开元通宝，制作精细（图版五四七）。形制相似，外郭较宽，背部穿郭宽。钱文较宽，隶意重，"开"字门部两侧对称分布，其内呈"井"字形，"元"字上横略短，"通"字走部点画呈三点状，"宝"字笔画致密紧凑。根据"元"字下横写法和背纹有无分为二型。

A型 3枚。"元"字下横左端上翘。根据背面有无纹饰分为二亚型。

Aa型 2枚。背面穿上存指甲纹。M1：2-1，"元"字下横左端上翘较甚。钱径2.5、穿宽0.7厘米，正面外郭宽0.15、穿郭宽0.05厘米，背部外郭宽0.2、穿郭宽0.1厘米，重2.2克（图七六，1；图版五四八）。M1：2-2，钱币形制、大小及重量与M1：2-1同，仅"元"字下横左端微上翘（图七六，2；图版五四九）。

Ab型 1枚。钱币呈深绿色，背面素面。M1：2-3，"元"字下横左端微上翘。钱径2.5、穿宽0.7厘米，正面外郭宽0.15、穿郭宽0.04厘米，背部外郭宽0.2、穿郭宽0.1厘米，重2.1克（图七六，3；图版五五〇）。

B型 2枚。"元"字下横右端上翘较甚，背部素面。M1：2-4，钱纹稍疏朗。钱径2.5、穿宽0.7厘米，正面外郭宽0.15、穿郭宽0.04厘米，背部外郭宽0.2、穿郭宽0.1厘米，重2.2克（图七六，4；图版五五一）。M1：2-5，钱币形制、大小及重量与M1：2-4同，"通"字走部长且下弧（图七六，5；图版五五二）。

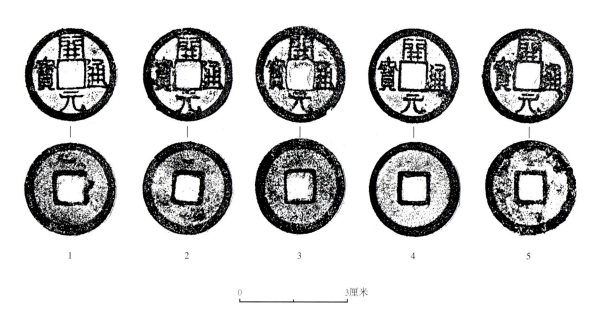

| 1 | 2 | 3 | 4 | 5 |

0　　　　　　　3厘米

图七六 开元通宝拓片

1、2.Aa型（M1：2-1、M1：2-2） 3.Ab型（M1：2-3） 4、5.B型（M1：2-4、M1：2-5）

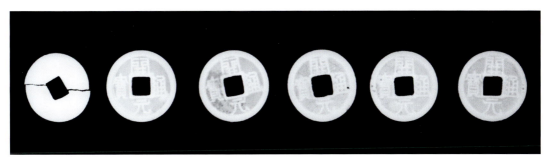

图版五四七　开元通宝（M1∶2）X射线探伤图像

图版五四八　Aa型开元通宝
（M1∶2-1）

图版五四九　Aa型开元通宝
（M1∶2-2）

图版五五〇　Ab型开元通宝
（M1∶2-3）

图版五五一　B型开元通宝
（M1∶2-4）

图版五五二　B型开元通宝
（M1∶2-5）

第五节　砖石质文物

砖石质文物共4件(套)，其中石质文物3件，分别为墓志1合、买地券1件、石人像1件。砖质文物1件，为铭文砖。

一、墓志

1合。红砂岩质，较为细腻。出土时志石与志盖均碎裂散落，志石表面文字为黏土覆盖，经清理保护后，志文清晰可读，内容较为完整。

1. 志盖

M1：4-1，方形盝顶状，有四侧边、四斜刹及中部平顶共九个平面，均打磨平整，覆以墨色。底部向内掏凿，略呈拱形，留有四边，边宽12厘米。底拱凿痕明显，较为粗糙；四边平凿修整，未经细磨，有斜向凿痕。边长114、高6～13厘米，重234千克（图版五五三、图版五五四）。

志盖四侧盖边呈狭长方形，长114、高6～7厘米，素面。四斜刹略呈梯形，为由盖顶向四周斜削出的四个斜侧面，上端边长57.5、下端边长114、高6厘米。四侧脊与底边均阴刻单线勾勒，形成边框，框内阴刻忍冬、莲花图案。构图方式基本相同，图案中心为一大型莲花，莲生藤上，复瓣重台，花瓣呈狭椭圆形，先端渐尖。莲花左右侧各伸展出花梗，二花并蒂，双生相叠而发，花冠为两条舌形带状花瓣，各自向外曲卷，呈谷尾云气形。两对花卉下层均辅以三组叶片，各以两大夹一小的方式分布于花蕾相交处。莲花下方，枝蔓后隐有并生的花冠，裂为两瓣，向外曲卷。四刹主体花卉形态基本相同，仅重台花蕊有所差异，以盖顶志名为中心，两两相对，形成上下、左右两组对称图案。上、下斜刹之重台呈石榴果状，为一层小型仰莲瓣合抱，花瓣先端微缺；左、右斜刹之重台呈菡苕状，为一层小型覆莲瓣承托，花瓣先端微缺。

盖顶为正方形。平面四边刻以双栏边框，并在四角相交，形成四个小型方框。四边双栏内填充"几"字形二方连续几何纹。四角方框内填充×状四瓣花纹。盖顶边框内从右至左竖书，阴刻篆书铭文"大蜀故太师宋王赠太尉徐兖二州牧谥忠武天水赵公墓志铭"，共5行25个大字。

2. 志石

M1 : 4-2，平面呈方形，志面打磨光滑，略呈黑色，表面涂墨，刊刻墓志铭，文字无边框，无方形棋格。四侧边修饰平整，黑色，素面。志底向内掏凿，留有四边，斜直壁，平顶，边宽 12、壁高 6.5 厘米，顶、壁凿痕明显，较为粗糙；四边平凿修整，未经打磨。长 112.4、宽 112、高 12.5 厘米，重 227.8 千克（图版五五五）。

志文以楷书、行楷为主，阴文竖书共 52 行，满行 48 字，共计 2042 字。第 1 行空 1 格首题志名。第 2 行空 16 格，题以撰文者官衔姓名，共 36 字，字形扁平，上下字间距

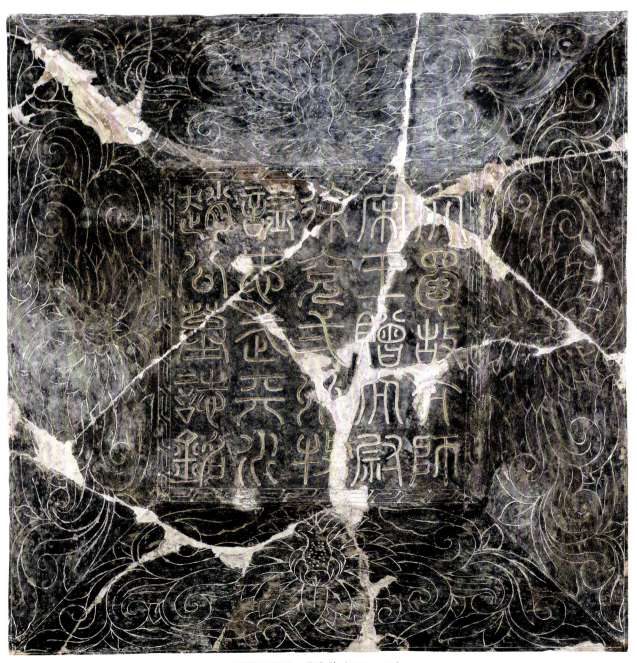

图版五五三　墓志盖（M1 : 4-1）

较正文紧缩。第 3 行空 16 格，题以书丹者官衔姓名，共 25 字，字形方正，上下字间距与正文相类，行末与第 2 行末基本齐平。叙及祖籍世系时，称墓主及其直系祖先，均前空 3 格书写；叙及墓主生平，并以"王"称谓时，空 1 格书写；遇帝王尊号、庙号、谥号，均另起一行，顶格书写；仅书"先皇帝"而不加称帝号时，空 3 格书写；部分以"圣""宸翰"等字代帝王时，空 1 格书写。

　　墓志铭全文分为序、志、铭三大部分，涉及墓主的生平经历、重大功绩、官职封赏、家族世系及死后尊荣等信息，以骈文开篇为序，散文传记为志，骚体韵文结束为铭（图版五五六）。

图版五五四　墓志盖（M1：4-1）拓片

图版五五五　墓志（M1：4-2）

图版五五六　墓志（M1：4-2）拓片

繁体字录文如下：

大蜀故太師宋王贈太尉徐兗二州牧謚忠武天水趙公墓誌銘并序

門吏翰林學士正議大夫行尚書禮部侍郎知制誥兼知貢舉上柱國賜紫金魚袋歐陽炯撰

門吏前眉州軍事判官將仕郎兼監御史賜緋魚袋何堯封書

述夫五運代隆則降非常之主千年契會爰鍾佐命之臣是以山出雲則申伯匡周石投水則留侯輔漢惟

我朝之興霸也旁求夢卜惣攬英雄其有力贊經綸躬親矢石功存王室利濟公家生膺列土之封歿象連山之冢与蕭曹英

衛分鑣並駈者則

故太尉忠武公其人也　　曾祖諱瑩不仕　　祖諱熙不仕　　考諱彥不仕　　姚武昌郡史氏

也　　王諱廷隱字臣賢族本天水胙之土而命之氏史不絕書後因官□居于汴之浚儀即大梁人

梁太祖武皇帝由殿前丞旨歷東頭供奉官年甫弱冠值魏府殺衛軍相州叛逆命師征之三年不剋　王始自策名仕于

軍前五百人自充窟頭潛設地道五十日内收下州城以功除授邢州兵馬都監鎮定兵士攻圍与節帥禦捍半年剋全城

壘轉絳州監押復授晉州建寧軍都監破昭義叛軍于柳谷轉陝州鎮國軍都監自後連任北面□軍馬行營兵馬都監及

安州護戎殺退淮南軍解圍安陸復值荆渚收復襄州將奏請救援勝捷之後尋充復州行營都監收復夔陵郡邑前後八

任前董領兵師所立大功者四五賞袟自太子賓客累官兵部尚書後除天下馬軍都監屬招討使段凝分以贏兵誤為軍道以

其私嫉敗國殄民及出師兗鄆至中都之失利也梁朝革命　王乃隨從　　唐莊宗皇帝入梁　　上□解縛推恩折箭為誓

憲眾小之有嫌間惜始終之謂忠良即時宣充青滄等道印馬使同光三年監護康延孝軍入蜀郡及魏王奏充西川

左廂馬步軍都指揮使值　　明宗朝加撿挍司空漢州刺史南郊恩制加撿挍司徒屬鄰道交兵与都戎□□□

高祖文皇帝鎮臨降公牒依署前職康延孝廻戈作投命　王董眾合謀擒之其後眉之彭山賊帥樊義遠聚徒僅萬活擒其

属無遺類焉暨　　莊□歸迍

等收討武信之次而東川劍關失守特命　王領□三千人徑赴劍州与北軍對壘彼軍八萬餘人　王兩度嘗攻分布擒俘及

親手斫下軍校都頭臨陣傷足潼帥列狀報到

先皇帝降書□□問幷激勵三軍兼命上賓到塞巡撫其□正月十二日收下武信費夏魯奇首級慰諭軍前前之一日北軍

排布逼我劍郡　王獨以一隊據劍之北嶺上駐馬當之□戈奮擊殺戮數騎繼以大軍立摧勍敵遂收復昭武五州之地獻

捷于都城　　先皇帝尋授之昭武兵馬留後到任版築功畢來年歸觀至四月潼帥□□背盟率衆屯于廣漢

先皇帝授　王馬步諸軍都部署隨

駕□征及陣于梭橋　王獨以寧遠軍數千人據橋口与□□□自辰及午力戰數合大敗之□□之間彼帥獻充剗全城壘

□□□□以所得之地議賞屬握兵者妄有觊觎其□□首率衆狀請

□□□□□建保寧軍額授　王充節度兵馬留後陳讓而後受焉

祿階擢按太傅天水縣男食邑三百戶後同五鎮加官受節　先皇帝登位以勸進功□□□進擢按太尉同中書門

下平章事進開國伯加封七百戶賜忠烈扶天保國功臣

今上睿文英武仁聖明孝皇帝嗣位以翊戴功　制授六軍副使加開府階擢按太尉兼侍中封郡侯食邑賜扶天定國安時

保聖功臣復轉授衛　聖諸軍馬步都指揮使仍以東川潛龍重地　制授武德軍節度管內觀風等使加國公食邑五百戶

實封一百戶在任加兼中令食邑一千戶實封二百戶量留六年後加擢按太師廣政七年春　制授守太保武信軍節度管

內觀風等使加食邑實封至十一年夏偶染風恙乞養疾請罷軍權　　上雖允俞以酬功未極　制授守太傅封宋王命

使持節宣冊受封尋賜輿出入殿省十三年同上

尊號制授守太師食邑通前四千五百戶實封通前五百戶封宋王階官勳賜如故其年初冬疾傷膝理至十一月朔薨于成

都縣龍池坊之里第享年六十有六

聖上宸襟震悼輟朝三日命使賻襚備極恩禮以廣政十四年二月十日命使副持節冊贈為太尉兗二州牧謚忠武即以

其月二十二日命太常鹵簿儀仗卜兆遷葬于靈池縣強宗鄉華嚴里之原禮也嗚呼哀哉　王有兄三人長曰景滂次曰景

浩次廷遇任陵州刺史左監門衛將軍姊二人長適武威賈氏次適隴西李氏封天水郡太夫人　王先娶閻氏追封寧國夫人

次李氏封宋國夫人今娶吉氏封鄧國夫人有男三人長崇祚銀青光祿大夫守衛尉卿判太常寺事上柱國是□□□仕于

昭代言行相顧詩禮兼聞次曰崇韜竭忠奉義功臣金紫光祿大夫撿校司徒使持節眉州諸軍事守眉州剌□兼衛□□□

上柱國文武不墜孝友無違六籍為師一麾出守便蕃　渥澤獨擅英奇用表珪璋□□□小男崇奧銀青光祿大夫撿□

左散騎常侍右千牛衛將軍同正兼御史大夫有女七人長適右驍衛將軍黎德昭封天水縣君次適少府監韓德遠不幸早

亡第三女適前利州別駕張匡堯餘皆年幼并以自鍾艱棘號奉　几筵先遠有期哀榮備極以炯素依門館請述誌銘嗚呼

惟　王以望隆三傑瑞比四靈十護戎師累全城壁劍州之役也以三千之勁卒拒八萬之雄軍梭橋之陣也外無壇場之虞

內去腹心之疾椎牛醓酒秣馬勵兵動匪家為忠為己任故得三公命秩一字真封　宸翰靈書盈箱累按

聖上方繫元老遽痛殲良禮備飾終情深悼往永睠南宮之像長流　北闕之恩惟終始之令名類古今之信史摭實紀美諒

無愧辭因譔錄遺芳載為銘曰

大人龍興兮君子豹變　克篤前烈兮勤勞百戰　將孫吳頗牧兮共軌　与英衛李郭兮同傳 其一　劍嶺棧橋兮臨大敵

陷陣摧堅兮功弟一　鍾釜竹帛兮紀元勳　師傅王公兮膚寵秩 其二　門閥盛兮翼子貽孫　天不憗遺兮神理奚論

三公二牧兮謚忠武　卜兆安厝兮旌九原 其三　生為英雄兮威靈如在　泰山如礪兮黃河如帶　竪雙闕兮勒豐碑

垂令名兮傳億載 其四

鐫玉冊官武令昇刻字

句读如下：

　　大蜀故太师宋王赠太尉徐兖二州牧谥忠武天水赵公墓志铭并序。门吏翰林学士、正议大夫、行尚书礼部侍郎、知制诰兼知贡举、上柱国赐紫金鱼袋欧阳炯撰。门吏前眉州军事判官、将仕郎兼监按御史、赐绯鱼袋何尧封书。

　　述夫，五运代隆，则降非常之主；千年契会，爰钟佐命之臣。是以，山出云则申伯匡周，石投水则留侯辅汉。惟我朝之兴霸也，旁求梦卜，揔揽英雄。其有力赞经纶，躬亲矢石，功存王室，利济公家，生膺列土之封，殁象连山之冢，与萧、曹、英、卫分镳并驱者，则故太尉忠武公其人也。王讳廷隐，字臣贤，族本天水，胙之土而命之氏，史不绝书。后因官□居于汴之浚仪，即大梁人也。曾祖讳莹，不仕。祖讳熙，不仕。考讳彦，不仕。妣武昌郡史氏。王始自策名，仕于梁太祖武皇帝。由殿前丞旨，历东头供奉官。年甫弱冠，值魏府杀衙军。相州叛逆，命师征之，三年不克。王时充监护，面奏请军前五百人，自充窟头，潜设地道，五十日内收下州城，以功除授邢州兵马都监属。镇、定兵士攻围，与节帅御捍半年，克全城。垒转绛州监押，复授晋州建宁军都监。破昭义叛军于柳谷，转陕州镇国军都监，自后连任北面□军马军行营兵马都监，及安州护戌，杀退淮南军，解围安陆。复值荆渚，收复襄州，州将奏请救援，胜捷之后，寻充复州行营都监，收复竟陵郡邑，前后八任董领兵师，所立大功者，四五赏袟。自太子宾客，累官兵部尚书，后除天下马军都监属招讨使。段凝分以羸兵，误为军道，以其私嫉败国殃民，及出师兖郓，至中都之失利也，梁朝革命，王乃随从。唐庄宗皇帝入梁，上□解缚推恩，折箭为誓，宪众小之有嫌间，惜始终之谓忠良，即时宣充青沧等道印马使。同光三年，监护康延孝军入蜀郡，及魏王奏充西川左厢马步军都指挥使。值高祖文皇帝镇临，降公牒，依署前职，康延孝回戈乍挞，命王董众合谋擒之。其后眉之彭山贼帅樊义远聚徒仅万，活擒其属无遗类焉。暨庄宗归遐，明宗朝加检校司空、汉州刺史，南郊恩制加检校司徒属。邻道交兵与都戌□□□等，收讨武信之次，而东川剑关失守，特命王领□三千人径赴剑州，与北军对垒，彼军八万余人，王两度尝攻，分布擒停，及亲手研下军校都头，临阵伤足，潼帅列状报到，先皇帝降书□□问，并激励三军，兼命上宾到寨巡抚。其年正月十二日，收下武信，赍夏鲁奇首级，慰谕军前。前之一日，北军排布逼我剑郡，王独以一队据剑之北岭上，驻马当之，□戈奋击，杀戮数骑，继以大军立摧勍敌，遂收复昭武五州之地，献捷于都城。先皇帝寻授之昭武兵马留后，到任版筑功毕，来年归觐。至四月潼帅□□背盟，率众屯于广汉。先皇帝授王马步诸军都部署，随驾□征，及阵于棆桥，王独以宁远军数千人据桥口，与□□□，自辰及午，力战数合，大败之。□□之间，彼帅献充，克全城。垒□□□□，囚所得之地议赏属，握兵者妄有觊觎其□□，□首率众状请先皇兼镇两川，上命副宾甘言慰谕，寻割□□□□□□□□建保宁军额，授王充节度兵马留后，陈让而后受焉。先皇帝封王□□之初，计功命赏，转授加光禄阶检校太傅、天水县男，食邑三百户，后同五镇加官受节。先皇帝登位，以劝进功，□□□进检校太尉同中书门下平章事，进开国伯，加封七百户，赐忠烈扶天保国功臣。今上睿文英武仁圣明孝皇帝嗣位，以翊戴功，制授六军副使，加开府阶检校太尉兼侍中，封郡侯食邑，赐扶天定国安时保圣功臣。复转授卫圣诸军马步都指挥使，仍以东川潜龙重地制授武德军节度、管内观风等使，加国公，食邑五百户，实封一百户，在任加兼中令，食邑一千户，实封二百户，量留六年后，加检校太师。广政七年春，制授守太保、武信军节度、管内观风等使，加食邑实封。至十一年夏，偶染风恙，乞养疾，请罢军权。上虽允俞，以酬功未极，制授守太傅、封宋王，命使持节宣册受封，寻赐肩舆出入殿省。十三年同上尊号，制授守太师，食邑通前四千五百户，实封通前五百户，封宋王阶官勋，赐如故。其年初冬，疾伤腠理，至十一月朔薨于成都县龙池坊之里第，享年六十有六。圣上宸襟震悼，辍朝三日，命使赗襚，备极恩礼。以广政十四年二月十日，命使副持节册，赠为太尉、徐兖二州牧，谥忠武。即以其月二十二日，命太常卤簿仪仗卜兆，迁葬于灵池县强宗乡华严里之原。礼也，呜呼哀哉！王有兄三人，长曰景滂，次曰景浩，次廷遇，任陵州刺史左监门卫将军。姊二人，长适武威贾氏，次适陇西李氏，封天水郡太夫人。王先娶阎氏，追封宁国夫人，次李氏，封宋国夫人。今娶吉氏，封邓国夫人。有男三人，长崇祚，银青光禄大夫、守卫尉卿、判太常寺、事上柱国，是□□□，仕于昭代，言行相顾，诗礼兼闻。次曰崇韬，竭忠奉义功臣、金紫光禄大夫、检校司徒，使持节眉州诸军事、守眉州剌□、兼卫□□、□上柱国，文武不坠，孝友无违，六籍为师，一麾出守，便蕃渥泽，独擅英奇，用表珪璋，□□□□。小男崇奥，银青光禄大夫、检□左散骑常侍、右千牛卫将军同正、兼御史大夫。有女七人，长适右骁卫将军黎德昭，封天水县君；次适少府监韩德远，不幸早亡；第三女适前利州别驾张匡尧。余皆年幼，并以自钟艰棘，号奉几筵，先远有期，哀荣备极，以焖素依门馆请述志铭。呜呼！

　　惟王以望隆三杰，瑞比四灵，十护戎师，累全城壁。剑州之役也，以三千之劲卒拒八万之雄军。榾桥之阵也，外无疆场之虞，内去腹心之疾。椎牛酾酒，秣马励兵，动匡家，为忠、为己任，故得三公命秩，一字真封，宸翰玺书盈箱累按。圣上方縈元老，遽痛歼良，礼备饰终，情深悼往。永眷南宫之像，长流北阙之恩。惟终始之令名类古，今之信史，掫实纪美，谅无愧辞，因撰录遗芳，载为铭曰：

　　大人龙兴兮君子豹变，克笃前烈兮勤劳百战。将孙吴颇牧兮共轨，与英卫李郭兮同传其一。剑岭榾桥兮临大敌，陷阵摧坚兮功第一。钟釜竹帛兮纪元勋，师傅王公兮膺宠秩其二。门阀盛兮翼子贻孙，天不慭遗兮神理奚论。三公二牧兮谥忠武，卜兆安厝兮旌九原其三。生为英雄兮威灵如在，泰山如砺兮黄河如带。竖双阙兮勒丰碑，垂令名兮传亿载其四。

　　镌玉册官武令昇刻字。

　　该墓志确认了墓主人为后蜀宋王赵廷隐，并详细记载其在后梁、后唐至后蜀的生平事迹，涉及了五代十国时期众多的重要历史人物，如后梁太祖朱温，后唐庄宗李存勖、魏王李继岌、明宗李嗣源，后蜀皇帝孟知祥、后主孟昶等五代十国帝王，以及夏鲁奇、董璋、康延孝、段凝、李仁罕等各国重要将领。志文涉及903～951年，诸如后梁魏府牙军之乱、相州叛乱、中都失利等史实，与后唐灭梁、继岌伐蜀、知祥入蜀、擒康延孝、拒后唐军、剑州之役、椠桥之阵等重大历史事件与主要战役，以及后蜀时期将吏劝进、制授六军、位列三公、请罢军权、宋王致仕等主要事迹，为研究这一时期的历史人物与历史事件提供了翔实的考古资料。此外该志文还清晰介绍了赵廷隐的家族世系，为确定赵廷隐和赵崇祚、赵崇韬的关系提供了重要证据，并印证了张虔钊之子张匡尧娶宋王之女的记载，为研究其家族关系、五代官职与封诰制度提供了最具价值的实物资料。其中关于墓葬地点县、乡、里的具体描述，为五代时期成都行政区域划分研究提供了线索。墓主人的入葬时间可与买地券上的文字相互印证，为后蜀广政十四年，即该墓下葬年代为951年。

二、买地券

　　1件。M1：6，出土于甬道南侧。平面呈长方形，长45.5、宽36.5、厚5.6～6厘米。从中部斜向断裂为两大块，裂口券文碎片剥落（图版五五七、图版五五八）。

　　表面经修整，无框，表面涂墨，从左至右，阴刻竖书楷体券文15行，满行17字，共计239字。券文各行顶格书写，文末遇"帝"字，提行后顶格书写。阴刻文字内残留有白灰浆。

　　券文繁体抄录如下：

帝使者汝清律令
人內外存亡安吉急急如五
永避万里若違此約地府主吏自當其禍主
人今日直符故炁邪精不得忏悋先有居者
營安厝已後永保貞吉知見人歲月主者保
酒食百味香新共為信契財地交付工匠修
犯呵禁之者將軍停長收付河伯今以牲牢
軍整齊阡陌千秋万歲永無殃咎若輒有忏
拘陳分掌四域丘承墓陌封步界畔道路將
至青龍西至白虎南至朱雀北至玄武內方
之原安厝其地謹用五綵信錢買得此地東
叶從相地襲吉宜於靈池縣強宗鄉華嚴里
武天水趙公地券生居城邑死安宅兆龜筮
二日甲寅故宋王贈太尉徐兖二州牧謚忠
維廣政十四年歲次辛亥二月癸巳朔二十

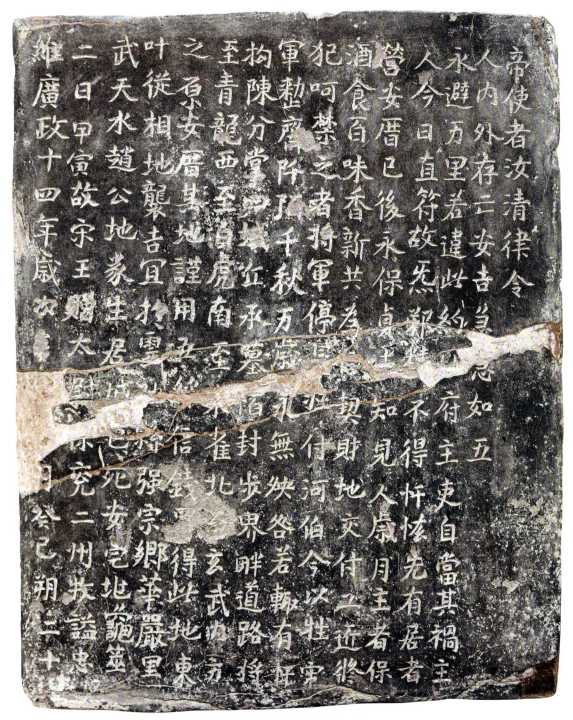

帝使者汝清律令

人内外存二安吉是□

永今避万里若违此约给□

人今日直符故慝郡□□□

营安厝已後永保卓□

酒食百味香新共考□

犯呵禁之者将军得停□墓□

军勤齐阶□千秋万□至墓□

构陈分堂至道扇南承至墓□

至原安厝其地谨用□□

之青龙西曆其地吉宜於□□

叶从相地襲吉宜生君□成□

武天水赵公宗王赐太□□

二日甲寅故宗王赐太□

雄广政十四年岁次□□

如五

府主□□吏自當其祸主

不得□□□□先有居主

知见人怵恢□□□□近者终保者

地灭歲月付□□主□

财付河伯若今以付□牲□

无付无河界畔若道路有□□宝

契封北步峡界各得道路将□任

钱崔□封□□得此武地□

强宗已乡邑萆严里东方

死女宗□乡邑□□□里

二州共益忠□

月癸巳朔二十□

图版五五七　买地券（M1：6）

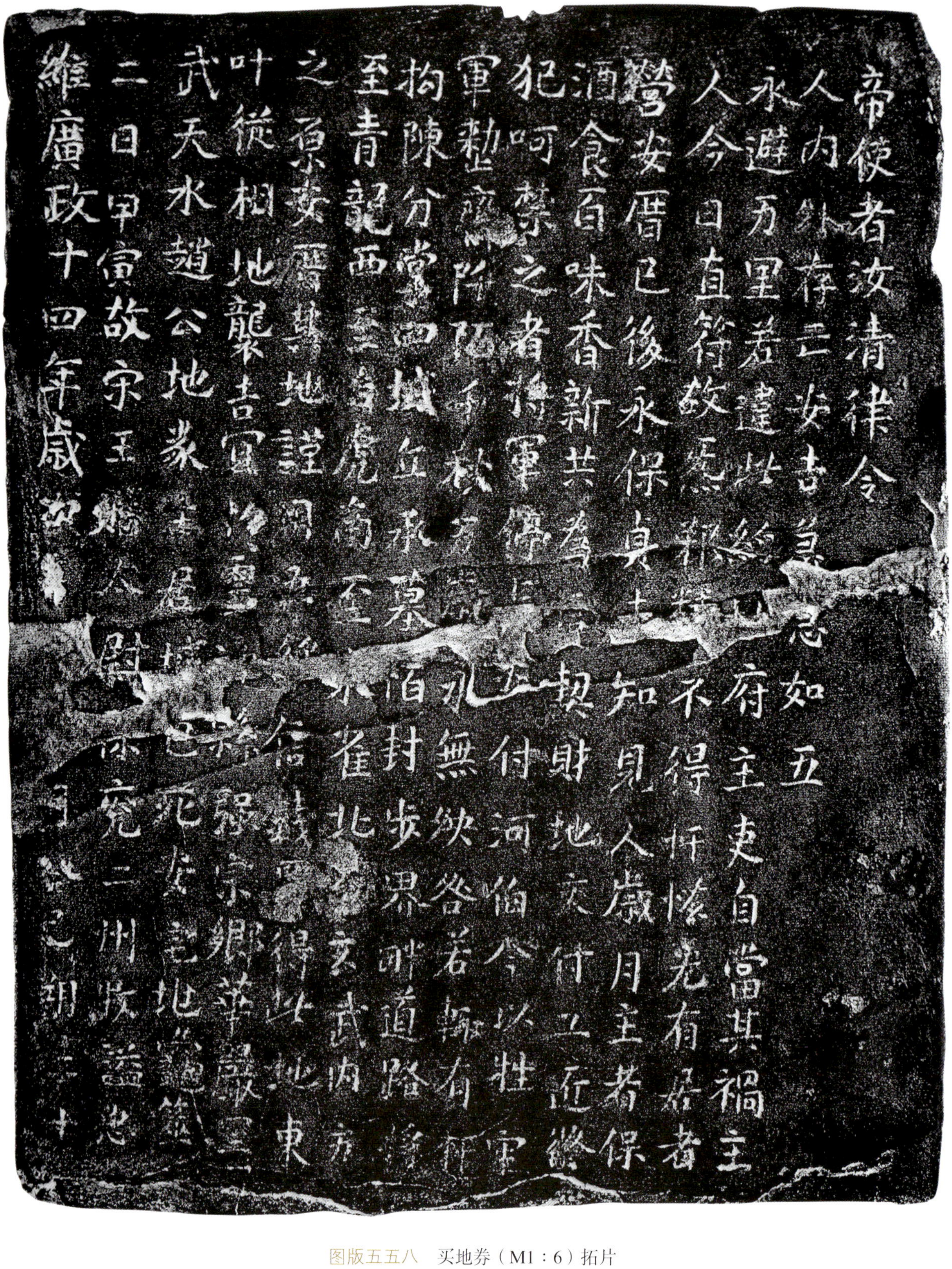

维广政十四年岁次□
二日甲寅故宇王赠太
武从天水赵公宇王
叶从天水赵公地氷地□
之原安厝集地谨□
至青记西至□城
拘陈分掌西至白城虎丘
军勃廊陌何校承至墓
犯呵禁之者将军停
酒食百味香新其军停
弯安厝已后永保真
人今日直符故敢凭报其
永避力里若违此安吉
人内外存二安吉
帝使者汝清徉令皇

□□□□佰雀封北步□界□
□□□无水河伯□
知付财地人□
不得□见人□老有君
府主五吏自当其禍保主
如□□□□□□□□者主

图版五五八　买地券（M1：6）拓片

句读如下：

维广政十四年，岁次辛亥，三月癸巳朔，二十二日甲寅，故宋王赠太尉、徐兖二州牧、谥忠武、天水赵公地券。生居城邑，死安宅兆，龟筮叶从，相地袭吉。宜于灵池县强宗乡华严里之原安厝其地。谨用五彩信钱买得此地。东至青龙，西至白虎，南至朱雀，北至玄武。内方拘陈，分掌四域；丘承墓陌，封步界畔；道路将军，整齐阡陌。千秋万岁，永无殃咎。若辄有忓犯，呵禁之者，将军停长，收付河伯。今以牲牢酒食，百味香新，共为信契。财地交付，工匠修营安厝。已后永保贞吉。知见人：岁月主者。保人：今日直符。故气邪精，不得忓吝，先有居者，永避万里。若违此约，地府主吏，自当其祸。主人内外存亡安吉。急急如五帝使者汝清律令。

券文前三行详细记载了墓主人的入葬时间、官封、姓氏、籍贯及入葬地点，能与墓志铭相互印证，对确定墓主人身份和下葬时间有重要意义。除了墓葬时间、地点及墓主身份等代表墓主相关信息外，其他文字均与成都无缝钢管厂后蜀墓、成都东郊后蜀张虔钊墓[78]、彭山后蜀宋琳墓[79]、华阳骑龙"欧香小镇"宋墓 M31[80] 等出土的买地券行文雷同，仅个别文字的表达和书写方式有所差异，可能为当时比较流行且格式化的买地券形式。

该类型的买地券，在同一时期全国范围内都有发现，所述文字具有典型性，带有浓烈的道教色彩，丰富了五代墓葬和道教考古资料，对研究唐至宋代道教文化、地理堪舆和墓葬习俗等都有十分重要的意义，也为研究汉字古书的用字现象、文字发展演变提供了重要的实物材料。

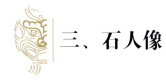

三、石人像

1 件。M1：10，细红砂岩石质，圆雕。发现于墓室棺台上，出土时已碎裂，头部缺失，断裂为 26 块，头戴幞头，身着袍服，腰系带，正襟危坐，双手捧笏于胸前。前胸、后背衣纹如叶脉式样，膝前衣纹呈波浪形，线条简洁。残有白灰浆，风化严重，表层粉化剥落，有彩绘痕迹。残存的幞头、衣纹等服饰特征以及形象、姿态等与该墓出土庭院模型中的墓主像相似。宽 15.5、厚 14、残高 27 ～ 30 厘米，重 8.6 千克（图七七；图版五五九～图版五六二）。

图七七　石人像（M1∶10）
虚拟修复后尺寸

图版五五九　石人像
（M1∶10）正面

图版五六〇　石人像
（M1∶10）左侧面

图版五六一　石人像
（M1∶10）右侧面

图版五六二　石人像
（M1∶10）背面

四、铭文砖

1件。M1∶11，青色。原为长方形，现已残。背面裸露，未经修饰，较粗糙。正面与四侧均涂以白灰浆，边角再勾勒以朱线，其正面阴刻填朱楷书"子孙昌茂大吉"六个大字。背面和断面局部颜色较深，呈暗褐色，似为存焦灼痕迹的过火砖。残长32、宽22、厚4～5.5厘米（图版五六三、图版五六四）。

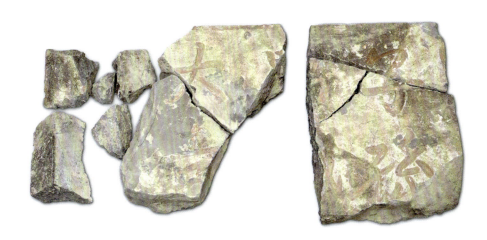

图版五六三 铭文砖（M1∶11）正面

图版五六四 铭文砖（M1∶11）背面

一、庭院模型

1套。M1：58，位于主室与后耳室交界部位西北角，出土时被 B 型男侍俑（M1：59）叠压，后经修复。泥质灰陶，器表施黄白色化妆土和红、黑等颜色彩绘。平面略呈长方形，左右长 146、前后宽 112.5、最高处 59.2 厘米。由院门、左右楼阁、中心楼阁、后房、院墙组成，其中院门、左右楼阁、后房、院墙围合成封闭的院落。庭院以院门、中心楼阁和后房形成中轴线，两侧院墙、左右楼阁均对称分布（图七八；图版五六五～图版五七〇）。

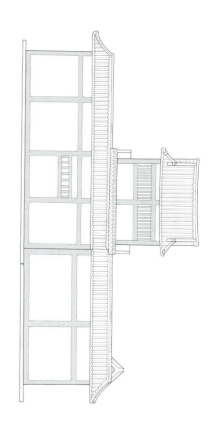

整个庭院由七部分拼合而成，分别编号 A～G，以下分别对各部分进行描述。

A 部分，位于庭院模型右前角，整体呈曲尺状，构成前院墙右侧和右院墙前侧。前院墙部分长 51.2、近院门侧高 30、近右墙侧高 26.8 厘米。右院墙部分长 40、高 26.8 厘米，墙下存厚约 1 厘米的曲尺状底板。院墙为悬山顶，脊、瓦垄结构较清晰，前院墙和右院墙交界处屋檐斜脊起翘，墙顶全饰黑彩，顶部宽约 13.6 厘米。前院墙左侧靠院门处另砌一人字坡顶，顶长 31.2、宽 17.6、较院墙顶升高约 3.2 厘米。院墙内外侧用红彩绘柱、地栿、梁枋，前院墙外侧右边用黑彩绘长方形直棂窗（图七九；图版五七一～图版五七七）。

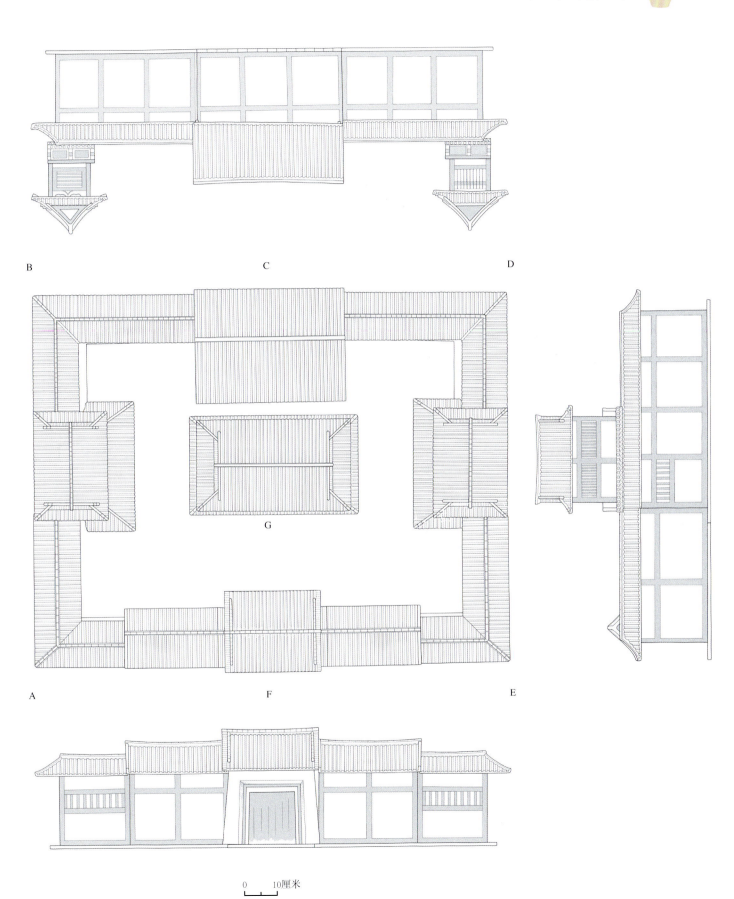

B　　　　　　　　　　　C　　　　　　　　　　　D

A　　　　　　　　　　　F　　　　　　　　　　　E

G

0　　10厘米

图七八　庭院模型（M1∶58）俯视、院外正视图

图版五六五　庭院模型（M1∶58）正面全景

图版五六六　庭院模型（M1∶58）左前侧全景

图版五六七　庭院模型（M1∶58）左侧全景

图版五六八　庭院模型（M1∶58）背面全景

图版五六九　庭院模型（M1∶58）右侧全景

图版五七〇　庭院模型（M1：58）右前侧全景

　　B 部分，位于庭院模型右后角，整体
呈曲尺状，构成右侧阁楼、右院墙后侧和后
院墙右侧。右院墙部分长 58.4、高 26.8 厘米，
后院墙部分长 43.3、高 26.8、宽 14 厘米，
墙下存厚约 1 厘米的曲尺状底板。院墙为
悬山顶，脊、瓦垄结构较清晰，右院墙和
后院墙交界处屋檐斜脊起翘，墙顶饰黑彩，
顶部宽约 14 厘米。右院墙前端为庭院右侧
楼阁，由上下两层构成，总高 50.8 厘米。
上层建筑为歇山顶，面朝中心楼阁，四壁
用红彩绘柱和梁枋，正面中部用红彩绘双
扇门，门中部用横向细黑线装饰。门两侧
用竖向黑线画直棂窗，门上用三个圆形金
片饰门楣。两侧壁山墙用黑色横线绘窗棂，
后墙用黑色竖线绘直棂窗。上层房屋面阔
25.6、进深 12.8、高 24.8 厘米。房屋前、
左、右三侧存长方形钩阑，高 5.2 厘米，上
部饰红彩，下部近底处用黑彩、白色化妆
土绘制乳钉纹状底柱，其下饰阴刻三角形
纹。下层顶部中空，四侧整体为四阿顶。
屋前用檐柱支撑三面坡，檐柱与正墙之间
构成回廊，两侧廊墙上用淡红彩绘直棂窗。
屋后为单面坡。房屋前壁中部用黑线绘木
门两扇及门框，门上施朱彩，每扇门上绘
黑色门钉 9 个，并各绘带环铺首 1 个。后
壁用红彩绘梁枋，并用黑色竖线绘长方形
直棂窗。下层房屋面阔 28.6、进深 19.2、
高 26 厘米。其余院墙内外侧用红彩绘柱和
梁枋，后院墙内侧中部绘两扇半开朱门，
门侧用红彩绘近方形直棂窗（图八〇、图
八一；图版五七八～图版五八三）。

　　C 部分，为后房，位于后院墙中部，D
部分和 B 部分后院墙与其后壁两侧相接，
其在庭院中轴线最后端。房为单层，悬山
顶，前坡略高，后坡略低。朝向中心楼
阁，四壁用红彩绘柱及梁枋，前壁中部用
红、黑彩绘纵横线条交织而成的格子门两

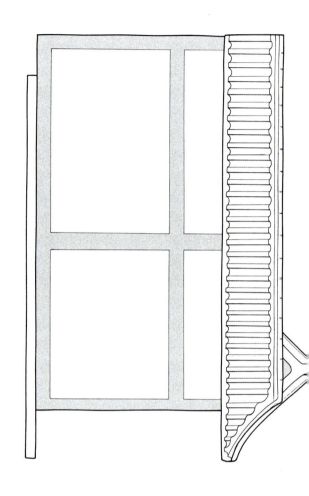

图七九　庭院模型（M1∶58）
A部分俯视、院外正视图

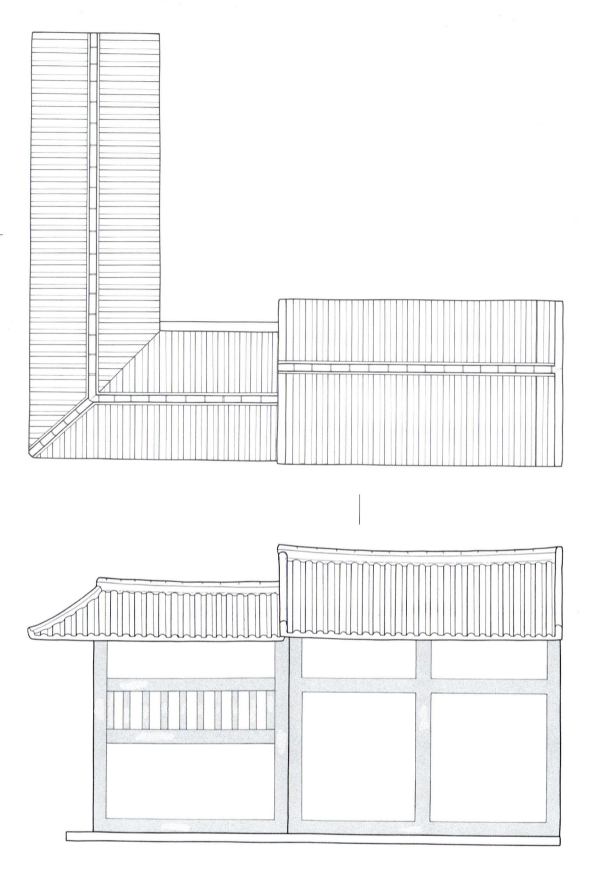

0　　　　　10厘米

图版五七一　庭院模型（M1∶58）A部分俯视

图版五七二　庭院模型（M1∶58）A部分外侧全景

图版五七三　庭院模型（M1∶58）A部分前院墙外侧正面

图版五七四　庭院模型（M1：58）A部分右院墙外侧正面

图版五七五　庭院模型（M1：58）A部分内侧全景

图版五七六　庭院模型（M1∶58）A部分前院墙内侧正面

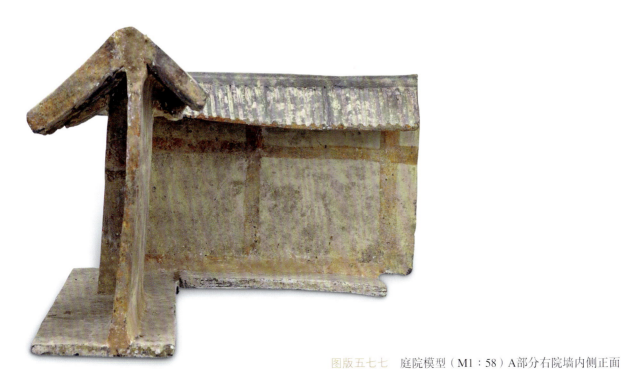

图版五七七　庭院模型（M1∶58）A部分右院墙内侧正面

图八〇　庭院模型（M1∶58）B部分俯视
和院外正视图

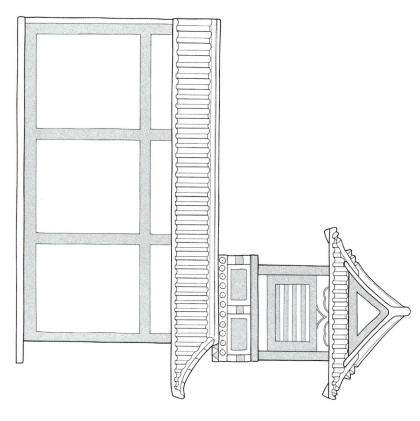

扇，门两侧用红彩内留白方式绘桃形壶门。两侧壁檐下饰卷云状悬鱼。后房面宽42.7、进
深18.8、高38.7厘米，其下存厚约1厘米的长方形底板，板侧墨绘竖纹（图八二；图版
五八四～图版五八八）。

D部分，位于庭院模型左后角，其与B部分对称分布，构成左侧楼阁、左院墙后部
和后院墙左部，结构、规格和装饰与B部分亦极为相似，此处不赘。仅左楼阁上层房屋用
三个方形金片饰门楣，门楣上侧绘制粗糙的人字形补间铺作。下层房屋檐墙下部用红彩绘
桃形壶门（图八三～图八五；图版五八九～图版五九五）。

E部分，位于庭院模型左前角，其与A部分对称分布，构成左院墙前部和前院墙左
部，结构、规格和装饰与A部分亦极为相似，此处不赘（图八六；图版五九六～图版
六〇二）。

F部分，为庭院院门，位于前院墙中部，E部分和A部分的前院墙与其左右两侧相接。
由底板、门墙、门框、屏风和顶部组成。底板平面呈长方形，长26.5、宽23.8、厚1厘米。
门墙剖面略呈梯形，上窄下宽，底部宽29、厚1.2厘米。门墙中部用红彩绘梯形门框，上
宽18.8、下宽22.3、高18.8厘米。门框往内约1厘米即为院门，正面开敞无门，或为木
质门已朽，门洞略呈梯形，顶部宽13.6、底部宽14.4、高15.4厘米。屏风剖面略呈方形，
立于门后，距门约11.2厘米。其上隐约可见等距阴刻竖线，宽20、高21.2、厚1厘米。
顶部为悬山顶，长29、宽23.8厘米。由两侧绕屏风进入庭院（图八七；图版六〇三、图
版六〇四）。院门通过围廊与左右楼阁连接。

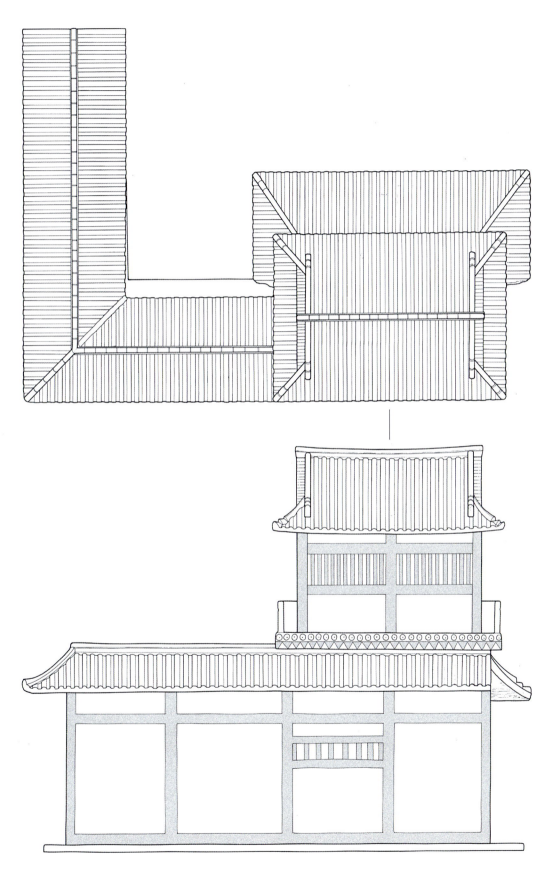

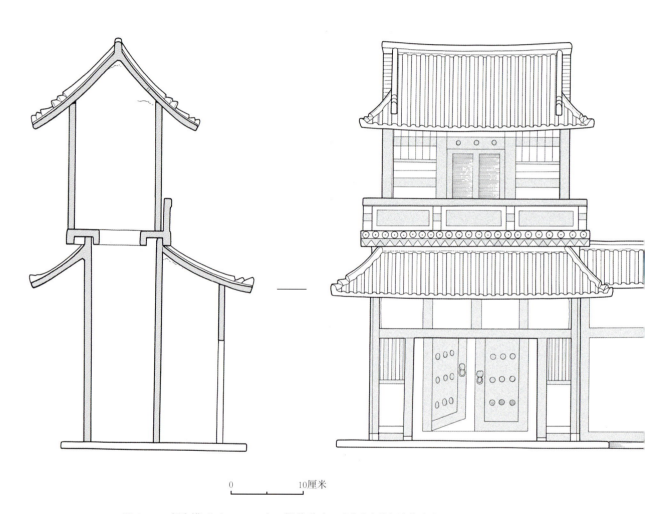

0　　　　　　10厘米

图八一　庭院模型（M1：58）B部分院内正视图及楼阁剖视图

图版五七八　庭院模型（M1∶58）B部分外侧全景

图版五七九　庭院模型（M1∶58）B部分右院墙外侧正面

图版五八〇　庭院模型（M1∶58）B部分后院墙外侧正面

图版五八一　庭院模型（M1∶58）B部分内侧全景

图版五八二　庭院模型（M1：58）B部分右院墙内侧正面

图版五八三　庭院模型（M1：58）B部分后院墙内侧正面

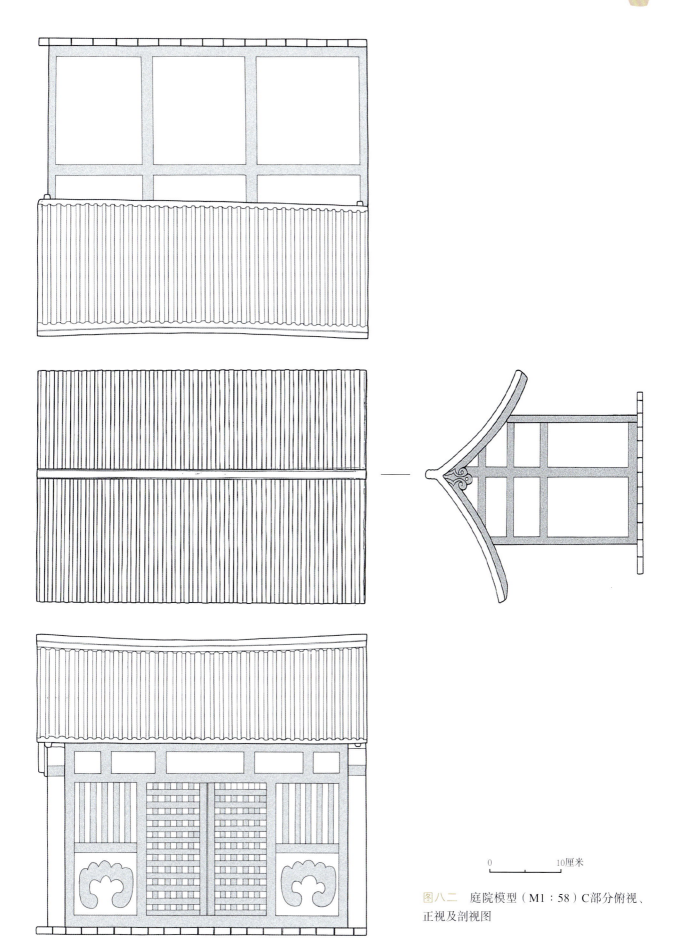

0 ——————— 10厘米

图八二 庭院模型（M1：58）C部分俯视、
正视及剖视图

图版五八四　庭院模型（M1：58）C部分正面

图版五八五　庭院模型（M1∶58）C部分左侧

图版五八六　庭院模型（M1∶58）C部分后壁

图版五八七　庭院模型（M1：58）C部分左前侧

图版五八八　庭院模型（M1：58）C部分俯视

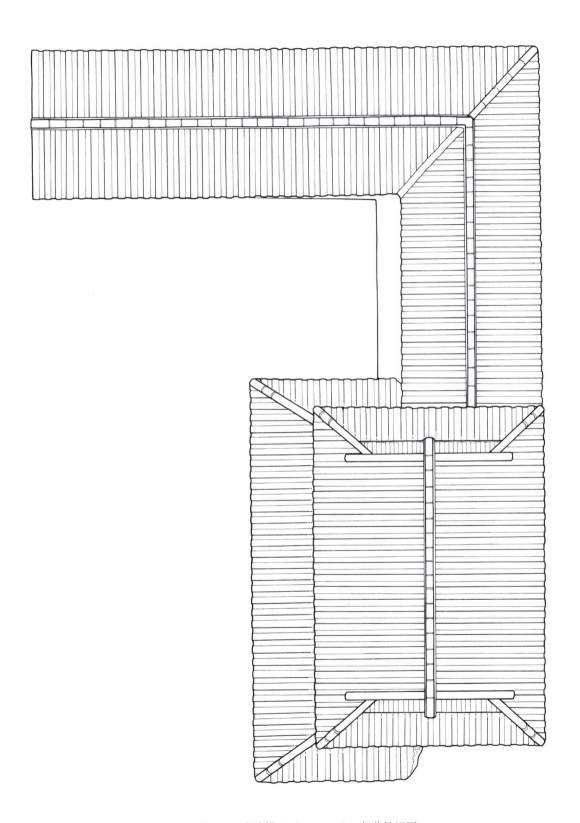

图八三 庭院模型（M1:58）D部分俯视图

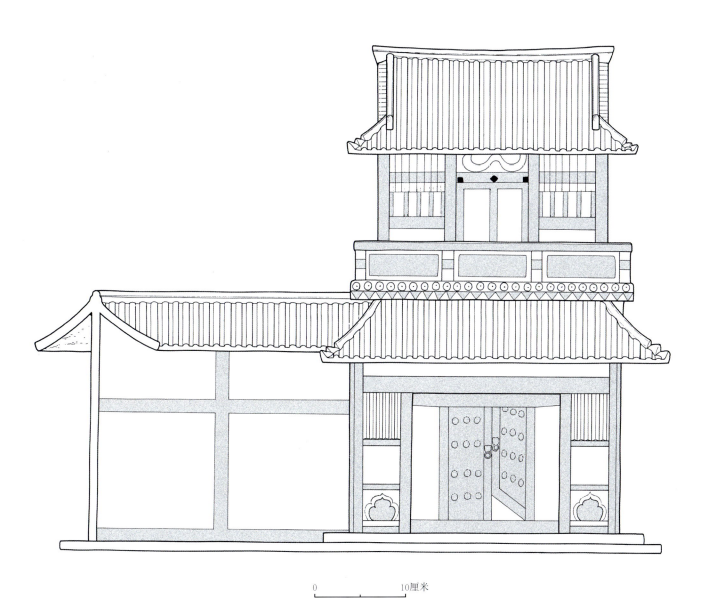

0 　　　　　　　10厘米

图八四　庭院模型（M1∶58）D部分院内正视图

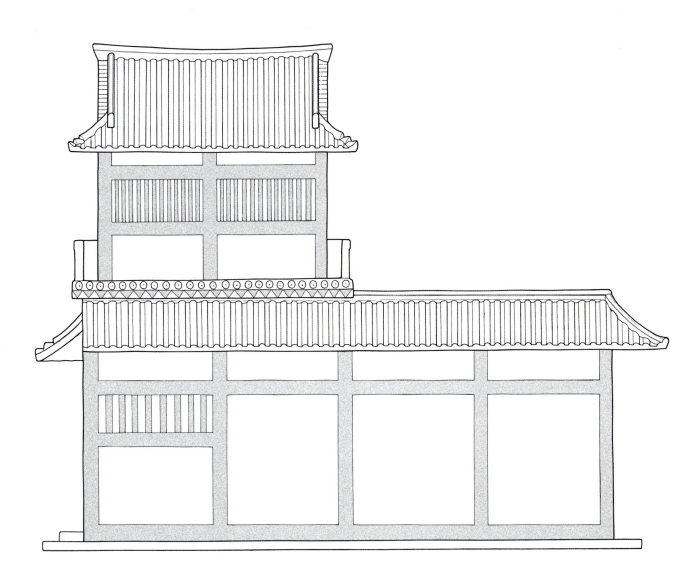

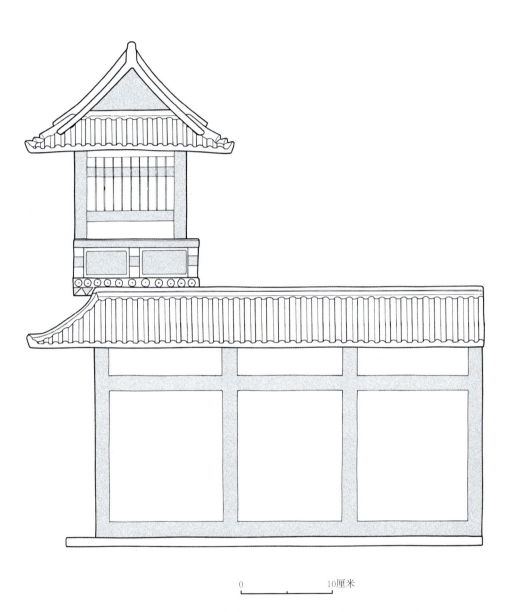

0　　　　　　　　10厘米

图八五　庭院模型（M1∶58）D部分院外正视图

图版五八九　庭院模型（M1∶58）D部分外侧全景

图版五九〇　庭院模型（M1∶58）D部分左院墙外侧正面

图版五九一　庭院模型（M1∶58）D部分后院墙外侧正面

图版五九二　庭院模型（M1∶58）D部分内侧全景

图版五九三　庭院模型（M1∶58）D部分左院墙内侧正面

图版五九四　庭院模型（M1∶58）D部分后院墙内侧正面

图版五九五　庭院模型（M1∶58）D部分俯视

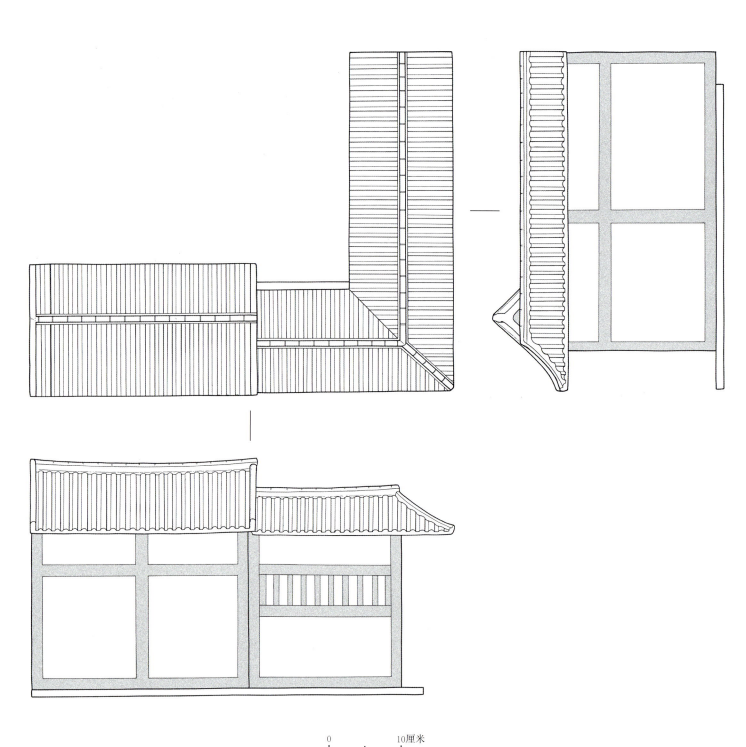

0   10厘米

图八六　庭院模型（M1∶58）E部分俯视、院外正视图

图版五九六　庭院模型（M1∶58）E部分外侧全景

图版五九七　庭院模型（M1∶58）E部分左院墙外侧正面

图版五九八　庭院模型（M1∶58）E部分前院墙外侧正面

图版五九九　庭院模型（M1∶58）E部分内侧全景

图版六〇〇　庭院模型（M1∶58）E部分左院墙内侧正面

图版六〇一　庭院模型（M1∶58）E部分前院墙内侧正面

图版六〇二　庭院模型（M1：58）E部分俯视

　　G部分，为中心楼阁，位于院落中部略靠后。朝向院门，底部存长方形底板，板长51、宽30、厚1厘米。楼阁双层，总高59.2厘米。上层为单檐歇山顶，四壁用红彩绘柱和梁枋，前壁正中用红彩绘双扇门，每门中部一红彩柱，两侧用横向细墨线画出栅格，门额之上绘制粗糙的人字形补间铺作。门两侧上部用竖向墨线画出近方形直棂窗。后壁用墨线画出两个并排长方形直棂窗，两侧壁山墙饰卷云纹。房屋四侧存长方形钩阑，前后壁前各立四望柱，柱顶饰桃形柱头，望柱之间为栏板，栏板上部为寻杖，下部用阴刻线表现"卧棂造"花板。钩阑高6.8厘米，其上饰红彩，柱头描金，下部近底处用黑彩、白色化妆土绘制乳钉纹状底柱。上层房屋面阔33.2、进深13.2、高32.8厘米，屋顶脊部长36、檐部长46、檐部宽27.6厘米。下层房屋为四阿顶，正面开敞，四面出檐。四壁用红彩绘柱及梁枋，后壁内外侧及两侧壁外侧皆用墨线绘山水画，内容以山水草木虫鸟为主，构图精妙，丘壑内营，又以草木微斜和飞鸟成行表示气动神流，实属佳品。下层房屋面阔38.2、进深14.5、高25.2厘米（图八八～图九五；图版六〇五～图版六〇八）。

屏风

0　　　　　　　　10厘米

图八七　庭院模型（M1∶58）F部分俯视、院外正视、剖面图

图版六〇三　庭院模型（M1：58）F部分外侧正面

图版六〇四　庭院模型（M1：58）F部分各构件

0　　　　10厘米

图八八　庭院模型（M1 : 58）G部分俯视、正视、剖面图

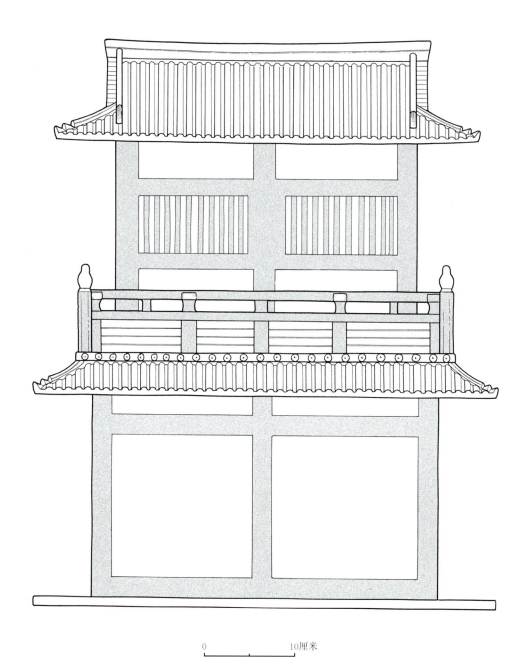

0   10厘米

图八九　庭院模型（M1∶58）G部分后壁正视图

0 ├──────────────┤ 10厘米

图九○　庭院模型（M1：58）G部分下层房屋后壁山水画

图九一 庭院模型（M1∶58）G部分下层房屋后壁山水画

图九二　庭院模型（M1∶58）G部分下层房屋后壁山水画

0   10厘米

图九三　庭院模型（M1∶58）G部分左侧壁山水画

图九四　庭院模型（M1∶58）G部分下层房屋左侧壁山水画　　图九五　庭院模型（M1∶58）G部分下层房屋右侧壁山水画

图版六〇五　庭院模型（M1 : 58）G部分正面

图版六〇六　庭院模型（M1：58）G部分左壁　　　　图版六〇七　庭院模型（M1：58）G部分右壁

图版六〇八　庭院模型（M1：58）G部分后壁

二、庭院模型内陶俑和模型器

　　庭院中出土陶俑共17件，其中小型人俑16件、马俑1件。人俑中坐俑1件、立俑15件。另出土模型陶灶和陶井各1件（图九六）。这些陶俑和模型器虽多为捏制，但装饰精细，大部分施彩描金，与庭院模型构成有机整体，应是墓主人生前居所的真实写照。下文按分布区域报告各陶俑及模型器情况。

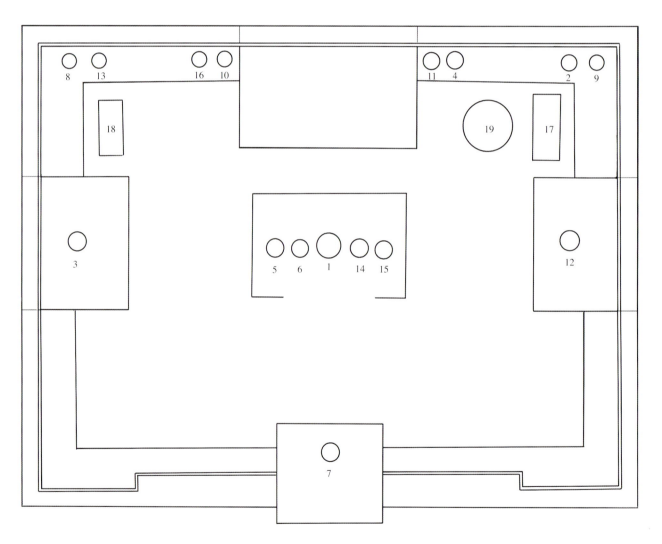

图九六　庭院模型（M1∶58）内各陶俑及模型器分布位置示意图

1.坐俑　2、8、9、13～15.女侍俑　3～7、10～12、16.男侍俑　17.马俑　18.灶模型　19.井模型

1. 中心楼阁下层（G部分）

　　5件，中间1件为坐俑，坐俑两侧各立侍俑2人。坐俑编号M1∶58-1，其余四俑编号分别为M1∶58-5、M1∶58-6、M1∶58-14、M1∶58-15。坐俑右侧为两男侍俑，左侧为两女侍俑，5件俑皆施彩描金，说明在庭院中地位显赫。

　　坐俑　1件。M1∶58-1，泥质灰陶，全身施彩，头部描金。男性，浓眉高鼻，宽额大耳，面带笑容。双手拢于袖中置于胸前，胸前似捧有长方形笏板。头戴黑色幞头，幞头前低后高，前宽后窄，前平后圆，底部有窄缘，两侧巾带自后部向前斜拉并打结于前顶。身着红色圆领长袍，袍长及脚，腰间束红色带，足蹬黑色圆头鞋。俑坐于高椅，椅靠背高及俑肩，上端横木伸出若牛角状，其上残存描金痕迹。椅侧面呈"h"形，足和横梁上残存黑彩和描金痕迹。椅前有须弥座状踏脚，器表描金，中部略束腰，前侧束腰部分中间阴刻两桃形壶门。从服饰及姿态判断，坐俑应为该庭院模型中地位最尊贵者，即墓主人赵廷隐。俑最宽7.4、高15厘米，椅背宽约7.4、侧面宽5、高12.3厘米，踏脚平面略呈长方形，长7.4、宽3.7、高2厘米，中部四边略内束0.3厘米，通高18厘米，重0.364千克（图九七；图版六〇九～图版六一二）。

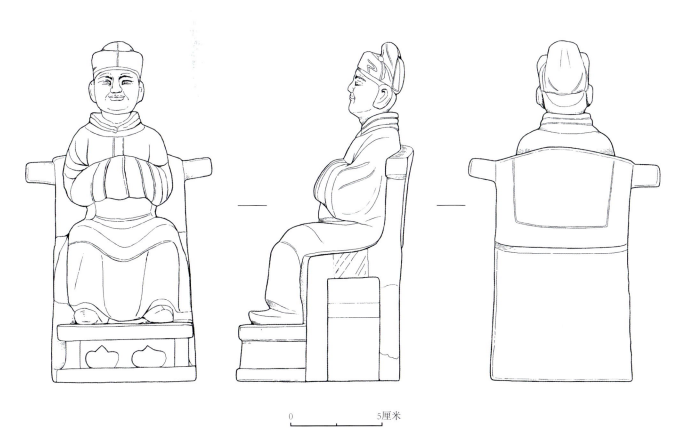

0　　　　　　　　5厘米

图九七　庭院模型G部分坐俑（M1∶58-1）

图版六〇九　庭院模型G部分坐俑
（M1：58-1）正面

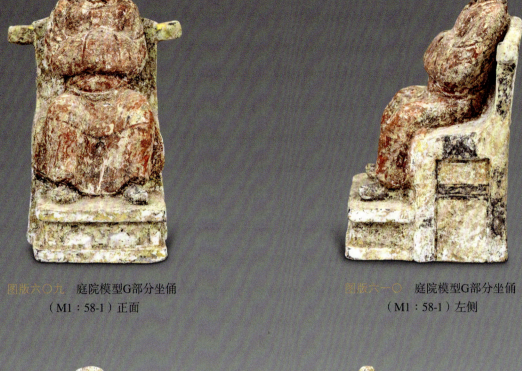

图版六一〇　庭院模型G部分坐俑
（M1：58-1）左侧

图版六一一　庭院模型G部分坐俑
（M1：58-1）背面

图版六一二　庭院模型G部分坐俑
（M1：58-1）右侧

0　　　　　　　5厘米

图九八　庭院模型G部分男侍俑（M1：58-5）

男侍俑　2件。M1：58-5，泥质灰陶，全身施彩。立姿。面带微笑。双手于胸前作叉手礼。头戴黑色幞头，幞头前低后高，前宽后窄，前平后圆，底部有窄缘，两侧巾带自后部向前斜拉并打结于前顶。外穿红色圆领长袍，袍长及地，两侧自股部开衩。内着红色及膝短袍，袍下摆两侧有褶皱。腹部微鼓，红色革带束于鼓腹下，后部可见长方形带銙，鞢尾压于带下并垂于身左后侧。下着大口裤。俑最宽3.7、高11.8厘米，重0.076千克（图九八；图版六一三～图版六一六）。M1：58-6，泥质灰陶，全身施彩。立姿。目微闭，面带笑意。双手于胸前作叉手礼。头戴风帽，顶部略呈圆形，帽后巾盖肩。外穿红色圆领长袍，袍长及地，两侧自股部开衩。内着红色及膝短袍，

图版六一三　庭院模型　　　图版六一四　庭院模型　　　图版六一五　庭院模型　　　图版六一六　庭院模型
　　G部分男侍俑　　　　　　　G部分男侍俑　　　　　　　G部分男侍俑　　　　　　　G部分男侍俑
　　（M1：58-5）正面　　　　（M1：58-5）左侧　　　　（M1：58-5）背面　　　　（M1：58-5）右侧

袍下摆两侧有褶皱。腹部微鼓，红色革带
束于鼓腹下，后部可见长方形黑色带銙，
黑色鞢尾压于带下并垂于身左后侧，其上
残存描金痕迹。下着大口裤。俑最宽 3.1、
高 10.6 厘米，重 0.068 千克（图九九；图
版六一七～图版六二〇）。

　　女侍俑　2 件。M1：58-14，泥质灰陶，
全身施白色化妆土。立姿。面容丰腴，略
带笑意。双手拢于袖中置于腹前。头梳抱
面高髻，髻顶略呈环状。上身外着对襟褙子，
前摆略短于后摆，褙子两侧自腰间开衩。
内着及地长裙，前摆长至脚踝，后摆曳地。

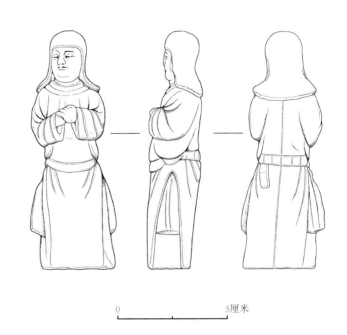

图九九　庭院模型G部分男侍俑
（M1：58-6）

0　　　　　　　5厘米

图版六一七　庭院模型　　　图版六一八　庭院模型　　　图版六一九　庭院模型　　　图版六二〇　庭院模型
　　G部分男侍俑　　　　　　　G部分男侍俑　　　　　　　G部分男侍俑　　　　　　　G部分男侍俑
　（M1：58-6）正面　　　　　（M1：58-6）左侧　　　　　（M1：58-6）背面　　　　　（M1：58-6）右侧

0　　　　　　　5厘米

前摆下露出直缘蔽膝状饰。下着大口裤。俑最宽3.7、高13厘米，重0.094千克（图一〇〇；图版六二一～图版六二四）。

M1：58-15，泥质灰陶，全身施彩。立姿。面容丰腴，表情严肃。双手拢于袖中置于腹前。头梳抱面高髻，髻顶呈环状。上身外着红色对襟褙子，前摆略短于后摆，褙子两侧自腰间开衩。内着红色及地长裙，两侧未见开衩。俑最宽3.4、高12.4厘米，重0.084千克（图一〇一；图版六二五～图版六二八）。

图一〇〇　庭院模型G部分女侍俑（M1：58-14）

| 图版六二一 庭院模型 G部分女侍俑 （M1：58-14）正面 | 图版六二二 庭院模型 G部分女侍俑 （M1：58-14）左侧 | 图版六二三 庭院模型 G部分女侍俑 （M1：58-14）背面 | 图版六二四 庭院模型 G部分女侍俑 （M1：58-14）右侧 |

2. 左右楼阁（B和D部分）

　　2件，位于左右楼阁下层房屋门侧。左侧楼阁者编号M1∶58-12，右侧楼阁者编号M1∶58-3。

　　男侍俑　2件。M1∶58-3，泥质灰陶，全身施彩。立姿。面带笑意，髯须乌黑浓密。双手拢于袖中置于胸前。头戴黑色幞头，幞头前低后高，前宽后窄，前平后圆，底部有窄缘，两侧巾带自后部向前斜拉并打结于前顶，后侧有两个对应圆孔，可能用于插戴帽翅。外穿红色圆领长袍，袍长

图一〇一　庭院模型G部分女侍俑
（M1∶58-15）

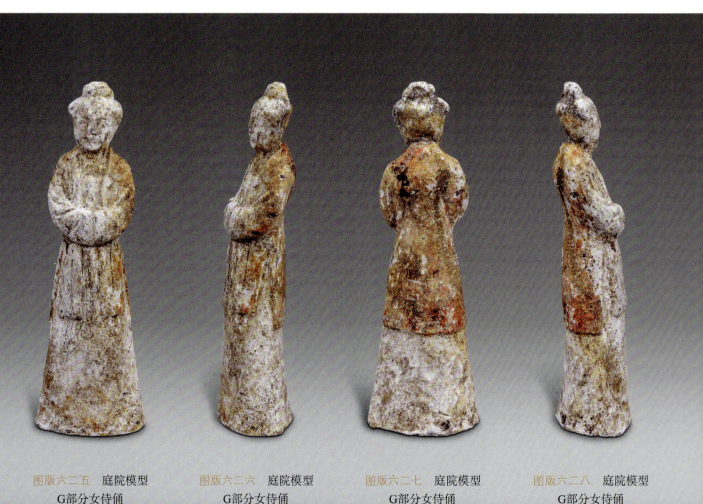

图版六二五　庭院模型
G部分女侍俑
（M1∶58-15）正面

图版六二六　庭院模型
G部分女侍俑
（M1∶58-15）左侧

图版六二七　庭院模型
G部分女侍俑
（M1∶58-15）背面

图版六二八　庭院模型
G部分女侍俑
（M1∶58-15）右侧

0　　　　　　　5厘米

及地，两侧自股部开衩。内着红色及膝短袍，袍下摆两侧有褶皱。腹部微鼓，红色革带束于鼓腹下，后部可见长方形带銙，銙上存描金痕迹。下着大口裤。俑最宽3.8、高11.8厘米，重0.078千克（图一〇二；图版六二九～图版六三二）。M1：58-12，泥质灰陶，全身施彩。立姿。面带笑意。双手拢于袖中置于胸前。头戴黑色幞头，幞头前低后高，前宽后窄，前平后圆，底部有窄缘，两侧巾带自后部向前斜拉并打结于前顶。外穿红色圆领长袍，袍长及地，两侧自股部开衩。内着红色及膝短袍，袍

图一〇二　庭院模型B部分男侍俑
（M1：58-3）

图版六二九　庭院模型
B部分男侍俑
（M1：58-3）正面

图版六三〇　庭院模型
B部分男侍俑
（M1：58-3）左侧

图版六三一　庭院模型
B部分男侍俑
（M1：58-3）背面

图版六三二　庭院模型
B部分男侍俑
（M1：58-3）右侧

下摆两侧有褶皱。腹部微鼓，红色革带束于鼓腹下，后部可见长方形带銙，銙上残存描金痕迹，长方形銙尾压于带下并垂于身左后侧。下着大口裤。俑最宽 3.7、高 12.1 厘米，重 0.08 千克（图一〇三；图版六三三~图版六三六）。

3. 立于右侧后门两侧（B 部分）

4 件，位于后院墙右侧后门两侧，左侧为两男侍俑，右侧为两女侍俑。编号 M1：58-8、M1：58-10、M1：58-13、M1：58-16。

图一〇三　庭院模型 D 部分男侍俑
（M1：58-12）

0　　　　　5厘米

图版六三三　庭院模型 D 部分男侍俑（M1：58-12）正面

图版六三四　庭院模型 D 部分男侍俑（M1：58-12）左侧

图版六三五　庭院模型 D 部分男侍俑（M1：58-12）背面

图版六三六　庭院模型 D 部分男侍俑（M1：58-12）右侧

　　男侍俑　2件。M1：58-10，泥质灰陶，全身施彩。立姿。面带笑意。双手拢于袖中置于胸前。头戴黑色幞头，幞头前低后高，前宽后窄，前平后圆，底部有窄缘，两侧巾带自后部向前斜拉并打结于前顶。外穿红色圆领长袍，袍长及地，两侧自股部开衩。内着红色及膝短袍，袍下摆两侧有褶皱。腹部微鼓，红色革带束于鼓腹下，后部可见长方形带銙，銙上残存描金痕迹，鉈尾压于带下并垂于身左后侧。下着白色大口裤。俑最宽3.5、高12厘米，重0.092千克（图一〇四；图版六三七～图版六四〇）。

图一〇四　庭院模型B部分男侍俑
（M1：58-10）

0　　　　　　　　5厘米

图版六三七　庭院模型
B部分男侍俑
（M1：58-10）正面

图版六三八　庭院模型
B部分男侍俑
（M1：58-10）左侧

图版六三九　庭院模型
B部分男侍俑
（M1：58-10）背面

图版六四〇　庭院模型
B部分男侍俑
（M1：58-10）右侧

M1∶58-16，泥质灰陶，全身施彩。立姿。面带笑意。双手于胸前作叉手礼。头戴黑色幞头，幞头前低后高，前宽后窄，前平后圆，底部有窄缘，两侧巾带自后部向前斜拉并打结于前顶。外穿红色圆领长袍，袍长及地，两侧自股部开衩，内着红色及膝短袍，袍下摆两侧有褶皱。腹部微鼓，红色革带束于鼓腹下，后部可见长方形带銙，銙上残存描金痕迹，铊尾压于带下并垂于身左后侧。下着白色大口裤。俑最宽3.7、高12厘米，重0.086千克（图一〇五；图版六四一～图版六四四）。

图一〇五　庭院模型B部分男侍俑
（M1∶58-16）

0　　　　　　　　　5厘米

图版六四一　庭院模型
B部分男侍俑
（M1∶58-16）正面

图版六四二　庭院模型
B部分男侍俑
（M1∶58-16）左侧

图版六四三　庭院模型
B部分男侍俑
（M1∶58-16）背面

图版六四四　庭院模型
B部分男侍俑
（M1∶58-16）右侧

　　女侍俑　2件。M1：58-8，泥质灰陶，全身施彩。立姿。表情严肃。双手拢于袖中置于腹前。头梳抱面高髻，髻顶残存描金痕迹，髻顶呈环状。上身外着对襟褙子，前摆略短于后摆，褙子两侧自腰间开衩。内着红色及地长裙，两侧未见开衩，前摆残存红彩。俑最宽4.3、高12.9厘米，重0.076千克（图一〇六；图版六四五～图版六四八）。

M1：58-13，泥质灰陶，全身施彩。立姿。面容丰腴，略带笑意。双手拢于袖中置于腹前。头梳抱面高髻，髻顶呈环状。上身外着对襟褙子，前摆略短于后摆，褙子两

图一〇六　庭院模型B部分女侍俑（M1：58-8）

0　　　　　　　　5厘米

图版六四五　庭院模型B部分女侍俑（M1：58-8）正面　　图版六四六　庭院模型B部分女侍俑（M1：58-8）左侧　　图版六四七　庭院模型B部分女侍俑（M1：58-8）背面　　图版六四八　庭院模型B部分女侍俑（M1：58-8）右侧

侧自腰间开衩。内着红色及地长裙，两侧未见开衩。俑最宽 4.2、高 12.6 厘米，重 0.088 千克（图一〇七；图版六四九～图版六五二）。

4. 立于左侧后门两侧（D 部分）

4 件，位于后院墙左侧后门两侧，左侧为两女侍俑，右侧为两男侍俑。编号 M1：58-2、M1：58-4、M1：58-9、M1：58-11。

男侍俑 2 件。M1：58-4，泥质灰陶，全身施彩。立姿。面带笑意。双手拢于袖

图一〇七 庭院模型B部分女侍俑
（M1：58-13）

0   5厘米

图版六四九 庭院模型 B部分女侍俑 （M1：58-13）正面　图版六五〇 庭院模型 B部分女侍俑 （M1：58-13）左侧　图版六五一 庭院模型 B部分女侍俑 （M1：58-13）背面　图版六五二 庭院模型 B部分女侍俑 （M1：58-13）右侧

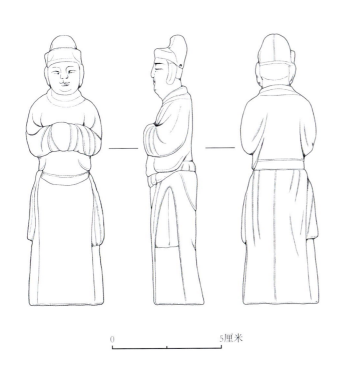

0   5厘米

中置于胸前。头戴黑色幞头，幞头前低后高，前宽后窄，前平后圆，底部有窄缘，两侧巾带自后部向前斜拉并打结于前顶，后侧有两个对应圆孔，可能用于插戴帽翅。外穿红色圆领长袍，袍长及地，两侧自股部开衩。内着红色及膝短袍，袍下摆两侧有褶皱。腹部微鼓，红色革带束于鼓腹下，后部可见长方形带銙，銙上残存描金痕迹，铊尾压于带下并垂于身左后侧。下着白色大口裤。俑最宽3.4、高11.7厘米，重0.064千克（图一〇八；图版六五三～图版六五六）。M1：58-11，泥质灰陶，全身施彩。

图一〇八 庭院模型D部分男侍俑（M1：58-4）

图版六五三 庭院模型D部分男侍俑（M1：58-4）正面

图版六五四 庭院模型D部分男侍俑（M1：58-4）左侧

图版六五五 庭院模型D部分男侍俑（M1：58-4）背面

图版六五六 庭院模型D部分男侍俑（M1：58-4）右侧

立姿。呈颔首状。双手拢于袖中置于胸前。头戴黑色幞头，幞头前低后高，前宽后窄，前平后圆，底部有窄缘，两侧巾带自后部向前斜拉并打结于前顶，后侧有两个对应圆孔，可能用于插戴帽翅。外穿红色圆领长袍，袍长及地，两侧自股部开衩。内着红色及膝短袍，袍下摆两侧有褶皱。腹部微鼓，红色革带束于鼓腹下，后部可见长方形带銙，鋬尾压于带下并垂于身左后侧。下着白色大口裤。俑最宽 3.6、高 12.3 厘米，重 0.064 千克（图一〇九；图版六五七～图版六六〇）。

图一〇九　庭院模型D部分男侍俑
（M1：58-11）

0 _____ 5厘米

图版六五七　庭院模型
D部分男侍俑
（M1：58-11）正面

图版六五八　庭院模型
D部分男侍俑
（M1：58-11）左侧

图版六五九　庭院模型
D部分男侍俑
（M1：58-11）背面

图版六六〇　庭院模型
D部分男侍俑
（M1：58-11）右侧

0　　　　　　　　　5厘米

女侍俑　2件。M1：58-2，泥质灰陶，全身施白色化妆土。立姿。面容丰腴，略带笑意。双手拢于袖中置于腹前。头梳抱面高髻，髻顶呈环状。上身外着对襟褡子，前摆略短于后摆，褡子两侧自腰间开衩。内着及地长裙，两侧未见开衩。俑最宽3.8、高12.7厘米，重0.092千克（图一一○；图版六六一～图版六六四）。M1：58-9，泥质灰陶，全身施彩。立姿。面容丰腴，略带笑意。双手拢于袖中置于腹前。头梳抱面高髻，髻顶呈环状。上身外着对襟褡子，前摆略短于后摆，褡子两侧自腰间开衩。

图一一○　庭院模型D部分女侍俑
（M1：58-2）

图版六六一　庭院模型
D部分女侍俑
（M1：58-2）正面　　　　　图版六六二　庭院模型
D部分女侍俑
（M1：58-2）左侧　　　　　图版六六三　庭院模型
D部分女侍俑
（M1：58-2）背面　　　　　图版六六四　庭院模型
D部分女侍俑
（M1：58-2）右侧

内着及地红裙，两侧未见开衩。俑最宽 4.3、高 12.5 厘米，重 0.088 千克（图一一一；图版六六五～图版六六八）。

5. 立于院门内（F 部分）

仅 1 件，位于院门与屏风之间，编号 M1：58-7。

男侍俑　1 件。M1：58-7，泥质灰陶，全身施彩。立姿。面带笑意，髯须浓密。双手拢于袖中置于胸前。头戴黑色幞头，

图一一一　庭院模型 D 部分女侍俑
（M1：58-9）

0 ——————— 5 厘米

图版六六五　庭院模型 D 部分女侍俑（M1：58-9）正面　　图版六六六　庭院模型 D 部分女侍俑（M1：58-9）左侧　　图版六六七　庭院模型 D 部分女侍俑（M1：58-9）背面　　图版六六八　庭院模型 D 部分女侍俑（M1：58-9）右侧

幞头前低后高，前宽后窄，前平后圆，底部有窄缘，两侧巾带自后部向前斜拉并打结于前顶。外穿红色圆领长袍，袍长及地，两侧自股部开衩。内着红色及膝短袍，袍下摆两侧有褶皱。腹部微鼓，红色革带束于鼓腹下，后部残存描金痕迹，鞢尾压于带下并垂于身左后侧。下着白色大口裤。俑最宽 3.8、高 12.1 厘米，重 0.076 千克（图一一二；图版六六九～图版六七二）。

0 _____ 5厘米

图一一二 庭院模型F部分男侍俑
（M1：58-7）

图版六六九 庭院模型
F部分男侍俑
（M1：58-7）正面

图版六七〇 庭院模型
F部分男侍俑
（M1：58-7）左侧

图版六七一 庭院模型
F部分男侍俑
（M1：58-7）背面

图版六七二 庭院模型
F部分男侍俑
（M1：58-7）右侧

6.位于后房两侧（B和C部分）

共3件，位于后院墙前后房两侧，为马俑、灶模型和井模型。分别编号 M1：58-17、M1：58-18、M1：58-19。

马俑　1件。M1：58-17，泥质灰陶，器表施白色化妆土。卧姿。双耳立，嘴微张。捏制，内腹空。长16、高9.2厘米（图一一三；图版六七三～图版六七六）。

井模型　1件。M1：58-19，泥质灰陶，器表施白色化妆土。井身呈束腰圆柱状，井台呈环状。捏制，制作较规整。井台直径8.3、井高3厘米（图一一四；图版六七七、图版六七八）。

灶模型　1件。M1：58-18，泥质灰陶，器表施白色化妆土。灶身呈长方形，其上存两圆形灶口，每口对应一长方形进火口。捏制，制作较规整。长15.3、宽6.4、高5厘米（图一一五；图版六七九～图版六八一）。

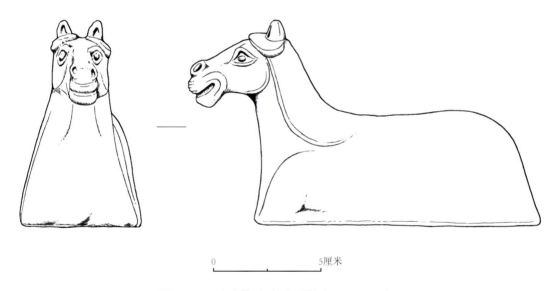

0　　　　　　　　5厘米

图一一三　庭院模型C部分马俑（M1：58-17）

图版六七三 庭院模型C部分马俑（M1：58-17）侧面

图版六七四 庭院模型C部分马俑（M1：58-17）正面

图版六七五 庭院模型C部分马俑（M1：58-17）右后侧

图版六七六 庭院模型C部分马俑（M1：58-17）底部

图版六七七　庭院模型C部分井模型（M1∶58-19）立面

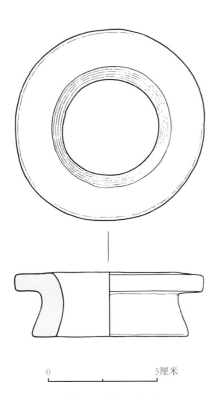

图一一四　庭院模型C部分井模型（M1∶58-19）

图版六七八　庭院模型C部分井模型（M1∶58-19）底部

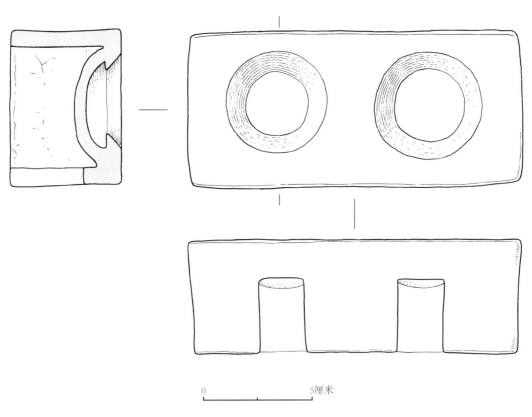

图一一五　庭院模型B部分灶模型（M1∶58-18）

图版六七九 庭院模型B部分灶模型（M1：58-18）立面

图版六八〇 庭院模型B部分灶模型（M1：58-18）灶面

图版六八一 庭院模型B部分灶模型（M1：58-18）右前侧

注释

[1] （明）解缙、姚广孝等撰：《永乐大典》卷八千一百九十九《大汉原陵秘葬经》，胡道静等主编：《藏外道书》，巴蜀书社，1992 年，第 1 册，第 158、159 页。

[2] 江西省文物工作队、南丰县博物馆：《江西南丰县桑田宋墓》，《考古》1988 年第 4 期；江西省文物工作队、南丰县博物馆：《南丰县桑田宋墓》，《江西历史文物》1986 年第 1 期。

[3] 宁笃学、钟长发：《甘肃武威西郊林场西夏墓清理简报》，《考古与文物》1980 年第 3 期。

[4] 曹腾騑等：《广东海康元墓出土的阴线刻砖》，《考古学集刊》（第 2 集），中国社会科学出版社，1982 年。

[5] （宋）龙大渊：《古玉图谱》卷二十四《鼎彝部》，引东晋郭璞《玄中记》，内府藏本，叶 1b。

[6] （明）解缙、姚广孝等撰：《永乐大典》卷八千一百九十九《大汉原陵秘葬经》，胡道静等主编：《藏外道书》，巴蜀书社，1992 年，第 1 册，第 158、159 页。

[7] 江西省文物工作队、南丰县博物馆：《江西南丰县桑田宋墓》，《考古》1988 年第 4 期；江西省文物工作队、南丰县博物馆：《南丰县桑田宋墓》，《江西历史文物》1986 年第 1 期。

[8] 曹腾騑等：《广东海康元墓出土的阴线刻砖》，《考古学集刊》（第 2 集），中国社会科学出版社，1982 年。

[9] 曹腾騑等：《广东海康元墓出土的阴线刻砖》，《考古学集刊》（第 2 集），中国社会科学出版社，1982 年。

[10] 《唐六典》卷二十三"甄官署"条载唐代丧葬用品中有"当圹、当野、祖明、地轴"，（唐）李林甫等撰，陈仲夫点校：《唐六典》，中华书局，2014 年，下册，第 597 页；《宋史》卷一百二十四《诸臣丧葬等仪》载宋代丧葬用品中有"当圹、当野、祖思、祖明、地轴等"，（元）脱脱等撰：《宋史》，中华书局，1977 年，第 9 册，第 2910 页。

[11] （明）解缙、姚广孝等撰：《永乐大典》卷八千一百九十九《大汉原陵秘葬经》，胡道静等主编：《藏外道书》，巴蜀书社，1992 年，第 1 册，第 158、159 页。

[12] 陈显双、廖启清：《四川蒲江县五星镇宋墓清理记》，《考古与文物》1986 年第 3 期；何志国：《四川绵阳杨家宋墓》，《考古与文物》1988 年第 1 期；邛崃县文物保护管理所：《邛崃县发现的一座北宋墓》，《成都文物》1987 年第 4 期；袁明森、张玉成：《记华蓥市阳和乡宋墓出土文物》，《四川文物》1996 年第 1 期；成都市文物考古工作队：《四川成都市西郊金鱼村南宋砖室火葬墓》，《考古》1997 年第 10 期；成都文物考古研究所、彭州市文物保护管理所：《四川彭州市北宋徐氏墓发掘简报》，《考古》2014 年第 4 期等。

[13] 白彬：《四川五代两宋墓葬中的猪首人身俑》，《四川文物》2007 年第 3 期；张勋燎、白彬：《中国道教考古》，线装书局，2006 年，第 6 册，第 1657～1669 页。

[14] 成都市文物考古研究所、新津县文物管理所：《新津县邓双乡北宋石室墓发掘简报》，《成都考古发现》（2002），科学出版社，2004 年。

[15] 陈定荣、徐建昌：《江西临川县宋墓》，《考古》1988 年第 4 期。

[16] （明）解缙、姚广孝等撰：《永乐大典》卷八千一百九十九《大汉原陵秘葬经》，胡道静等主编：《藏外道书》，巴蜀书社，1992 年，第 1 册，第 158、159 页。

[17] 陈定荣、徐建昌：《江西临川县宋墓》，《考古》1988 年第 4 期。

[18] 曹腾騑等：《广东海康元墓出土的阴线刻砖》，《考古学集刊》（第 2 集），中国社会科学出版社，1982 年。

[19] （明）解缙、姚广孝等撰：《永乐大典》卷八千一百九十九《大汉原陵秘葬经》，胡道静等主编：《藏外道书》，巴蜀书社，1992 年，第 1 册，第 158、159 页。

[20] 安徽省展览、博物馆：《合肥西郊隋墓》，《考古》1976 年第 2 期；徐州博物馆：《江苏铜山县茅村隋墓》，《考古》1983 年第 2 期。

[21] 李振奇、辛明伟：《河北南和东贾郭唐墓》，《文物》1993 年第 6 期；辛明伟、李振奇：《河北南和唐代郭祥墓》，《文物》1993 年第 6 期。

[22] 耿超：《观风鸟源流研究》，《文物春秋》2007 年第 1 期；耿超：《唐宋墓葬中的观风鸟研究》，《华夏考古》2010 年第 2 期；耿超：《浅议观风鸟在墓葬中的作用》，《文博》2007 年第 5 期；王铭：《唐

宋墓葬中的千秋万岁鸟与观风鸟的不同形象辨析、历史来源及象征意义》，《江汉考古》2014 年第 1 期。

[23]（明）解缙、姚广孝等撰：《永乐大典》卷八千一百九十九《大汉原陵秘葬经》，胡道静等主编：《藏外道书》，巴蜀书社，1992 年，第 1 册，第 158、159 页。

[24] 宁笃学、钟长发：《甘肃武威西郊林场西夏墓清理简报》，《考古与文物》1980 年第 3 期。

[25] 江西省文物工作队、南丰县博物馆：《江西南丰县桑田宋墓》，《考古》1988 年第 4 期；江西省文物工作队、南丰县博物馆：《南丰县桑田宋墓》，《江西历史文物》1986 年第 1 期。

[26] 王去非：《四神、巾子、高髻》，《考古通讯》1956 年第 5 期；徐苹芳：《唐宋墓葬中的"明器神煞"与"墓仪"制度——读〈大汉原陵秘葬经〉札记》，《考古》1963 年第 2 期。

[27]《上清握中诀》卷中载酆都大祝："敢有小鬼，欲来见状，镖天大斧，斩鬼五形…"，《道藏》，文物出版社、上海书店、天津古籍出版社，1988 年，第 2 册，第 905 页。

[28] 宁笃学、钟长发：《甘肃武威西郊林场西夏墓清理简报》，《考古与文物》1980 年第 3 期。

[29] 福建省博物馆：《福建尤溪城关宋代壁画墓》，《文物》1988 年第 4 期。

[30] 曹腾騑等：《广东海康元墓出土的阴线刻砖》，《考古学集刊》（第 2 集），中国社会科学出版社，1982 年。

[31] 刘琳、刁忠民、舒大刚、尹波等点校：《宋会要辑稿》礼二九之二〇至二一，上海古籍出版社，2014 年。

[32] 吴荣曾：《镇墓文中所见到的东汉道巫关系》，《文物》1981 年第 3 期。

[33] 江西彭泽易氏八娘地券中有"移去蒿里父老"之说，参见江西省文物管理委员会：《江西彭泽宋墓》，《考古》1962 年 10 期。福建福州黄昇地券中有"土下二千石神、蒿里父老"之说，参见福建省博物馆编：《福州南宋黄昇墓》，文物出版社，1982 年，第 82 页。

[34]（明）解缙、姚广孝等撰：《永乐大典》卷八千一百九十九《大汉原陵秘葬经》，胡道静等主编：《藏外道书》，巴蜀书社，1992 年，第 1 册，第 158、159 页。

[35] "批把"，他书又作"枇杷""琵琶"，参见（汉）应劭撰，王利器校注：《风俗通义校注》，中华书局，2010 年，下册，第 307 页；（汉）刘熙撰：《释名》卷七《释乐器》（第二十二）"批把"有注曰"各本批把误枇杷，今改下同"，（汉）刘熙撰：《释名》，《丛书集成新编》，台湾新文丰出版公司，1988 年，第 38 册，第 421 页；（宋）曾慥编：《类说》，《北京图书馆古籍珍本丛刊·子部·杂家类》，书目文献出版社，1988 年，第 62 册，第 230 页。

[36]（唐）段安节撰：《乐府杂录》，上海古籍出版社，1988 年，第 29 页。

[37]（宋）陈旸撰，张国强点校：《〈乐书〉点校》卷一百二十九，中州古籍出版社，2019 年，第 637、638 页。

[38] 敦煌文物研究所编：《中国石窟·敦煌莫高窟》，文物出版社，2011 年，第 1 册，第 138 页。

[39] 敦煌文物研究所编：《中国石窟·敦煌莫高窟》，文物出版社，2011 年，第 3 册，第 27 页。

[40] 唐段安节《琵琶录》载"贞观中裴路儿弹琵琶始废拨用手，今所谓搊琵琶是也。"（明）陶宗仪撰：《说郛》卷二十，中国书店，1986 年，第 4 册，第 32 页。另《丛书集成续编》作"裴略儿"，参见新文丰出版公司编辑部：《丛书集成续编》，台湾新文丰出版公司，1988 年，第 102 册，第 291 页。

[41] 冯汉骥：《前蜀王建墓发掘报告》，文物出版社，2002 年，第 28 页；河北省文物研究所、保定市文物管理处：《五代王处直墓》，文物出版社，1998 年，第 38 页。

[42] 昭陵博物馆编：《昭陵唐墓壁画》，文物出版社，2006 年，第 48、49 页；陕西省博物馆、乾县文教局唐墓发掘组：《唐懿德太子墓发掘简报》，《文物》1972 年第 7 期；赵力光、王九刚：《长安县南里王村唐壁画墓》，《文博》1989 年第 4 期；杨忠敏、阎可行：《陕西彬县五代冯晖墓彩绘砖雕》，《文物》1994 年第 11 期；河北省文物研究所、保定市文物管理处：《五代王处直墓》，文物出版社，1998 年，第 38、39 页；冯汉骥：《前蜀王建墓发掘报告》，文物出版社，2002 年，第 30 页。

[43] 林梅村：《丝绸之路考古十五讲》，北京大学出版社，2006 年，第 280 页。

[44]《后汉书·五行志》载"灵帝好胡服……胡空侯、胡笛、胡舞，京都贵戚皆竞为之……"。（南朝·宋）范晔撰，（唐）李贤等注：《后汉书》志第十三《五行志·服妖》，中华书局，1973 年，第 11 册，第 3272 页。

[45]《隋书·音乐志》载"今曲项琵琶、竖箜篌之徒，并出自西域，非华夏之旧器……"，（唐）魏征、令狐德棻撰：《隋书》卷十五《音乐志下》，中华书局，1973 年，第 2 册，第 378 页；《旧唐书》

卷二十九《音乐志》载"竖箜篌，胡乐也，汉灵帝好之。体曲而长，二十有二弦，竖抱于怀，用两手齐奏，俗谓之擘箜篌"，（后晋）刘昫等撰：《旧唐书》，中华书局，1975年，第4册，第1077页。

[46] 梁勉：《从唐墓壁画中的竖箜篌谈中西音乐文化交流》，《文博》2008年第5期；班丽霞：《竖箜篌考略》，《天津音乐学院学报》2002年第3期；袁荃猷：《谈竖箜篌》，《音乐研究》1984年第4期等；贺志凌：《新疆出土箜篌的音乐考古学研究》，中国艺术研究院2005届博士学位论文。

[47] 杨忠敏、阎可行：《陕西彬县五代冯晖墓彩绘砖雕》，《文物》1994年第11期；河北省文物研究所、保定市文物管理处：《五代王处直墓》，文物出版社，1998年，第38页。

[48] 舒顺萍：《筝与筝乐文化》，《音乐探索》2011年第4期。

[49] 《吕氏春秋·仲夏纪》高诱注曰："竽，笙之大者"，（汉）高诱注，（清）毕沅校：《吕氏春秋》，上海古籍出版社，1996年。

[50] 《礼记正义》卷四十一《明堂位第十四》载"垂之和钟，叔之离磬，女娲之笙簧"，（汉）郑玄注，（唐）孔颖达正义，吕友仁整理：《礼记正义》，上海古籍出版社，2008年，第1267页；《乐府杂录》载"笙者，女娲造也。仙人王子晋于缑氏山月下吹之。象凤翼，亦名"参差"。自古能者固多矣。太和中有尉迟章，尤妙。宣宗已降，有范汉恭有子名宝师，尽传父艺，今在陕州。"（唐）段安节撰：《乐府杂录》，上海古籍出版社，1988年，第33页。

[51] 湖北省博物馆：《曾侯乙墓》，文物出版社，1989年，第36页。

[52] 湖南省博物馆、中国科学院考古研究所：《长沙马王堆一号汉墓》，文物出版社，1973年，第106页。

[53] 逯钦立辑校：《先秦汉魏晋南北朝诗》，中华书局，1983年。

[54] 冯汉骥：《前蜀王建墓发掘报告》，文物出版社，2002年，第31页；河北省文物研究所、保定市文物管理处：《五代王处直墓》，文物出版社，1998年，第40页；杨忠敏、阎可行：《陕西彬县五代冯晖墓彩绘砖雕》，《文物》1994年第11期。

[55] 刘文祥：《浅谈笙的起源与发展》，《艺术交流》2002年第4期；曹建国、李光陆、方浦东等：《中国笙艺术》，文化艺术出版社，2006年；李光陆：《论笙与卢笙的源革》，《艺术教育》2010年第6期等。

[56] 《元史》卷六十八《礼乐志二》载"架以木为之，高尺有二寸，亦号排箫……"，（明）宋濂等撰：《元史》，中华书局，1976年，第6册，第1701页。

[57] 河南省文物考古研究所、周口市文化局：《鹿邑太清宫长子口墓》，中州古籍出版社，2000年，第193页。

[58] 河南省文物研究所、河南省丹江库区考古发掘队、淅川县博物馆：《淅川下寺春秋楚墓》，文物出版社，1991年，第95页。

[59] 河南省信阳地区文管会、光山县文管会：《春秋早期黄君孟夫妇墓发掘简报》，《考古》1984年第4期。

[60] 湖北省博物馆：《曾侯乙墓》，文物出版社，1989年，第36页。

[61] 诸城县博物馆、任日新：《山东诸城汉墓画像石》，《文物》1981年第10期。

[62] 牛龙菲：《敦煌壁画乐史资料总录与研究》，敦煌文艺出版社，1996年；陕西省博物馆、乾县文教局唐墓发掘小组：《唐懿德太子墓发掘简报》，《文物》1972年第7期；冯汉骥：《前蜀王建墓发掘报告》，文物出版社，2002年；河北省文物研究所、保定市文物管理处：《五代王处直墓》，文物出版社，1998年；杨忠敏、阎可行：《陕西彬县五代冯晖墓彩绘砖雕》，《文物》1994年第11期。

[63] 王子初：《排箫》，《音乐世界》1997年第5期；曹量：《中国考古发现上古排箫初研》，西安音乐学院2003届硕士毕业论文；杨洁：《隋唐排箫初探》，天津音乐学院2011年硕士毕业论文。

[64] 见本书附录二。

[65] （宋）薛居正等撰：《旧五代史》卷一百四十四《乐志上》，中华书局，1976年，第6册，第1929、1930页。

[66] （宋）欧阳修、宋祁撰：《新唐书》卷二十四《车服志》，中华书局，1975年，第2册，第522页。

[67] （后晋）刘昫等撰：《旧唐书》卷四十五《舆服志》，中华书局，1975年，第6册，第1946页。

[68] （后晋）刘昫等撰：《旧唐书》卷二十九《音乐志二》，中华书局，1975年，第4册，第1071页。

[69] （宋）欧阳修、宋祁撰：《新唐书》卷二十四《车服志》，中华书局，1975年，第2册，第527页。

[70] （宋）欧阳修、宋祁撰：《新唐书》卷二十四《车服志》，中华书局，1975年，第2册，第527页。

[71] 《新唐书》卷二十四《车服志》："腰带者，搢垂头以下，名曰铊尾，取顺下之义"，中华书局，1975年，

第 2 册，第 527 页。

[72]（宋）王德臣撰：《麈史》，商务印书馆，1937 年，第 7 页。

[73]（宋）欧阳修、宋祁撰：《新唐书》卷二十四《车服志》，中华书局，1975 年，第 2 册，第 529 页。

[74]（宋）薛居正等撰：《旧五代史》卷一百三十六《僭伪列传第三》，中华书局，1976 年，第 6 册，第 1819 页。

[75]（宋）欧阳修等撰：《新五代史》卷六十三《前蜀世家第三》，中华书局，1974 年，第 3 册，第 792 页。

[76]（唐）张万福：《三洞法服科戒文》，《正统道藏·洞神部戒律类》，文物出版社、上海书店、天津古籍出版社，1988 年，第 18 册，第 229 页。

[77]（后晋）刘昫等撰：《旧唐书》卷四十五《舆服志》，中华书局，1975 年，第 6 册，1958 页。

[78] 成都市文物管理处：《成都市东郊后蜀张虔钊墓》，《文物》1982 年第 3 期。

[79] 四川省博物馆文物工作队：《四川彭山后蜀宋琳墓清理简报》，《考古通讯》1958 年第 5 期。

[80] 成都文物考古研究所、双流县文物管理所：《双流县华阳镇骑龙村"欧香小镇"唐宋墓葬发掘简报》，《成都考古发现》（2011），科学出版社，2013 年。

据墓葬出土墓志和买地券，墓主人为后蜀宋王赵廷隐，其于广政十三年十一月朔薨于成都县龙池坊之里第，次年二月二十二日葬于灵池县强宗乡华严里之原，墓葬下葬年代为广政十四年，即951年。本章将结合文献和相关考古材料对赵廷隐生平及家世、墓葬结构、墓葬出土庭院和乐舞俑等方面进行简要论述。

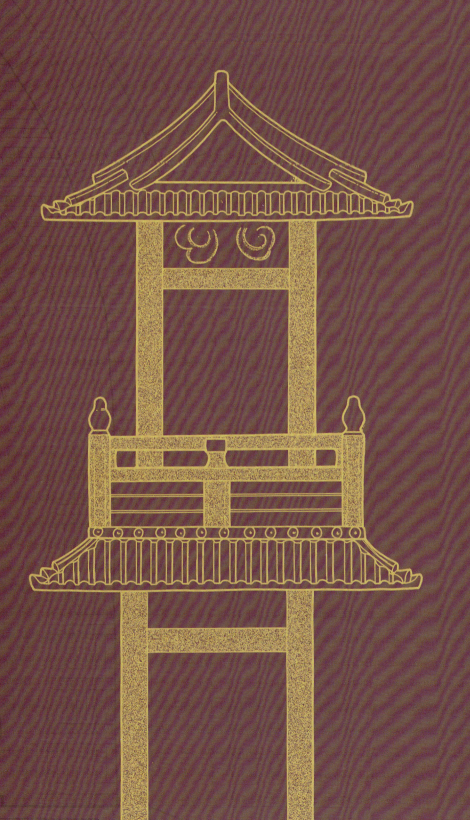

第四章

结　语

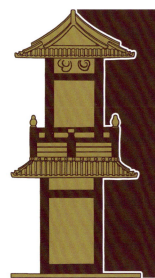

第一节　赵廷隐生平及家世

　　《旧五代史》《新五代史》《宋史》《资治通鉴》等史籍对赵廷隐皆有记载，且《九国志》和《十国春秋》对赵廷隐和其次子赵崇韬单独立传，其中《九国志》对其生平事迹记述最详。赵廷隐前后事三朝，亲历五代时期众多重大历史事件，并与当时多位历史人物有较深交集。本节结合文献和墓葬出土墓志、买地券对其生平及家世做系统梳理。

一、赵廷隐生平

　　文献中墓主人籍贯有"开封"和"太原"两说[1]，而墓葬出土志盖和墓志首题均称赵廷隐为"天水赵公"。结合他本人曾被赐"天水县男"、其二姐被封"天水郡太夫人"、其长女被封"天水县君"等信息，可知赵廷隐确系墓志铭所载甘肃天水人。志文云："……族本天水，胙之土而命之氏，史不绝书。后因官□居汴之浚仪，即大梁人也。"汴为"汴州"，即今河南开封，浚仪则是后梁汴州的赤县[2]。因后梁定都汴州，赤县浚仪便成为京城治所，也成了赵廷隐官居之地，所以有文献误称其为开封人。

　　从墓志可知，廷隐曾祖、祖父、父亲及两位兄长均无功名，可见赵氏非天水世家大族，《九国志》所言其"世为卿家"亦不可信[3]。廷隐初随梁太祖养子朱友伦[4]，友伦与客击鞠堕马坠亡，赵廷隐等赴汴州戴罪，获太祖赦免并跟随其左右[5]，封殿前丞旨。天祐三年（906 年），廷隐以东头供奉官的身份随梁军平魏博牙军之乱[6]，随后自荐为"窟头"领五百人挖地道潜入城中平相州之叛，以军功除授邢州兵马都监。开平四年（910 年），朱温在兼并成德节度使王镕（镇州、冀州）和义武节度使王处直（定州、易州）时与晋在高邑、柏乡发生争战，廷隐此战中"镇、定兵士攻围，与节帅御捍半年，克全城"。后因刘重霸嫉诬，廷隐被贬绛州监押[7]。贞明三年（917 年）后，廷隐复授晋州建宁军都监[8]，任上破昭义叛军于柳谷，转任陕州镇国军都监。贞明五年至六年（919～920 年），以北面步军马军行营兵马都监身份"解围安陆"[9]，并"收复竟陵郡邑"，从河南转战于湖北安陆、襄阳、竟陵等地，解围后梁南方困境。志文记曰："前后八任董领兵师，所立大功者，四五赏秩。"累官至正三品兵部尚书、除天下马军都监属招讨使。

　　后梁龙德三年（923 年）十月后唐军攻中都时，赵廷隐随王彦章以羸弱守城，国破被擒[10]。因大将夏鲁奇建议[11]，庄宗赦之并"即时宣充青沧等道印马使"。同光三年（925 年）九月，后唐庄宗以魏王李继岌为都统、枢密使郭崇韬为招讨使，以康延孝等人为先锋[12]，进军西川。此时赵廷隐为先锋监押[13]，随康延孝伐蜀。至同年十一月，前蜀王衍出降，廷隐以功充西川左厢马步军都指挥使[14]。

同光四年（926年）正月，孟知祥以成都尹、剑南西川节度副大使、知节度事身份入主成都，而此时被魏王安排留成成都的赵廷隐便归属孟知祥麾下[15]，职务未变。此时郭崇韬为宦官伶人忌惮构陷，被魏王所杀，数日后魏王李继岌从成都班师回朝，康延孝领后军随后。二月，魏王继岌大军行至剑州，尚在绵州的康延孝军听闻朱友谦被诛，延孝为友谦旧部，自感不安，于剑州折返据汉州而叛[16]。廷隐与"董众合谋擒之"，为孟知祥稳定西川立下初功。前蜀初平，盗匪四起[17]，孟知祥到任后励精图治，欲荡平贼寇[18]，赵廷隐被派往彭山讨伐贼帅樊义远并大获全胜。天成三年（928年）四月，赵廷隐因擒康延孝、平匪寇之功，孟知祥为其请奏，以西川马步军都指挥使加封检校司空、汉州刺史，并留屯成都[19]。长兴元年（930年）秋，董璋反唐据阆中，明宗下诏削夺孟知祥、董璋官爵，命天雄军节度使石敬瑭与武信节度使夏鲁奇兼任东川行营都招讨正、副使，发兵征讨东川。西川孟知祥以都指挥使李仁罕为行营都部署、汉州刺史赵廷隐为副，协同张业等将领与北军（即后唐军）战于遂州。之后"东川剑关失守"，孟知祥特命赵廷隐分兵支援东川董璋，并击退北军[20]。剑门为两川北门锁钥之地，此战为孟知祥割据西川建立后蜀奠定了基础。剑州之役后，赵廷隐又收复利州等地，因功授昭武军兵马留后[21]。长兴二年（931年）五月，赵廷隐从成都前往利州[22]，到任后，在利州主持修筑防御工事。其年十二月，"利州城堞已完"，赵廷隐以剑川之役，牙将李肇有功，奏请孟知祥愿以昭武之地让与李肇。十二月癸酉，"知祥召廷隐还成都，以肇代之"[23]。长兴三年（932年）四月，董璋以孟知祥背两川之盟的名义，谋袭成都，继而攻破汉州界之白杨林镇[24]。孟知祥授命赵廷隐为马步诸军都部署，抵御董璋之军[25]。开战后，廷隐主力军战事接连不利。直至其年五月，赵廷隐所率宁远军数千人陈兵樊桥口[26]，与董军大战半日，将其击溃。欧阳炯在志文中称其"樊桥之阵也，外无疆场之虞，内去腹心之疾。"樊桥之战后，西川军如摧枯拉朽，迅速兼并东川。孟知祥置阆州保宁军节度使，加果、蓬、渠、开四州，治阆州，授赵廷隐为保宁军节度兵马留后[27]。长兴四年（933年），孟知祥受封蜀王，正式行墨制封赏[28]，赵廷隐"转授加光禄阶检校太傅、天水县男，食邑三百户，后同五镇加官受节"，被封保宁军节度使[29]。长兴五年（934年）十二月，孟知祥即帝位，赵廷隐以"劝进"功加封"进检校太尉同中书门下平章事，进开国伯，加封七百户，赐忠烈扶天保国功臣"[30]。同年，知祥病危，赵廷隐与赵季良、李仁罕等一同受遗诏辅政。后主孟昶即位，赵廷隐"以翊戴功，制授六军副使，加开府阶检校太尉兼侍中，封郡侯食邑，赐扶天定国安时保圣功臣。"孟知祥薨后，李仁罕求判六军总使，孟昶即以赵廷隐为六军副使遏制李仁罕的权力。李仁罕被诛后，赵廷隐又兼领部分李仁罕等所掌之权。广政十一年（948年）八月，孟昶已实际掌握后蜀政权，前朝老臣非诛即罢，赵廷隐借"偶染风恙"之由"请罢军权"，激流勇退以期保全。孟昶允赵廷隐以太傅、宋王爵致仕。两年后，赵廷隐于广政十三年十一月朔薨于成都县龙池坊之里第，享年六十六岁。

赵廷隐生于唐中和四年，先后历唐、后梁、后唐和后蜀，自弱冠之年以殿前丞旨入仕，经戎马一生、屡立奇功，至后蜀以宋王致仕，卒后孟昶以极礼厚葬，用其忠勇智慧完成了传奇人生，而其子嗣亦对后世产生深远影响。

二、赵廷隐家世

结合墓志信息及文献记载，赵廷隐曾祖赵莹、祖父赵熙、父亲赵彦均无官职，母亲为武昌郡史氏。有三兄，长兄赵景滂、仲兄赵景浩亦无官职，季兄赵廷遇为陵州刺史左监门卫将军，鉴于陵州为西川地，其官职应因廷隐而得。有二姊分别嫁与武威贾氏和陇西李氏，二姐封天水郡太夫人。其先后娶阎、李、吉三位夫人，阎氏追封宁国夫人，李氏封宋国夫人，吉氏封邓国夫人。

有三子，长子赵崇祚为银青光禄大夫、守卫尉卿、判太常寺、事上柱国，素俭好诗，喜交文人[31]。广政三年，赵崇祚"广会众宾，时延佳论"，收集晚唐至五代十八家词曲五百首，辑成《花间集》[32]。《花间集》为我国第一部文人词集，体现了早期文人词的创作主体、艺术风格及审美情趣，后来它由五代时期歌词唱本[33]逐渐转变为宋代词体创作范本，对后代词学观念和词作实践产生深远影响[34]。次子赵崇韬为金紫光禄大夫、检校司徒，使持节眉州诸军事，后历任右卫圣步军都指挥使、北面招讨使、加领洋州武定军节度、山南武定缘边诸寨都指挥副使、泽州节度等职，在《九国志》《宋史》《十国春秋》均有传。明德元年（934年）秋九月，孟昶新设殿值四番，以众将领子弟或遗孤为卫，并任先帝孟知祥所留李仁罕、赵季良、赵廷隐、张业等老臣之子为殿值将领，赵崇韬即在此列[35]。广政十八年赵崇韬成功抵御后周军进攻[36]，广政二十一年再次被派往北界抵御后周[37]，之后备受重用[38]。后蜀广政二十七年冬，宋派王全斌等伐蜀。孟昶以赵崇韬为都监率兵拒宋[39]。二十八年春，宋军破剑门，逼汉源，赵崇韬布阵迎敌，奋战至"兵器皆断折，犹手击杀数人"。汉源之战，蜀军大败，赵崇韬最终力战不敌被宋师所擒[40]。据《宋史》《十国春秋》记载，广政末年，崇韬有子名赵文亮，尚孟氏公主。三子崇奥为银青光禄大夫，检校左散骑常侍，右千牛卫将军同正，兼御史大夫，文献中无记载。

有七女，长女封天水县君，适黎德昭；次女适韩德远；三女适张匡尧。据出土后蜀张虔钊墓志铭，张虔钊有子"次曰匡尧，前利州别驾，娶今太傅令公宋王之女"[41]。张虔钊卒于广政十一年二月，葬于同年九月，恰好赵廷隐在广政十一年夏封宋王，因而张虔钊墓志所称"太傅令公宋王"即为赵廷隐。而赵廷隐墓志铭也证实了这一点，明确记载"第三女适前利州别驾张匡尧"，可见赵廷隐之三女婿张匡尧即后蜀张虔钊次子。两块出土墓志相互印证，为研究五代后蜀历史人物关系提供了有力的实物证据。

赵氏家族自廷隐而兴，其功绩荫及子孙，一门显贵，正如铭文所记"门阀盛分翼子贻孙。"儿辈中赵崇祚善文才、赵崇韬习武略，皆为后蜀政权砥柱。加之孙辈赵文亮尚孟氏公主，赵氏一族已是尊荣至极。宋并后蜀后，关于赵氏一族的记载仅有崇韬子文亮在理宗时为镇江节度。

　　墓葬的盗洞较多，由于主室墓顶后期垮塌，不能准确统计盗洞数，但从发掘的情况来看，能判断出主室的顶部至少有三个盗洞，墓道有二次开挖的痕迹。甬道以及三个耳室的顶部未发现盗洞。

　　如前所述，在发掘的过程中有这样一些较为特殊的现象：第一，墓道经过二次开挖，开挖的范围与原来的墓道基本重合，形状与正常的墓道相同，同为长方形开口，底部呈斜坡状。但是，二次开挖的墓道至墓门处未到墓葬的底部，高于墓底 2 米多。二次开挖后封门墙上形成的孔洞大而方正，与一般的形状不规范的盗洞有区别，封门墙后的墓门处只暴露出上半部分半圆券拱部分，此处到墓底还有较高的距离，判断应不是二次下葬形成的。第二，部分随葬品明显被人有意破坏，特别是与墓主人相关的随葬品，如墓志、有墓主人像的陶房模型等。特别是墓志，非常厚重，入葬时应平放于葬底，非常不容易被损坏，在发掘出土时基本呈粉碎状。第三，从墓室内壁的烟熏痕迹和站立于墓室内的大型陶俑身上的烟熏痕迹分析，这些烟熏的痕迹不是简单的照明火熏出的痕迹，似是在墓室内燃烧过大量的明火形成的烟熏痕。第四，葬具明显被火烧过。

　　通过这些现象分析判断，墓葬早期被扰盗时墓室结构保存较好，未垮塌，盗掘人员可进出。盗掘人员非常清楚墓葬的结构，因此选择墓葬最容易进出的位置——墓门作为入口，这也是墓葬再次开启最安全的位置，其他位置都有一定的弊病，如墓葬主室为穹隆顶，开洞后非常容易垮塌，而其他的耳室为多层券顶不宜开洞。盗掘过程显得很从容，在原墓道的位置开辟了一个与墓道相似的出入口，出入口大而规整，从其规模看，应是多人用了较长的时间来完成。进入墓葬后，对彰显墓主人身份的随葬品进行了蓄意的破坏，并在墓室内进行了放火焚烧。因此，我们分析认为墓葬首次被盗掘情况与一般墓葬盗掘情况不一样。一般墓葬盗掘为个人偷偷进行，怕为大众所知，因此盗洞小而隐蔽，盗取随葬品时也只是选择贵重的东西，对其他的随葬品一般不会进行有意的损坏。而此次墓葬的盗掘更像有组织的破坏行为，其特点是组织的人员多，行动的规模大、时间长，是为大众所知的公开行为。进入墓葬内后，更像是一场打、砸、抢的泄愤行为。墓葬的年代为广政十四年（951 年），后蜀政权于公元 966 年灭亡。下葬后十余年后被破坏，可能与宋并后蜀之后成都地区的混乱局面有关，这种规模的明盗行为，应是临时的过渡政府或者大规模的匪乱所为。

　　四川地区已发表的具明确纪年的五代墓葬约19座，其中前蜀时期墓葬7座、后唐时期墓葬1座、后蜀时期墓葬11座。本节对墓葬形制的认识皆基于纪年墓葬，另存部分墓葬虽从墓葬形制和出土器物可判断为五代时期，如成都市龙泉驿区洪河大道M1和M12，但因无明确纪年，本节暂不讨论。以上墓葬中形制信息较完整的前蜀时期墓有王建墓[42]、晋晖墓[43]和王宗侃夫妇墓[44]3座，墓主人系割据政权皇帝或封王，为前蜀政权上层。后唐时期高晖墓[45]形制较为清晰，墓主人为后唐政权高级官员。墓葬形制信息较完整的后蜀时期墓有孟知祥墓[46]、张虔钊墓[47]、徐铎夫妇墓（2座）[48]、宋琳墓[49]、孙汉韶墓[50]、西窑村孔目官墓[51]、刘塘夫妇墓（2座）[52]、李𤩽墓[53]、徐公夫妇墓[54]共11座。墓主人身份有割据政权皇帝、封王、侯爵、各阶层官员及富有平民，能较全面反映后蜀时期社会各层所使用墓葬形制。总体而言，四川地区五代时期墓葬形制具统一性和多样性两重特征，统一性体现在圆形封土流行、棺台普遍使用和墓葬装饰流行等方面，而多样性则主要体现在建筑材质和墓葬结构上。

一、圆形封土的流行及其原因

　　赵廷隐墓上存圆形封土，前后蜀时期具明确纪年的19座墓葬中，确认存封土的有7座，其中前蜀皇帝王建、后蜀皇帝孟知祥、后蜀平民宋琳、徐公夫妇墓上存圆形封土；前蜀魏王王宗侃、后蜀高平县开国男徐铎墓封土平面结构不详；后蜀乐安郡王孙汉韶墓简报称封土略呈覆斗状，又称封土东北段边缘有砖砌加固墙，推测其结构与王建墓和孟知祥墓相似，为圆形界墙，封土亦可能为圆形。封土是墓葬的地面标志物，在我国最早出现于春秋晚期，战国时期已流行[55]，当时中原地区流行的封土形制主要有堂形、坊形、夏屋形和斧形四种[56]，而战国时期楚地封土多为圆形[57]。秦汉时期，秦始皇和西汉诸帝陵（文帝霸陵因山为陵除外）封土皆为底部呈方形的上小下大覆斗状[58]。上行下仿，两汉诸侯王至豪强地主竞相在墓葬中使用高大封土，成都平原西侧邛崃大邑片区、北侧彭州什邡片区、东侧壁焦梁子、南侧双流片区都分布有大量汉代封土包，其中邛崃汉墓、双流机场汉墓中部分封土包都经科学发掘，其中保存较好的邛崃汉墓24号点封土整体亦呈覆斗状[59]。自汉以来各代都有关于封土高度的规定[60]，而无关于封土形制的记载，可能自皇帝而下墓葬多用覆斗形封土已成定式。唐高祖李渊献陵封土仍为覆斗形[61]，但其陵园内陪葬墓中仅

1 座封土为覆斗形，其他墓葬封土皆为圆形[62]。其后大多帝陵因山为陵[63]，各陵园内陪葬墓封土除少量为覆斗形，极少为象山形，绝大部分为圆形，而圆形墓葬可确认身份的墓主人等级一般低于前两种封土形制墓主人[64]。五代时期无论北方政权还是南方十国割据政权，其典章制度悉沿于唐。陵墓制度关乎封建等级体系的稳定性，前后蜀政权统治者在规划陵墓时定会慎重。前蜀王建墓和后蜀孟知祥墓在规划墓葬时皆用圆形封土，而非唐及以前帝王所用覆斗形封土各有其特殊原因。王建墓是我国第一座在地面上修建而成的石质帝王墓，因四川和周边区域未见该类型墓葬形制，选择这种独特的建筑方式极可能有两方面考虑。其一，仿唐帝陵因山为陵的传统。王建为许州舞阳人，出生成长于中原地区，而其丞相韦庄谙熟唐制，唐帝陵自高祖后鉴于坚固和雄伟两个因素多系因山为陵，作为割据政权皇帝，王建也想仿唐帝陵寝制度。但成都平原周边多为红砂石浅山，不太适合开凿大型墓葬，因此选择在都城附近地面用石块修建墓室，然后在其上堆积如山状圆形封土，恰如在高山中开凿出陵墓。其二，防水防潮。因成都平原地下水位较高，王建墓的建设十分注意防水防潮。这可以从墓室底部砾石层和封土外围规范的排水系统得到证明，同时墓上堆积圆形封土排水效果远优于覆斗形封土。鉴于礼仪和实用两方面的考虑，所以王建墓选择了圆形封土。孟知祥墓选择圆形封土，主要出于其特殊的圆形墓葬形制和排水需要。前后蜀两位开国皇帝陵墓均用圆形封土，其政权下臣民无论是遵从等级制度规定还是出于实用功能的考虑都会选择圆形封土结构。赵廷隐虽贵为封王，身居一品，其墓葬亦使用圆形封土结构。同时也可初步判断，除个别特例，前后蜀墓葬封土应全部为圆形，其为前后蜀墓葬特征统一性之首。

二、棺台源流及其使用的普遍性

赵廷隐墓主室中部存长方形棺台。棺台亦称棺床，在墓葬中主要用于垫棺，其源于汉晋时期日常的实用床[65]。北魏平城时期，石棺床开始在墓葬中出现，此时的石棺床较矮，床足在整体高度中约占 1/3[66]。至太和元年左右，石棺床使用逐渐普遍并且变高，床足在整体高度中约占 1/2、甚至更多[67]。太和末年至迁都洛阳前后，砖砌棺台开始流行[68]。北魏迁洛后，至北齐、北周时使用棺床习俗传播至中原地区，并逐渐与南方文化结合形成高足围屏床榻[69]，且至北周时使用者主要为来华粟特人。北朝晚期至隋唐时期，棺床四侧开始雕刻壶门，而不再设足。唐代石棺床多为无屏风者，主要由从二品以上品秩官员使用，而从正二品至从九品官员皆使用砖棺台[70]，其中继续使用围屏者仅天水唐墓 1 座[71]。四川地区已发表纪年墓中唐初者有冉仁才夫妇墓[72]，冉仁才为刺史、巫山公，其墓葬中尚未使用棺台。而自唐中期爨公墓[73]始，至唐晚期王怀珍墓[74]、鲜腾墓[75]、勾龙仙龄墓[76]中皆使用棺台。此时棺台据形制和砌法可分为两类，一种以爨公墓为代表，墓主人为节度副使、开府仪同三司兼太常卿、南宁一十四州都督、袭南宁郡王，墓葬规格较大，在棺室后端留生土台，并在左、右、前三侧包砖砌成须弥座状，其前端饰壸门。另一种以王怀珍墓为代表，墓主人为中下层官员，墓葬规格略小，墓葬剖面从前往后呈两阶或三阶状，甬道部分下挖，墓室部分利用原有生土砌砖形成须弥座状棺台，其前端亦饰壸门。

唐墓中出现的两种棺台在前后蜀时期有明确纪年的 19 座墓葬中普遍使用并进一步发展。前者如王建墓、王宗侃墓、晋晖墓、孟知祥墓、张虔钊墓、徐铎夫妇墓、孙汉韶墓等，墓主人为前后蜀政权皇帝、封王或上层官员，墓葬规模大，棺床平面呈长方形、剖面呈须弥座状，多在墓室中部生土台四周用石块或青砖包砌而成，多宽阔且高大。后者如刘塘墓、西窑村孔目官墓、徐公夫妇墓等，墓主人为中下层官员或富有平民，墓葬多为长方形单室，规格较小。多将甬道下挖，墓室部分利用原始生土和甬道的高差形成棺台，棺台前端呈须弥座状，部分饰壸门等装饰。赵廷隐为一品高官，其墓葬使用棺台为第一种形制，与前后蜀时期墓葬中棺台使用规律相符。北宋全国一统后，政治中心保留在中原地区，四川地区未见上层官员墓葬，已发现的中下层官员[77]及平民墓葬中存棺台者多延续后一种形制。

三、墓葬装饰流行

前后蜀时期墓葬中的装饰主要分为两种，一种为壁画，一种为雕刻，这两种装饰在赵廷隐墓中兼有。壁画主要出现在规格较大的墓葬中，如前蜀皇帝王建墓室内四壁先敷厚 2～3 厘米的细泥一层，其上涂白垩，白垩之上券顶涂天青色、券以下墙壁均涂朱色，前室第三道券的下重券额上可辨鲜艳的红、绿二色宝相花纹，第一道墙券上残存人物形象。后蜀皇帝孟知祥墓甬道两侧可辨彩绘男女宫人。前蜀魏王王宗侃夫妇墓墓底发现较多从墓壁掉落的粉状和块状石灰，在一些石灰上有朱、黑两色的残缺图像，以白地黑彩为主，可辨者有卷草、变形云纹。后蜀张虔钊墓室内壁粉石灰，其上可辨褚赭色。徐铎墓墓门上施白膏粉，其上用红、黄两色彩绘仿木斗拱、螺旋纹、回纹和卷云纹。徐铎夫人墓前室顶部施白膏粉，其上残存黑、棕褐、黄和绿色相配绘成的宝相花及藤枝蔓叶、花朵和天鹅。另外，孙汉韶墓、宋琳墓内壁抹石灰，其上亦存壁画残痕。以上墓葬墓主人中王建、孟知祥分别为前后蜀政权皇帝，王宗侃、张虔钊、徐铎、孙汉韶皆为高层官员，宋琳无官职，这说明在墓葬中装饰壁画主要流行于社会上层，但无官职者亦可使用。宋琳其人在文献中并无记载，但从其墓葬规模判断，应为有特殊礼遇或财力充足者。我们亦可据以上墓葬壁画装饰情况推测，壁画应为前后蜀时期大型墓葬必备的装饰因素。

四川地区潮湿的气候条件不利于壁画艺术的保持与发展，自汉以来，该地墓葬中流行雕刻装饰，如画像砖、画像石棺及崖墓雕刻等，而未见壁画传统。下至隋唐，除万州冉仁才墓出现仿中原地区星宿和四神题材壁画，再无他例。前后蜀时期，壁画装饰突然成为本地大型墓葬中必备装饰因素，与当时本地社会状况及文化风向存在必然联系。晚唐至五代时期，前蜀的建立、后唐并前蜀、后蜀替后唐三次政权更迭皆未发生大规模战争，成都地区繁荣稳定、富庶安定的生活状况吸引大量中原移民，其中不乏文学硕儒与丹青能手。晚唐时期，两位避难西蜀的皇帝带来了首批丹青奇工[78]，为西蜀画的发展奠定了基础。前后蜀时期执政者热衷于绘画[79]，稳定的社会环境和统治者的推崇为丹青艺术的发展提供了充分的条件，因此五代时期西蜀画家辈出[80]，西蜀也成为山水画和花鸟画中心之一。当时著名人物有李升[81]、黄筌[82]、李文才等，其中黄筌、黄居寀父子兼攻山水与花鸟，并以花鸟尤佳[83]，被称"黄家样"，后对北宋院体画产生深远影响[84]。

前后蜀政权皇家对山水和花鸟画的喜爱，使得五代时期西蜀士人对山水、花鸟画作和装饰推崇备至[85]，该风潮也反映在墓葬之中，使得大型墓葬中皆以壁画装饰为尚。前后蜀时期墓葬中残存壁画，题材可辨者除少量宫人、仿木结构外，以花鸟为主体，如王建墓饰宝相花、王宗侃墓饰卷草纹、徐铎夫人墓饰藤蔓及天鹅等。赵廷隐墓中壁画除北耳室残存宫人题材，墓门和后壁亦皆饰花鸟。这一特征明显区别中原地区同时期壁画墓题材。北宋并后蜀，孟昶举族与官属一并北迁[86]，推测当时画院画师亦在此列。可能北宋时期西蜀地区高等级墓葬的缺失和画师的缺少这两个因素导致本地宋墓中再未出现壁画装饰。

不同于壁画装饰仅出现于大型墓葬中，雕刻装饰盛行于前后蜀时期各种规格墓葬中。由于棺台在墓葬中的普遍流行，其成为雕刻装饰最主要承载体，大多砖、石棺床四侧常饰以壸门。高等级墓葬壸门内常刻有花卉、卷云或伎乐、神兽等主题。负棺力士浮雕在石质棺床墓葬中普遍流行，后蜀皇帝孟知祥和陵、后蜀一品官员张虔钊墓、孙汉韶墓，无官职平民宋琳墓、徐公墓石棺床侧皆有发现。后唐高晖夫妇墓、后蜀宋琳墓在石棺上还装饰有源自东汉的天门、四神、妇人启门等题材雕刻。

除以上题材，高等级墓葬中还装饰有砖雕仿木结构，如前蜀晋晖墓砖砌棺台前端最上层的砖向外伸出作屋檐状，中部有宽0.14、进深0.04米（长度不详）的假窗5个。后蜀孟知祥墓和赵廷隐墓则用砖将墓门装饰为牌楼式样。墓葬中仿木构装饰的出现因受北方墓葬因素影响，特别是牌楼式墓门与河西、关中地区十六国至隋唐时期高等级墓葬中端门形制相似。

赵廷隐墓棺床附近出土有铁环和铜铃铛，推测棺室内曾挂有帷帐。前蜀王建墓和后蜀孟知祥墓内亦存用于悬挂帷帐的铁钩、铁链等。结合墓室内鲜艳的壁画及生动雕刻，可以想象两蜀时期大型墓葬修建完成时其内是充满暖色调的温馨装饰，恰如人生另一阶段的居所。隋唐时期，人们把死亡看成天道常理，将其视为生命中的一部分[87]，生当热烈，死亦不悲。前后蜀承袭唐代生死观，希望安定富足的生活在死后能够继续，所以将死后居所精心装饰亦在情理之中。

四、前后蜀墓葬形制的多样性

赵廷隐墓主室顶部垮塌，据墓葬平面形制、肋柱结构及主室直墙残存券砖判断，其原为十字穹隆顶结构，四川地区用十字穹隆顶结构墓葬仅此一座，其为两蜀时期墓葬形制多样性的典型墓例。前后蜀墓葬形制的多样性主要体现在建筑材料和墓葬结构两方面。

就建筑材料而言，主要有砖构和石构两种。从两蜀纪年墓看，一品官员至无官职平民多用砖构墓葬，其区别主要在于随身份等级而变化的墓葬规模。而石构墓葬墓主人只有前后蜀皇帝和无官职平民两种，前者如王建墓主要为仿唐帝陵因山为陵、用石建墓的特权传统[88]，而后者如徐氏夫妇墓则可能源自四川地区浅丘地区自汉以来的石室墓传统[89]。

从墓葬结构来看，前后蜀墓葬以长方形券顶墓为主流，其中高等级墓葬与中小型墓葬仅在墓葬规格和附属设置上存在区别，这源于四川地区的砖室墓传统。四川地区砖室墓自两汉之际兴起[90]，墓室多为纵向长方形，除土坑墓向砖室墓过渡阶段的少量砖椁墓为平顶[91]，东汉至唐多为券顶，该传统亦延续至前后蜀时期[92]。前后蜀时期墓葬除传承汉以来长方形券顶砖室墓习俗，在大型墓葬中出现了以下新类型和新因素。第一，地上墓葬。前蜀王建墓为我国唯一在地面修建的墓葬[93]，其墓葬形制仿唐帝陵因山而建的前、中、后三室石质结构，因成都平原特殊的地理和气候因素选择在地上修建，具体原因前文已论，此处不赘。第二，二室并列夫妻合葬墓。两汉之际，四川平原地区竖穴土坑墓向横穴砖室墓过渡、浅丘地区竖穴岩坑墓向横穴崖墓过渡，过渡阶段出现过极少量的两室并列合葬现象[94]，东汉偶见两砖室并列分布，尔后合葬行为多在一室通过多次下葬完成。前蜀王宗侃墓系在同一墓圹内修建的两并列带耳室长方形券顶墓，两室之间存通道[95]，该形制开启了西蜀地区宋代双室并列夫妻合葬墓之先[96]。第三，穹隆顶圆形墓葬。后蜀孟知祥墓是四川地区唯一的圆形穹隆顶墓[97]，其为五代时期人口迁移与文化交融的典型案例。圆形墓葬于6世纪初兴起于北方地区，其分布区域北达内蒙古赤峰、南及河南巩义、西至山西大同、东到山东临淄，是在特殊历史时期社会文化和地理区域等多方面因素共同影响下出现的墓葬形制[98]，五代时期以洛阳为中心的北方地区盛行圆形穹隆顶砖室墓[99]。孟知祥为邢州龙冈人，其妻福庆长公主又为沙陀族[100]，邢州龙冈正处于圆形墓葬流行的中心区域[101]，加之受后唐草原民族文化的影响，孟知祥选择圆形穹隆顶墓亦在情理之中。该墓是前后蜀时期北方地区墓葬因素与本地墓葬习俗融合的产物。第四，近方形十字穹隆顶墓。赵廷隐墓平面为长方形主室带左、右、后三耳室，其结构与唐爨公墓较相似，仅墓葬规模变大。且墓葬皆为砖构，符合唐代皇室成员以下官员用单室砖墓的礼制规定[102]。出土墓志载廷隐薨后，"圣上宸襟震悼，辍朝三日，命使赙禭，备极恩礼"。赵廷隐在后蜀政权中地位极高，其墓葬形制与规格却略低于同朝张虔钊墓和孙汉韶墓，且砖质棺床等级亦低于张、孙二墓所用石棺床。"备极恩礼"在墓葬形制上可能主要体现于墓顶结构。后蜀一朝，除开国皇帝孟知祥墓用穹隆顶，其他墓葬皆为券顶，而赵廷隐墓所用十字券顶结构极可能为孟昶对其的特别恩赐。

　　四川地区东汉至六朝砖室墓和崖墓中出土有陶房、陶楼、磨坊和陶仓等建筑模型，皆为单体建筑。后蜀赵廷隐墓出土建筑模型平面略呈长方形，是由院门、左右楼阁、中心楼阁、后房、院墙构成的完整封闭院落。因庭院中心楼阁内存赵廷隐坐像，判断该庭院是模仿赵氏宅邸实际情况按比例缩小烧制而成。

　　墓志载赵廷隐薨于成都县龙池坊之里第，说明其平日居住宅邸位于龙池坊内。除该宅邸，文献中多有其修建奢华别墅的记载。《九国志》载"庭隐久居大镇，积金帛巨万，穷极奢侈，不为制限。营构台榭，役徒日数千计……"[103]，可见廷隐修建别墅耗费巨大人力、物力。《北梦琐言》载"……伪中书令赵廷隐起南宅北宅，千梁万栱，其诸奢丽，莫之与俦。后枕江渎，池中有二岛屿，遂甃石循池，四岸皆种垂杨，或间杂木芙蓉，池中种藕。每至秋夏，花开鱼跃，柳阴之下，有士子执卷者、垂纶者、执如意者、执尘尾者、谭诗论道者……"[104]，可见其别墅营建之精巧堂皇。廷隐故后两年，孟昶特命名其别墅为崇勋园[105]。崇勋园修建于江渎池侧，园内池岛柳堤，一应俱全，与墓葬出土庭院有别。判断赵廷隐出土庭院应是仿其龙池坊内宅邸而制。

　　唐宋时期四川地区出土庭院材料较少，除赵廷隐墓外，后蜀孙汉韶墓[106]、北宋王府君墓[107]、成都共和路北宋墓[108]各出土一套。后蜀孙汉韶墓被严重扰乱，庭院出土时各单体建筑模型已失去原位，已有学者对各单体建筑形制进行过考证[109]，笔者通过对各单体建筑的观察并结合各建筑之间的组合关系，初步认为孙汉韶墓出土各建筑模型属于一个完整的庭院。据出土前后院墙规格推测，该庭院平面略呈正方形，边长约为53.6厘米，前门、影壁、过厅和楼阁位于庭院中轴线上，园林景观位于庭院右侧，由亭、假山等组成。北宋王府君墓出土庭院平面呈正方形，由围墙、院门和庭院内模型器构成。各侧围墙长35.2、高9.6厘米，围墙四面正中各有双扇板门。单檐歇山式屋顶，高12.8厘米。正面之门一扇紧闭、一扇半启，一妇女露半身作启门状。庭院院内置灶、水井、锅及盖、舂米锤等模型器，另存鸡、鸭、狗动物模型。成都共和路北宋墓出土庭院与北宋王府君墓出土庭院形制及规格极为相似，仅前院门洞开，其他三侧院门紧闭，庭院内除灶、锅及盖、舂米锤、动物等模型器，另存男女侍奉俑各3件。结合赵廷隐墓出土庭院可以初步总结唐宋时期成都地区院落四个特征：第一，庭院平面略呈封闭的正方形。第二，庭院一般四侧开有院门，大部分院门对称分布，少量庭院在后院墙两侧开偏门。第三，庭院主体建筑位于中轴线上，两侧建筑多对称分布。第四，院墙一般用悬山顶，主体建筑流行歇山顶，且双层楼阁流行。第五，庭院内一般分布有井、灶等模型器，亦分布有鸡、狗、马等动物模型器。

　　北方地区唐代出土院落材料亦较少[110]，虽然亭、假山等建筑特征有区别，但其建筑分布形式以及单体建筑形式与四川地区唐宋庭院大抵相似，两者间应存密切联系。这种庭院形制在五代时期敦煌壁画中亦有迹可循[1111]。

后蜀赵廷隐墓出土庭院模型是前后蜀时期高层官员里第的真实反映，对研究唐宋时期西蜀地区庭院及建筑形制具有重大意义，为认识唐宋时期建筑技术提供了宝贵的实物材料。庭院楼阁下层装饰的山水画亦为研究唐宋时期成都地区上层社会的审美情趣提供了物化证据。庭院内墓主人像、侍俑及模型器为认识庭院的功能分区和唐宋时期人民日常生活状态提供了生动的研究图景。

伎乐俑和舞俑分别集中出土于西耳室和南耳室中，其中女性伎乐俑23件、女舞俑2件，除少数被扰动至主室填土中外，其余大部分出土于西耳室及附近，男伎乐俑5件、男舞俑6件绝大多数出土于南耳室，乐俑合计28件、舞俑合计8件，乐舞俑合计36件。如此大规模的乐舞俑组合在墓葬中出土实属罕见，这与成都地区唐宋时期音乐舞蹈艺术的繁盛与墓主人对乐舞的喜爱密切相关。

唐五代时期，成都地区经济发达，《元和郡县图志》载"江南之气燥劲，故曰扬州……与成都号为天下繁侈，故称扬、益"[112]，《成都记·序》载"大凡今之推名镇为天下第一者，曰扬、益"[113]，《资治通鉴》亦载"扬州富庶甲天下，时人称扬一、益二"[114]。安史之乱后，大量宫廷乐舞艺人随二帝南下避难，为成都地区晚唐五代音乐大发展奠定了基础。晚唐时期的成都，《赠花卿》曰"锦城丝管日纷纷，半入江风半入云。此曲只应天上有，人间能得几回闻"[115]，足见成都城内音乐表演之盛、演奏水平之高。《蜀梼杌》载前后蜀时期成都"村落闾巷之间，弦管歌诵，合筵社会，昼夜相接……"[116]说明成都俨然已经成为音乐名都会之首，恰如《成都府》所言："喧然名都会，吹箫间笙簧"。

前后蜀统治者热爱乐舞表演并亲自参与，前蜀王衍于"（乾德）五年三月上巳，宴怡神亭，妇女杂坐，夜分而罢。衍自执板，唱《霓裳羽衣》及《后庭花》、《思越人》曲……衍自唱韩琮《柳枝词》曰：'梁苑隋堤事已空，万条犹舞旧春风。何须思想千年事，惟见杨花入汉宫'"[117]。后蜀孟昶于"广政元年上巳，游大慈寺，宴从官于玉溪院，赋诗。俳优以王衍为戏，命斩之"，并于"（广政）三年正月上元，观灯露台，舞倡李艳娘有姿色，召入宫，赐其家钱十万"[118]，上行下效，权臣赵廷隐家中自然有歌舞乐队，其中优秀者甚至选入后蜀宫中主掌教坊[119]，可见其家蓄乐队成员技艺超群。赵廷隐次子赵崇祚所编《花间集》序言中写道"将使西园英哲，用资羽盖之欢；南国婵娟，休唱莲舟之引"[120]，《花间集》是我国第一部文人词集，其编撰目的就是满足后蜀社会上层音乐舞蹈表演的需要。可以想见，精彩的音乐歌舞表演为赵氏一族日常生活的一部分。他们也希望赵廷隐在死后仍然能享受这声色之美，所以其墓中随葬如此规模的乐舞俑组合亦在情理之中。

墓葬中女性乐舞俑和男性乐舞俑分置于不同耳室，但其应属于一个整体，仅下葬时因性别差异分开放置。如后周冯晖墓出土砖雕乐舞人物共28位，其中男、女各14位分别位于甬道两侧，且男女队前各彩绘执竹竿者1位[121]。执竹竿者在乐队中担任致辞任务[122]，应为乐队的一部分，因此冯晖墓应是由15位男性和15位女性共同组成30人的乐舞队。赵廷隐墓西耳室女性伎乐俑与南耳室男性执竹竿俑亦应属于同一个整体，西耳室两件女舞俑1件为柘枝舞俑[123]、1件为剑舞俑，在表演过程中皆需要执竹竿者的参与。且女性伎乐俑中无执拍板者，需两件男性执拍板俑来补充。故而可确定，赵廷隐墓中是由25位女性、

11 位男性共同组成的 36 人乐舞陶俑组合。

　　墓葬出土女性伎乐俑所执乐器有琵琶一、竖箜篌二、筝一、横笛二、排箫二、笙二、筚篥二、鸡娄鼓二、羯鼓二、正鼓一、和鼓一、答腊鼓一、都昙鼓二、大鼓一、方响一，出土男性伎乐俑所执乐器有横笛二、拍板二、竹竿一。《隋书》载"及大业中，炀帝乃定《清乐》《西凉》《龟兹》《天竺》《康国》《疏勒》《安国》《高丽》《礼毕》，以为《九部》……龟兹者……其乐器有竖箜篌、琵琶、五弦、笙、笛、箫、筚篥、毛员鼓、都昙鼓、答腊鼓、腰鼓、羯鼓、鸡娄鼓、铜拔、贝等十五种……"[124]，赵廷隐伎乐俑所执乐器组合与隋九部乐中龟兹乐最近，然而多出拍板、方响、大鼓等器，而缺少贝。《新唐书》载俗部所用乐器"丝有琵琶、五弦、箜篌、筝，竹有觱篥、箫、笛，匏有笙，革有杖鼓、第二鼓、第三鼓、腰鼓、大鼓，土则附革而为鞙，木有拍板、方响，以体金应石而备八音"[125]，可见唐俗部乐实际是隋龟兹乐添加了拍板、方响、大鼓三乐器。拍板为胡乐中节乐之器[126]，方响为唐五代时期代替清乐中磬而产生的新乐器[127]，人鼓是唐代太常四部乐中人鼓部主要乐器[128]。这说明至晚唐时期，胡乐已完全融入俗乐。赵廷隐墓伎乐俑组合所表现的无疑属于俗乐，且为俗乐中立部伎[129]。

　　赵廷隐墓结构特殊，出土器物精美，文字材料丰富，是研究五代时期墓葬形制及名物制度的珍贵墓葬材料。本报告在尽量全面报告发掘信息的基础上，已对前后蜀时期墓葬形制及墓葬少量出土器物提出浅显的看法，然而该墓葬中的大量现象及器物需要更加全面深入地研究，如铜带扣的复原与研究、男舞俑与百戏的关系、壁画的复原与研究及出土彩陶俑的服饰复原研究等。本报告的出版权当抛砖引玉，一来完成考古人对发掘资料客观整理发表的义务，二是希冀引起学界对五代时期，特别是前后蜀时期考古资料的重视，从而有助于学界对其进行更深入的研究。

注释

[1]（宋）张唐英撰：《蜀梼杌》卷下，傅璇琮、徐海荣、徐吉军主编：《五代史书汇编》，杭州出版社，2004 年，第 10 册，第 6094 页；（宋）司马光编著，（元）胡三省音注：《资治通鉴》卷二百七十二《后唐纪一》，中华书局，1956 年，第 19 册，第 8895 页；（清）吴任臣撰：《十国春秋》，中华书局，1983 年，第 757 页。以上三书皆载"廷隐，开封人。"（元）脱脱等撰：《宋史》卷四百七十九《西蜀孟氏世家》，"赵崇韬，并州太原人。父廷隐，随知祥入蜀"，中华书局，1977 年，第 40 册，第 13886 页。

[2]（唐）杜佑撰：《通典·职官十五》，"开元中，定天下州府自京都及都督、都护府之外，以近畿之州为四辅，其余为六雄、十望、十紧及上、中、下之差。""大唐县有赤、畿、望、紧、上、中、下七等之差。"注曰："京都所治为赤县，京之旁邑为畿县，其余则以户口多少、资地美恶为差。"中华书局，1984 年，第 188、191 页。

[3]（宋）路振撰：《九国志》卷七《赵庭隐传》，傅璇琮、徐海荣、徐吉军主编：《五代史书汇编》，杭州出版社，2004 年，第 6 册，第 3301 页。

[4]（宋）薛居正等撰：《旧五代史》卷二《梁书·太祖纪二》，"（天复三年）十月辛巳，护驾都指挥使朱友伦因击鞠堕马，卒于长安。讣至，帝大怒，以为唐室大臣欲谋叛己，致友伦暴死。"中华书局，2016 年，第 1 册，第 36 页；（宋）司马光编著，（元）胡三省音注：《资治通鉴》卷二百六十四，昭宗天复三年"宿卫都指挥使朱友伦与客击球于左军，坠马而卒。"其注有考异曰："《编遗录》：丁亥，赵廷隐自长安驰来告，今月十四日，朱友伦坠马而卒。"梁祖悲怒，"凡与同戏者十余人尽杀之，遣其兄子友谅代典宿卫"，中华书局，1956 年，第 18 册，第 8621 页。

[5]（宋）路振撰：《九国志》卷七《赵庭隐传》，"庭隐、董璋等十数人，皆追赴汴州，（朱温）知其无过，竟释不问，令给事左右"，傅璇琮、徐海荣、徐吉军主编：《五代史书汇编》，杭州出版社，2004 年，第 6 册，第 3301 页。

[6]（宋）司马光编著，（元）胡三省音注：《资治通鉴》卷二百六十五《唐纪八十一》，中华书局，1956 年，第 18 册，第 8657 页；（宋）薛居正等撰：《旧五代史》卷十四《罗绍威传》，"会全忠女适绍威子廷规者卒，全忠遣客将马嗣勋实甲兵于橐中，选长直兵千人为担夫，帅之入魏，诈云会葬，全忠自以大军继其后，云赴行营，牙军皆不之疑"，中华书局，2016 年，第 1 册，第 215、216 页。

[7]（宋）路振撰：《九国志》，"时庭隐为邢州都监，累立战功。节度使刘重霸嫉之。诬庭隐将所部兵降于庄宗"，傅璇琮、徐海荣、徐吉军主编：《五代史书汇编》，杭州出版社，2004 年，第 6 册，第 3301 页。

[8]据（宋）欧阳修等撰：《新五代史》卷六十《职方考第三》，监押职务在都监之下，中华书局，2016 年，第 3 册，第 828 页。

[9]关于安陆之战史籍记载不详，但从文献线索分析吴军在进攻过程中遇到州军抵抗。如（宋）司马光编著，（元）胡三省音注：《资治通鉴》卷二百七十一《后梁纪六》，"吴张崇攻安州，不克而还"，中华书局，1956 年，第 19 册，第 8851、8853 页；（宋）路振撰：《九国志》卷一《张崇传》，"武义元年（919 年），累加安西大将军。梁祖遣将合湖南兵攻荆州，以崇为应援招讨使，引军攻安州，降其骑兵二百而还迁德胜军节度使，加中书令"，傅璇琮、徐海荣、徐吉军主编：《五代史书汇编》，杭州出版社，2004 年，第 6 册，第 3234 页。

[10]（宋）路振撰：《九国志》卷七《赵庭隐传》，"王彦章守中都，庭隐在其军中。"傅璇琮、徐海荣、徐吉军主编：《五代史书汇编》，杭州出版社，2004 年，第 6 册，第 3301 页；（宋）薛居正等撰：《旧五代史》卷三十《唐书六》，"同光元年冬十月……时王彦章守中都。甲戌，帝攻之，中都素无城守，师既云合，梁众自溃。是日，擒梁将王彦章及都监张汉杰、赵廷隐、刘嗣彬、李知节、康义通、王山兴等将吏二百余人，斩馘二万，夺马千匹。"中华书局，2016 年，第 2 册，第 469 页；（宋）王钦若等编纂，周勋初等校订：《册府元龟》卷二十，"十月癸酉，庄宗亲御六师至郓州……追至中都。俄而大围合，城无所备，贼溃围而出，击之，大破，生擒大将王彦章及监军张汉杰、赵廷隐等"，凤凰出版社，2006 年，第 1 册，第 203 页。

[11]（宋）路振撰：《九国志》卷七《赵庭隐传》，"（庭隐）将以就戮。大将夏鲁奇奏曰：'此锉也，其才可用。'遂释之。"傅璇琮、徐海荣、徐吉军主编：《五代史书汇编》，杭州出版社，2004 年，第 6 册，第 3301 页。

[12]（宋）欧阳修等撰：《新五代史》卷四十四《康延孝传》，"三年，征蜀，以延孝为先锋、排阵斩斫使"，中华书局，2016 年，第 2 册，第 554 页。

[13]（宋）路振撰：《九国志》卷七《赵庭隐传》，"魏王继岌讨西川，以庭隐为先锋监押。"傅璇琮、徐海荣、徐吉军主编：《五代史书汇编》，杭州出版社，2004 年，第 6 册，第 3302 页。

[14]（宋）路振撰：《九国志》卷七《赵庭隐传》，"魏王平成都，录其功，奏授左厢马步军都指挥使……"，傅璇琮、徐海荣、徐吉军主编：《五代史书汇编》，杭州出版社，2004 年，第 6 册，第 3302 页。

[15]（宋）司马光编著，（元）胡三省音注：《资治通鉴》卷二百七十四《后唐纪三》，中华书局，1956 年，第 19 册，第 8957 页。

[16]（宋）欧阳修等撰：《新五代史》卷十四《庄宗子继岌传》，中华书局，2016 年，第 1 册，第 181 页；（宋）司马光编著，（元）胡三省音注：《资治通鉴》卷二百七十四《后唐纪三》，"（同光四年二月）丁酉，绍琛（即康延孝）自剑州拥兵西还，自称西川节度、三川制置等使，移檄成都，称奉诏代孟知祥，招谕蜀人，三日间众至五万。"中华书局，1956 年，第 19 册，第 8961 页。

[17] （宋）薛居正等撰：《旧五代史》卷五十七《郭崇韬传》，"时蜀土初平，山林多盗，孟知祥未至，崇韬令任圜、张筠分道招抚，虑师还后，部曲不宁，故归期稍缓"，中华书局，2016 年，第 3 册，第 891 页；（宋）司马光编著，（元）胡三省音注：《资治通鉴》卷二百七十四《后唐纪三》，"时成都虽下，而蜀中盗贼群起，布满山林"，中华书局，1956 年，第 19 册，第 8952 页。

[18] （宋）司马光编著，（元）胡三省音注：《资治通鉴》卷二百七十四《后唐纪三》，"（同光四年三月）蜀中群盗犹未息，知祥择廉吏使治州县，蠲除横赋，安集流散，下宽大之令，与民更始。遣左厢都指挥使赵廷隐、右厢都指挥使张业将兵分讨群盗，悉诛之"，中华书局，1956 年，第 19 册，第 8966 页。

[19] （宋）薛居正等撰：《旧五代史》卷三十九《明宗纪第五》，"以西川马步军都指挥使赵廷隐兼汉州刺史，从孟知祥之请也"，中华书局，2016 年，第 2 册，第 615 页。

[20] 关于后唐与两川剑州之役文献记载颇多，如（宋）欧阳修等撰：《新五代史》卷六十四，"璋来告急，知祥大骇，遣廷隐分兵万人以东……十二月，敬瑭及廷隐战于剑门，唐师大败"，中华书局，2016 年，第 3 册，第 901 页。（宋）路振撰：《九国志》卷七《赵庭隐传》，"会唐师入剑门，知祥急召庭隐令统锐兵五千至东川，与董璋合军以据之……廷隐密遣军中善射者五百人，伏唐师之归路。乃领军出营，久而不战，至暮唐师退。廷隐纵兵追之。伏卒齐起，表里合击，唐师大败"，傅璇琮、徐海荣、徐吉军主编：《五代史书汇编》，杭州出版社，2004 年，第 6 册，第 3302 页；卷七《李奉虔传》，"诸将进攻遂宁，王师掩至，剑门不守。知祥命赵庭隐督兵往拒之，署奉虔为兵马监押。时众寡不敌，人心动摇，奉虔与庭隐率励士卒，竟败王师"，傅璇琮、徐海荣、徐吉军主编：《五代史书汇编》，杭州出版社，2004 年，第 6 册，第 3315 页；卷七《庞福诚传》，"王师陷剑门，从赵庭隐率兵据石桥。福诚夜领兵数百人，循水次东北上山攻王师，夹其腹背"，傅璇琮、徐海荣、徐吉军主编：《五代史书汇编》，杭州出版社，2004 年，第 6 册，第 3309 页。（宋）司马光编著，（元）胡三省音注：《资治通鉴》卷二百七十七《后唐纪六》，"（长兴元年）十二月，壬辰，石敬瑭至剑门。乙未，进屯剑州北山。赵廷隐陈于牙城后山。李肇、王晖陈于河桥。敬瑭引步兵进击廷隐，廷隐择善射者五百人伏敬瑭归路，按甲待之，矛稍欲相及，乃扬旗鼓噪击之，北军退走，颠坠下山，俘斩百余人……敬瑭又使骑兵冲河桥，李肇以强弩射之，骑兵不能进。薄暮，敬瑭引去，廷隐引兵蹑之，与伏兵合击，败之。敬瑭还屯剑门。"中华书局，1956 年，第 19 册，第 9053 页。

[21] （宋）司马光编著，（元）胡三省音注：《资治通鉴》卷二百七十七《后唐纪六》，中华书局，1956 年，第 19 册，第 9055 页。

[22] （宋）司马光编著，（元）胡三省音注：《资治通鉴》卷二百七十七《后唐纪六》，"昭武留后赵廷隐自成都赴利州"，中华书局，1956 年，第 19 册，第 9059 页。

[23] （宋）司马光编著，（元）胡三省音注：《资治通鉴》卷二百七十七《后唐纪六》，中华书局，1956 年，第 19 册，第 9063 页。

[24] （宋）薛居正等撰：《旧五代史》卷六十二《董璋传》，"璋怒曰：'西川存得弟侄，遂欲再通朝廷，璋之儿孙已入黄泉，何谢之有！'自是璋疑知祥背己，始构隙矣。三年四月，璋率所部兵万余人以袭知祥"，中华书局，2016 年，第 3 册，第 968、969 页。

[25] （清）董诰等编：《全唐文》卷八百九十一《为孟知祥答唐明宗奏状》，"其董璋至今年四月二十八日，暴兴兵甲，五月一日，骤入汉州。臣其日先差昭武军节度兵马留后兼左厢步军都指挥使赵廷隐，总领三万人骑，发次新都，臣自统领衙内亲军二万人骑继之，俱列营于弥牟镇北"，上海古籍出版社，1983 年，第 9309 页。

[26] （清）顾祖禹撰：《读史方舆纪要》卷六十七《四川二》，"鸡踪桥，在县北（新都县）三十五里。旧《志》云，弥牟镇北有鸡踪桥。后唐长兴三年，孟知祥以董璋克汉州，将兵赴援，至弥牟镇，赵廷隐陈于镇北。明日，陈于鸡踪桥，别将张公铎陈于其后，董璋陈于武侯庙下。知祥登高冢督战，大败东川兵，即此桥也。今湮"，中华书局，2005 年，第 3148 页。

[27] （宋）欧阳修等撰：《新五代史》卷六十四《后蜀世家第四》，中华书局，2016 年，第 3 册，第 902 页；（宋）司马光编著，（元）胡三省音注：《资治通鉴》卷二百七十七《后唐纪六》，中华书局，1956 年，第 19 册，第 9071、9072 页。

[28] （宋）王钦若等编纂，周勋初等校订：《册府元龟》卷一百七十八《帝王部·姑息第三》，孟知祥

令李昊草拟上表曰"两川部内将校、州县官员，缘地里遥远，一时奏报不暇，乞许臣权行墨制，除补讫闻奏"，凤凰出版社，2006 年，第 2 册，第 1981 页；（宋）司马光编著，（元）胡三省音注：《资治通鉴》卷二百七十八《后唐纪七》，中华书局，1956 年，第 2 册，第 9077、9082 页；（清）董浩等纂修：《全唐文》卷一〇八《后唐明宗·许孟知祥权行墨制诏》，"凡剑南自节度使、刺史以下官，听知祥差罢讫奏闻，朝廷更不除人；唯不遣成兵妻子，然其兵亦不复征也……其旌节官告等，更不差使颁宣，亦便委卿分付"，中华书局，1983 年，第 2 册，第 1102 页。

[29]（清）董浩等编：《全唐文》卷一〇八《许孟知祥奏赵季良等五人乞正授节旄诏》，"左厢马步都指挥使，知保宁军节度兵马留后赵廷隐"，中华书局，1953 年，第 2 册，第 1103 页。

[30]（宋）勾延庆纂：《锦里耆旧传》卷三，"长兴五年夏四月，文武劝进即皇帝位。大赦国内。改唐长兴五年为明德元年，以副使赵季良为相……在右马步军都指挥使李仁罕、赵廷隐、张业、侯洪实分掌军权"，上海师范大学古籍整理研究所编：《全宋笔记》，大象出版社，2013 年，第 84 页。

[31]（宋）马永易撰，陈鸿图辑校：《新辑实宾录》卷六《忘年友》，"五代后蜀赵崇祚，以门第为列卿，而俭素好士。大理少卿刘昫、国子司业王昭图，年德俱长，时号宿儒，崇友之，为忘年友"，中华书局，2018 年，第 219 页。

[32]（后蜀）赵崇祚辑：《花间集》序言称集者为"卫尉少卿字弘基"，中国书店，2014 年，第 1、6 页；（宋）陈振孙撰：《直斋书录解题》卷二十一《歌词类》，"《花间集》十卷。蜀欧阳炯作序，称卫尉少卿字宏基者所集，未详何人。其词自温飞卿而下十八人，凡五百首，此近世倚声填词之祖也"，上海古籍出版社，2015 年，第 614 页；（清）吴任臣撰：《十国春秋》卷五十六《欧阳炯传》考证"卫尉少卿赵崇祚"，中华书局，1983 年，第 2 册，第 812 页。

[33]（后蜀）赵崇祚辑，李一氓校：《花间集校》序言载"今卫尉少卿字弘基……广会众宾，时延佳论。因集近来诗客曲子词五百首，分为十卷。以炯粗预知音，辱请命题，仍为叙引。昔郢人有歌阳春者，号为绝唱，乃命之为《花间集》"，人民文学出版社，1958 年，第 1、2 页。

[34] 张潇潇：《〈花间集〉研究》，山东大学硕士学位论文，2011 年；闫一飞：《〈花间集〉传播的社会意义》，《沈阳师范大学学报》（社会科学版）2014 年第 3 期等。

[35]（清）吴任臣撰：《十国春秋》卷四十九《后蜀二·后主本纪》，后蜀李太后称众小将"皆膏粱乳臭子，素不习兵，徒以旧恩置于人上"，中华书局，1983 年，第 2 册，第 706 页；（元）脱脱等撰：《宋史》卷四百七十九《世家二·西蜀孟氏世家》，"又保正等皆世禄之子，素不知兵。一旦边疆警急，此辈有何智略以御敌"，中华书局，1977 年，第 40 册，第 13874 页。

[36]（宋）司马光编著，（元）胡三省音注：《资治通鉴》卷二百九十二《后周纪三》，中华书局，2011 年，第 20 册，第 9527 页；（宋）路振撰：《九国志》卷七《赵崇韬传》，"广政二年（守山阁本作"广政十八年"，结合其他文献分析应为广政十八年），周师复至境上，昶以崇韬与控鹤指挥使袁可钧，同为北面招讨。崇韬率励将士，行阵整肃，士卒有黥其额者为斧形者，号曰破柴，周师前锋，屡为崇韬所败，至归安而退"，傅璇琮、徐海荣、徐吉军主编：《五代史书汇编》，杭州出版社，2004 年，第 6 册，第 3303 页。

[37]（宋）司马光编著，（元）胡三省音注：《资治通鉴》卷二百九十四《后周纪五》，"（后周显德五年，即后蜀广政二十一年）蜀主以右卫圣步军都指挥使赵崇韬为北面招讨使……分屯要害以备周"，中华书局，1956 年，第 20 册，第 9588 页。

[38]（元）脱脱等撰：《宋史》卷四百七十九《世家二》载"（孟昶）立其子玄喆为太子，用王昭远、伊审征、韩保正、赵崇韬等分掌机要，总内外兵权"，中华书局，1977 年，第 40 册，第 13874 页。

[39]（清）吴任臣撰：《十国春秋》卷四十九，中华书局，1983 年，第 2 册，第 733 页；（元）脱脱等撰：《宋史》卷一《本纪第一》，中华书局，1977 年，第 1 册，第 18 页；（宋）路振撰：《九国志》卷七《赵崇韬传》，"崇韬与李廷珪等率兵拒之"，傅璇琮、徐海荣、徐吉军主编：《五代史书汇编》，杭州出版社，2004 年，第 6 册，第 3303 页。

[40]（元）脱脱等撰：《宋史》卷二《本纪第二》，"（乾德三年春，965 年）王全斌克剑门，斩首万余级，禽蜀枢密使王昭远、泽州节度赵崇韬"，中华书局，1977 年，第 1 册，第 21 页。

[41] 翁善良：《成都市东郊后蜀张虔钊墓》，《文物》1982 年第 3 期。

[42] 冯汉骥：《前蜀王建墓发掘报告》，文物出版社，1964 年。

[43] 赵殿增：《前蜀晋晖墓清理简报》，《考古》1983 年第 10 期。

[44] 成都文物考古研究所、龙泉驿区文物保护管理所：《成都市龙泉驿五代前蜀王宗侃夫妇墓》，《考古》2011 年第 6 期。

[45] 徐鹏章等：《成都北郊站东乡高晖墓清理简报》，《考古通讯》1955 年第 6 期。

[46] 钟大全：《后蜀孟知祥墓与福庆长公主墓志铭》，《文物》1982 年第 3 期。

[47] 翁善良：《成都市东郊后蜀张虔钊墓》，《文物》1982 年第 3 期。

[48] 成都市博物馆考古队：《成都无缝钢管厂发现五代后蜀墓》，《四川文物》1991 年第 3 期。

[49] 任锡光：《四川彭山后蜀宋琳墓清理简报》，《考古通讯》1958 年第 5 期。

[50] 成都市博物馆考古队：《五代后蜀孙汉韶墓》，《文物》1991 年第 5 期。

[51] 成都市文物考古研究所：《成都西郊西窑村唐宋墓葬发掘简报》，《东南文物》2003 年第 7 期。

[52] 成都文物考古研究院：《四川成都海滨村五代后蜀墓发掘简报》，《文物》2019 年第 7 期；成都文物考古研究院：《成都市青龙乡海滨村年家院子墓地发掘简报》《成都考古发掘》（2016），科学出版社，2018 年。

[53] 任锡光：《四川华阳县发现五代后蜀墓》，《考古通讯》1957 年第 4 期。

[54] 成都文物考古研究所、双流县文物管理所：《成都双流籍田竹林村五代后蜀双室合葬墓》，《成都考古发现》（2004），科学出版社，2006 年。

[55] 张立东：《初论中国古代坟丘的起源》，《中原文物》1994 年第 4 期；林留根：《论中国墓葬封土之源流》，《东南文化》1996 年第 4 期；董坤玉：《中国古代坟丘墓起源新探》，《考古》2017 年第 3 期。

[56] （汉）郑玄注，（唐）孔颖达正义，吕友仁整理：《礼记正义·檀弓上》，"昔者夫子言之曰：吾见封之若堂者矣，见若坊者矣，见若覆夏屋者矣，见若斧者矣……"上海古籍出版社，2008 年，上册，第 326 页；黄展岳：《说坟》，《文物》1981 年第 2 期；杨宽：《中国古代陵寝制度史研究》，上海古籍出版社，1985 年，第 9 页。

[57] 如湖北省文物考古研究所、荆门市博物馆、襄阳高速公路考古队：《荆门左冢楚墓》，文物出版社，2006 年，第 11 页；湖北省荆州博物馆：《荆州天星观二号楚墓》，文物出版社，2003 年。

[58] 陕西省文物管理委员会：《秦始皇陵调查简报》，《考古》1962 年第 8 期；刘占成、杨欢、张立莹：《秦始皇陵封土研究》，《秦俑博物馆开馆三十周年国际学术研讨会暨秦俑学第七届年会论文集》，三秦出版社，2010 年；陕西省文物管理委员会：《陕西兴平县茂陵勘查》，《考古》1964 年第 2 期；咸阳市博物馆：《汉景帝阳陵调查简报》，《考古与文物》1980 年第 1 期。

[59] 邛崃羊安汉墓发掘资料尚在整理中，基础信息可参索德浩：《汉代"大官"铭文考——从邛崃羊安汉墓 M36 出土"大官"漆器谈起》，《成都考古研究》（三），科学出版社，2016 年。

[60] （清）杜贵墀撰：《汉律辑证》律五，"列侯坟高四丈，关内侯以下至庶人各有差"，《丛书集成续编》，上海书店，1994 年，第 44 册，第 691 页；（唐）杜佑撰：《通典》卷一〇八《礼六十八·百官墓田》，"一品坟高一丈八，二品一丈六，三品一丈四，四品一丈二，五品一丈，六品八尺"，中华书局，1988 年，第 2811 页；（宋）王溥撰：《唐会要》，中华书局，1955 年，第 394 页。

[61] 陕西省考古研究院：《唐高祖献陵陵园遗址考古勘探与发掘简报》，《考古与文物》2013 年第 5 期。

[62] 姜宝莲：《试论唐代帝陵的陪葬墓》，《考古与文物》1994 年第 6 期。

[63] 刘庆柱、李毓芳：《陕西唐陵调查报告》，《考古学集刊》（第 5 集），中国社会科学出版社，1987 年；张建林：《唐代帝陵陵园形制的发展与演变》，《考古与文物》2013 年第 5 期。

[64] 英卫峰：《唐代帝陵陪葬墓研究》，西北大学博士学位论文，2011 年，第 67 ~ 69 页。

[65] 《宋书·礼志》："天子坐漆床居朱屋……漆床，亦当是汉代旧仪，而《汉仪》不载"。参见（梁）沈约撰：《宋书》卷十八《礼志五》，中华书局，1974 年，第 519 页。

[66] 大同市考古研究所：《山西大同阳高北魏尉迟定州墓发掘简报》，《文物》2011 年第 12 期。尉迟定州墓为长斜坡墓道砖构单室墓，墓室为四隅券进式穹隆顶结构。墓室中部略偏北存石椁，椁内存石棺床，平面呈长方形，东西长 2.04、南北宽 0.91、通高 0.3 米，前剖面整体呈倒山字形，前挡板足部饰水波纹。据石椁封门铭刻，墓葬年代为北魏文成帝太安三年（457 年）。

[67] 山西省考古研究所、大同市博物馆：《大同南郊北魏墓群发掘简报》，《文物》1992 年第 8 期；山

西大学历史文化学院、山西省考古研究所、大同市博物馆：《大同南郊北魏墓群》，科学出版社，2006 年，第 351 页。墓群中 M112 出土石棺床 1 件，长 2.1、宽 1、高 0.39 米。墓葬年代为太和元年（477 年）左右。

[68] 大同市考古研究所：《山西大同迎宾大道北魏墓群》，《文物》2006 年第 10 期。墓群中 M2、M3、M26 和 M78 都存砖砌束腰须弥座状棺床。

[69] 韦正：《北朝高足围屏床榻的形成》，《文物》2015 年第 7 期；（晋）葛洪撰，周天游校注：《西京杂记》卷六《广川王发古冢》载 "魏襄王冢，皆以文石为椁……中有石床、石屏风……魏王子且渠冢，甚浅狭，无棺柩，但有石床"，三秦出版社，2006 年，第 258 ~ 261 页。

[70] 宿白：《西安地区的唐墓形制》，《文物》1995 年第 12 期。

[71] 天水市博物馆：《天水市发现隋唐屏风石棺床墓》，《考古》1992 年第 1 期。

[72] 四川省博物馆：《四川万县唐墓》，《考古学报》1980 年第 4 期。

[73] 成都市文物考古工作队：《成都市南郊桐梓林村唐代爨公墓发掘》，《成都考古发现》（1999），科学出版社，2001 年。

[74] 成都文物考古研究所：《成都市西郊红色村唐代王怀珍墓》，《成都考古发现》（2005），科学出版社，2007 年。

[75] 成都文物考古研究所：《成都市金沙村唐墓发掘简报》，《考古》2008 年第 3 期。

[76] 成都文物考古研究院：《成都市青羊区唐代砖室墓》，《考古学集刊》（第 21 集），社会科学文献出版社，2018 年。

[77] 成都市文物考古工作队：《成都市龙泉驿区十陵镇北宋何氏家族墓地发掘简报》，待刊。

[78] （宋）文同撰：《丹渊集》卷二十二《彭州张氏画记》，"蜀自唐二帝西幸，当时随驾以画待诏者，皆奇工。故成都诸郡寺宇，所存诸佛、菩萨、罗汉等像之处，虽天下能号为古迹多者，尽无如此地所有矣……"张元济主编：《四部丛刊·初编集部》，中央编译出版社，2015 年，第 212 册，第 733 页。

[79] （宋）郭若虚撰，邓白注：《图画见闻志》，"淮南通聘，信币中有生鹤数只。蜀主命笺写鹤于偏殿之壁，警露者、啄苔者、理毛者、整羽者、唳天者、翘足者，精彩态体，更愈于生，往往生鹤立于画侧。蜀主叹赏，遂目殿为六鹤焉。"四川美术出版社，1986 年，第 134 页。

[80] 潘运告主编、岳仁译注：《宣和画谱》，"大抵两蜀丹青之学尤盛"，湖南美术出版社，1999 年，第 200 页。

[81] （宋）黄休复撰，何韫若、林孔翼注：《益州名画录》，"李升者，成都人也……年才弱冠，志攻山水，天纵生知，不从师学……遂出意写蜀境山川平远，心思造化，意出先贤。数年之中，创成一家之能，俱尽山水之妙。每含毫就素，必有新奇。《桃源洞图》《武陵溪图》《青城山图》《峨眉山图》《二十四化山图》，好事得之，为箧箧珍。后学得之，以为无言师"，四川人民出版社，1982 年，第 60、61 页。

[82] （宋）黄休复撰，何韫若、林孔翼注：《益州名画录》，"笺有《春山图》《秋山图》《山家晚景图》《山家早景图》《山家雨景图》《山家雪景图》《山居诗意图》《潇湘图》"，四川人民出版社，1982 年，第 50 页。

[83] （北宋）黄休复撰，何韫若、林孔翼注：《益州名画录》载欧阳炯评黄筌花鸟画 "六法之内，惟形似、气韵二者为先，有气韵而无形似，则质胜于文；有形似而无气韵，则华而不实。筌之所作，可谓兼之。"四川人民出版社，1982 年，第 52 页。

[84] 潘运告主编，岳仁译注：《宣和画谱》，"筌、居寀画法，自祖宗以来，图画院为一时之标准，较艺者视黄氏体制为优劣去取。自崔白、崔悫、吴元瑜既出，其格遂大变。"湖南美术出版社，1999 年，第 351 页。

[85] （宋）黄休复撰，何韫若、林孔翼注：《益州名画录》，"当时卿相及好事者，得居寀父子图障卷簇，家藏户宝，为稀世之珍。"四川人民出版社，1982 年，第 72 页。

[86] （宋）张唐英撰：《蜀梼杌》卷下，"翌日，举族并其官属诣阙，自眉阳乘舟，至荆州，出安陵。太祖遣使迎劳，并遗其母汤药。五月，至京，素服待罪，赦之，封秦国公，时乾德三年也。录其子弟旧臣，仅百人"，傅璇琮、徐海荣、徐吉军主编：《五代史书汇编》，杭州出版社，2004 年，第 10 册，第 6099 页。

[87] （后晋）刘昫等撰：《旧唐书》卷八十一《卢承庆传》，"生死至理，亦犹朝之有暮"，中华书局，

1975 年，第 8 册，第 2749 页；周绍良、赵超编：《唐代墓志汇编》，"京苑死者物之终，始终循环，天之常道，又何足悲也"，上海古籍出版社，1992 年，第 1275 页。

[88] 因唐帝陵皆未发掘，但从自立为帝的史思明墓来看，唐帝陵应为石构，参见北京市文物研究所：《北京丰台唐史思明墓》，《文物》1991 年第 9 期。另《通典》载"唐制，诸葬不得以石为棺椁及石室"，亦说明以石构墓为唐统治者特权，参见（唐）杜佑撰：《通典·礼四十五·沿革四十五·凶礼七·棺椁制》，中华书局，1988 年，第 2299 页。

[89] 四川地区从西汉晚期至唐初同时存在砖室墓和崖墓并行发展的两套墓葬系统，崖墓兴起与延续应与四川盆地内特殊的浅丘地形密切相关。参见罗二虎：《四川崖墓的初步研究》，《考古学报》1988 年第 2 期；吴朝均：《巴中发现隋唐崖墓》，《四川文物》1994 年第 4 期。

[90] 罗二虎：《四川汉代砖石室墓的初步研究》，《考古学报》2001 年第 4 期。

[91] 成都文物考古研究院：《成都包家梁子墓地考古发掘报告》，科学出版社，2018 年，第 287 ～ 294 页；成都市文物考古工作队：《成都彭州红瓦村战国秦汉墓地发掘简报》，待刊。

[92] 冯汉骥：《前蜀王建墓发掘报告》，文物出版社，2002 年；赵殿增：《前蜀晋晖墓清理简报》，《考古》1983 年第 10 期等。

[93] 冯汉骥：《前蜀工建墓发掘报告》，文物出版社，1964 年。

[94] 成都文物考古研究院：《成都包家梁子墓地考古发掘报告》，科学出版社，2018 年，第 287 ～ 294 页。

[95] 成都文物考古研究所、龙泉驿区文物保护管理所：《成都市龙泉驿五代前蜀王宗侃夫妇墓》，《考古》2011 年第 6 期。

[96] 陈云洪《四川地区宋代墓葬研究》中甲类、乙类砖室墓葬中第 I 类墓葬皆源于前蜀王宗侃墓，《南方民族考古》（第七辑），科学出版社，2011 年。

[97] 钟大全：《后蜀孟知祥墓与福庆长公主墓志铭》，《文物》1982 年第 3 期。

[98] 方殿春：《论北方圆形墓葬的起源》，《北方文物》1988 年第 3 期。

[99] 四川大学历史文化学院考古系、洛阳市第二文物工作队：《洛阳伊川后晋孙璠墓发掘简报》，《文物》2007 年第 6 期，第 11 页；洛阳市文物考古研究院：《洛阳龙盛小学五代壁画墓发掘简报》，《洛阳考古》2013 年第 1 期，第 40 页；洛阳市文物考古研究院：《洛阳苗北村壁画墓发掘简报》，《洛阳考古》2013 年第 1 期，第 60 页。

[100]（宋）欧阳修等撰：《新五代史》卷六十四《后蜀世家》，"孟知祥，字保胤，邢州龙冈人也……及知祥壮，晋王以其弟克让女妻之，以为左教练使"，中华书局，2016 年，第 3 册，第 897 页；（宋）张唐英撰：《蜀梼杌》卷下载"孟知祥字保胤，邢州龙岗人……李克用镇太原，妻以其弟克让之女，累迁亲卫军使"，傅璇琮、徐海荣、徐吉军主编：《五代史书汇编》，杭州出版社，2004 年，第 10 册，第 6090 页。

[101] 郭清章：《北方地区隋唐墓葬研究——以河北地区和辽宁朝阳地区墓葬为中心》，郑州大学硕士学位论文，2009 年。

[102] 宿白：《西安地区的唐墓形制》，《文物》1995 年第 12 期；（宋）王溥撰：《五代会要》卷八《丧葬记》，"诸丧葬不得备礼者，贵得同贱，贱不得同贵"，上海古籍出版社，1978 年，第 136 页。

[103]（宋）路振撰：《九国志》卷七《赵庭隐传》，傅璇琮、徐海荣、徐吉军主编：《五代史书汇编》，杭州出版社，2004 年，第 6 册，第 3303 页。

[104]（五代）孙光宪撰，贾二强点校：《北梦琐言》逸文卷四《赵廷隐家莲花》，中华书局，2002 年，第 431 页。

[105]（宋）张唐英撰：《蜀梼杌》卷下，"十五年正月下诏劝农。三月，以赵廷隐别墅为崇勋园，幅员十余里，台榭亭沼，穷极奢侈"，傅璇琮、徐海荣、徐吉军主编：《五代史书汇编》，杭州出版社，2004 年，第 10 册，第 6095 页。

[106] 毛求学、刘平：《五代后蜀孙汉韶墓》，《文物》1991 年第 5 期。

[107] 成都市文物考古研究所、新津县文物管理所：《新津县邓双乡北宋石室墓发掘简报》，《成都考古发现》（2002），科学出版社，2004 年，第 399 页。

[108] 考古发掘材料未发表，出土庭院陈列于成都博物馆。

[109] 刘雨茂、刘平：《孙汉韶墓出土陶房考识》，《四川文物》2000 年第 3 期。

[110] 陕西省文物管理委员会：《西安西郊中堡村唐墓清理简报》，《考古》1960 年第 3 期。

[111] 敦煌文物研究所编：《中国石窟·敦煌莫高窟》，第 61 窟西壁五台山图中万菩萨楼，文物出版社，2011 年，第 5 册，第 52 ～ 79 页。

[112] （唐）李吉甫撰：《元和郡县图志》，中华书局，1983 年，下册，第 1071 页。

[113] （唐）卢求撰：《成都记·序》，（宋）袁说友等编、赵晓兰整理：《成都文类》，中华书局，2011 年，下册，第 475 页。

[114] （宋）司马光编著，（元）胡三省音注：《资治通鉴》卷二百五十九，中华书局，1956 年，第 18 册，第 8430 页。

[115] （清）彭定求等编：《全唐诗》，上海古籍出版社，1986 年，上册，第 554 页。

[116] （宋）张唐英撰：《蜀梼杌》卷下，傅璇琮、徐海荣、徐吉军主编：《五代史书汇编》，杭州出版社，2004 年，第 10 册，第 6095 页。

[117] （宋）张唐英撰：《蜀梼杌》卷上，傅璇琮、徐海荣、徐吉军主编：《五代史书汇编》，杭州出版社，2004 年，第 10 册，第 6081 页。

[118] （宋）张唐英撰：《蜀梼杌》卷下，傅璇琮、徐海荣、徐吉军主编：《五代史书汇编》，杭州出版社，2004 年，第 10 册，第 6092、6093 页。

[119] （宋）张唐英撰：《蜀梼杌》卷下载："（孙延应）故赵廷隐伶人，以技选入教坊"，傅璇琮、徐海荣、徐吉军主编：《五代史书汇编》，杭州出版社，2004 年，第 10 册，第 6093 页。

[120] （后蜀）赵崇祚撰：《花间集》，中国书店，2014 年，第 7 页。

[121] 杨忠敏、闫可行：《陕西彬县五代冯晖墓彩绘砖雕》，《文物》1994 年第 11 期；咸阳市文物考古研究所：《五代冯晖墓》，重庆出版社，2001 年，第 64 页。

[122] （南宋）史浩撰：《鄮峰真隐漫录》卷四十六《剑舞》，四川大学古籍所编：《宋集珍本丛刊》，线装书局，2004 年，第 43 册，第 280 页。

[123] 闫琰：《后蜀赵廷隐墓出土花冠舞俑与柘枝舞》，《江汉考古》2017 年第 4 期。

[124] （唐）魏征等撰：《隋书》卷十五《音乐志下》，中华书局，1973 年，第 2 册，第 377 ～ 379 页。

[125] （宋）欧阳修、宋祁撰：《新唐书》卷二十二《礼乐志》，中华书局，1975 年，第 2 册，第 473、474 页。

[126] （北宋）陈旸撰，张国强点校：《〈乐书〉点校》卷一百三十二《乐图论》，"胡部"条载"拍版，长阔如手掌，大者九板，小者六板，以韦编之，胡部以为乐节"，中州古籍出版社，2019 年，下册，第 660 页。

[127] （唐）杜佑撰：《通典》卷一百四十四，"方响，梁有铜磬，盖今方响之类也。方响、以铁为之，修九寸，广二寸，圆上方下。架如磬而不设业，倚于架上以代钟磬。人间所用者，才三四寸"，中华书局，1992 年，第 3673 页。

[128] （后晋）刘昫等撰：《旧唐书》卷二十九《音乐志》，"自《破阵舞》以下，皆雷大鼓，杂以龟兹之乐，声振百里，动荡山谷"，中华书局，1975 年，第 1060 页。

[129] （唐）段安节撰，亓娟莉校注：《乐府杂录校注》，"胡部"载"遇内宴，即于殿前立奏乐，更番替换。若宫中宴，即坐奏乐。俗乐亦有坐部、立部也"，上海古籍出版社，2015 年，第 46 页。

附　表
出土器物登记表

序号	编号	名称	数量	质地	重量（千克）	尺寸（厘米）	备注
1	M1：1	B 型四系罐	1	瓷		口径 7.7、最大腹径 8.7、底径 5、高 13.7	
2	M1：2	开元通宝	6	铜			1 枚残
3	M1：3	A I 式碗	1	瓷		口径 19.3、底径 7.3、高 6.5	
4	M1：4	墓志	1 合	石			
5	M1：5	A I 式碗	1	瓷		口径 15.3、底径 5.9、高 4.2	
6	M1：6	买地券	1	石		长 45.5、宽 36.5、厚 5.6～6	
7	M1：7	水盂	1	瓷		口径 7.8、最大腹径 13.8、底径 8.4、高 9.3	
8	M1：8	B 型环	1	铁		内径 7.4、外径 9.5	
9	M1：9	A I 式碗	1	瓷		口径 15.2、底径 5.9、高 4.2	
10	M1：10	人像	1	石		残高 27～30	残
11	M1：11	铭文砖	1	砖		残长 32、宽 22、厚 4～5.5	残
12	M1：12	缸	1	石			残
13		瓷器	1	瓷			未修复
14		瓷器	1	瓷			未修复
15		瓷器	1	瓷			未修复
16		瓷器	1	瓷			未修复
17		瓷器	1	瓷			未修复
18	M1：18-1	A 型击鸡娄鼓女俑	1	陶	5	通高 59.7	
19	M1：19	A 型环	1	铁		内径 9.7、外径 15.2	
20	M1：20	链	1	铁		最宽 9.4、通高 9.2	
21		瓷器	1	瓷			未修复
22	M1：22	F 型男舞俑	1	陶	4.598	通高 60.5	
23		瓷器	1	瓷			未修复
24	M1：24	A 型铜铃	1	铜			
25	M1：25	B 型铜铃	18	铜			
26	M1：26	A II 式碗	1	瓷		口径 15.3、足径 4.9、高 4	
27	M1：27	双系罐	1	瓷		口径 8.9、最大腹径 11.6、底径 6、高 11.5	
28	M1：28	B 型四系罐	1	瓷		口径 8.2、最大腹径 10.2、底径 5.1、高 15.1	

续表

序号	编号	名称	数量	质地	重量（千克）	尺寸（厘米）	备注
29	M1∶29	金鸡	1	陶	9.2	通高 76	
30	M1∶30	玉犬	1	陶	11.6	通高 60	
31	M1∶31	武官俑	1	陶	11.2	通高 96.5	
32	M1∶32	文官俑	1	陶	10.8	通高 96.7	
33	M1∶33	A 型执拍板男俑	1	陶	3.746	通高 60.6	
34	M1∶34	A 型男侍俑	1	陶	3.4	通高 53.5	
35	M1∶35	A 型男舞俑	1	陶	3.8	通高 59.9	
36	M1∶36	D 型男舞俑	1	陶	3.6	通高 47.2	
37	M1∶37	E 型男舞俑	1	陶	4.15	通高 48.3	
38	M1∶38	吹笛男俑	1	陶	3.312	通高 59	
39	M1∶39	吹笛男俑	1	陶	3.6	通高 60.7	
40	M1∶40	地轴	1	陶	17.8	通高 51	
41	M1∶41	B 型男舞俑	1	陶	4.6	通高 56.2	
42	M1∶42	执竹竿男俑	1	陶	3.458	通高 54	
43	M1∶43	提箱童子俑	1	陶	3.458	通高 46.8	
44	M1∶44	B 型执拍板男俑	1	陶	3.192	通高 60.7	
45		瓷器	1	瓷			未修复
46	M1∶46	C 型男舞俑	1	陶	3.738	通高 47.6	
47		瓷器	1	瓷			未修复
48	M1∶48	AⅡ式碗	1	瓷		口径 15.9、足径 5.8、高 4.9	
49	M1∶49	B 型碗	1	瓷		口径 13.8、底径 5.9、高 5.2	葵口
50	M1∶50	观风鸟	1	陶	11.6	通高 87.8	
51	M1∶51	Ab 型四系罐	1	瓷		口径 7.6、最大腹径 12.8、底径 8.4、高 14.7	
52	M1∶52	A 型武士俑	1	陶	44.4	通高 154.3	
53	M1∶53-1	B 型武士俑	1	陶	41.4	通高 158	
54	M1∶54	B 型雷公俑	1	陶	7.4	通高 71	
55	M1∶55	地精	1	陶	11.8	通高 92	
56	M1∶56	A 型雷公俑	1	陶	7.4	通高 66	
57	M1∶57	蒿里老人	1	陶	12.2	通高 97.5	
58	M1∶58	庭院模型	1	陶	104.45	长 146、宽 112.5、高 59.2	

续表

序号	编号	名称	数量	质地	重量（千克）	尺寸（厘米）	备注
59	M1：59	B 型男侍俑	1	陶	10.4	通高 95.7	
60	M1：60	伏听俑	1	陶	9.6	通高 23.7	
61	M1：61	仰观俑	1	陶	13.4	通高 65	
62	M1：62	女侍俑	1	陶	9.4	通高 93.5	
63	M1：63	A 型吹排箫女俑	1	陶	4.2	通高 59.9	
64	M1：64	A 型吹笛女俑	1	陶	4.4	通高 61.5	
65	M1：65	A 型吹筚篥女俑	1	陶	4	通高 61.4	
66	M1：66-1	击大鼓女俑	1	陶	3.8	通高 60	
67	M1：67	A 型女舞俑	1	陶	2.6	通高 45.3	
68	M1：68	拨琵琶女俑	1	陶	4.2	通高 58.5	
69	M1：69	A 型弹竖箜篌女俑	1	陶	4	通高 58.2	
70	M1：70	B 型击鸡娄鼓女俑	1	陶	4.4	通高 59.8	
71	M1：71	B 型弹竖箜篌女俑	1	陶	4	通高 59.4	
72	M1：72-1	A 型击羯鼓女俑	1	陶	4.4	通高 60.3	
73	M1：73	A 型吹笙女俑	1	陶	4	通高 60.7	
74	M1：74-1	击正鼓女俑	1	陶	3.6	通高 59.5	
75	M1：75-1	A 型击都昙鼓女俑	1	陶	4.4	通高 58.5	
76	M1：76-1	抚筝女俑	1	陶	4.2	通高 60.7	
77	M1：77	A Ⅱ 式碗	1	瓷		口径 15.4、足径 5.7、高 5	
78	M1：78	A Ⅱ 式碗	1	瓷		口径 15.9、足径 5.8、高 5.1	
79	M1：79	B 型吹筚篥女俑	1	陶	4	通高 57.6	
80	M1：80	B 型吹笛女俑	1	陶	4.4	通高 59.9	
81	M1：81	B 型击都昙鼓女俑	1	陶	3.8	通高 57.4	
82	M1：82-1	击方响女俑	1	陶	3.4	通高 59.4	
83	M1：83-1	揩答腊鼓女俑	1	陶	4.2	通高 60.8	
84	M1：84	B 型吹排箫女俑	1	陶	4.2	通高 58.2	
85	M1：85-1	击和鼓女俑	1	陶	3.6	通高 60.8	
86		瓷器	1	瓷			未修复
87	M1：87-1	B 型击羯鼓女俑	1	陶	4.2	通高 60.3	
88	M1：88	B 型女舞俑	1	陶	2.8	通高 43.2	

续表

续表

序号	编号	名称	数量	质地	重量（千克）	尺寸（厘米）	备注
89	M1：89	马镫形器	1	锡		最宽 5.5、通高 8.9	
90	M1：90	B 型吹笙女俑	1	陶	4.8	通高 64.2	
91	M1：91	小扣	1	锡		扣部长约 2.3、宽约 1.4	
92	M1：92	琴类乐器	1	陶		残长 7.5、宽 3.9、高 2.6	残
93	M1：93	琵琶曲项残片	1	陶		残长 4.8、最宽 3.5、厚 1.5	残
94	M1：94	Aa 型四系罐	1	瓷		口径 9.8、最大腹径 14.6、底径 7.8、高 13	
95	M1：95	Aa 型四系罐	1	瓷		口径 9.1、最大腹径 14.6、底径 7.8、高 14.5	
96	M1：96	Aa 型四系罐	1	瓷		口径 10.6、最大腹径 14.8、底径 7.6、高 13.3	
97	M1：97	Aa 型四系罐	1	瓷		口径 9.7、最大腹径 14.7、底径 7.9、高 14.5	
98	M1：98	环形提手	2	锡			残
99	M1：99	腰带	1 套	锡			残
100	M1：100	AⅡ式碗	1	瓷		口径 15.5、足径 5、高 4	
101	M1：101	执壶	1	瓷		口径 8.1、最大腹径 13.9、底径 8.5、高 24.2	注部残
102	M1：102	AⅠ式碗	1	瓷		口径 18.2、底径 7.6、高 5.5	
103	M1：103	AⅡ式碗	1	瓷		口径 15.3～15.7、足径 5.7、高 5.3	
104	M1：104	AⅡ式碗	1	瓷		口径 15.7、足径 5.5、高 3.9	
105	M1：105	B 型盏	1	瓷		口径 15、足径 4.8、高 6	
106	M1：106	A 型盏	1	瓷		口径 11、底径 3.9、高 2.8	
107	M1：107	长口杯	1	陶		口长 15.5、口宽 4.9、高 3.7	
108	M1：108	长口杯	1	陶		口长 19.2、口宽 5.7、高 4	
109	M1：109	珠	4	锡			

注：10 件瓷器未修复

附　录

附录一　后蜀赵廷隐墓志铭考释

童蕾旭

（成都文物考古研究院）

一、墓志铭基本信息

墓志铭系红砂岩石质，盝顶盒式，平面呈方形。志盖为盝顶形，边长114、高6～13厘米（图版五五三、图版五五四）。四斜刹内阴刻忍冬与莲花图案，盖顶边框内从右至左竖向阴刻篆书铭文"大蜀故太师宋王赠太尉徐兖二州牧谥忠武天水赵公墓志铭"，共5行25个大字。志石为方形，长112.4、宽112、高12.5厘米（图版五五五、图版五五六）。表面精心打磨光滑，以墨为地，阴刻楷书、行楷52行，满行48字，共2042字。全文由序、志、铭三部分组成，述及墓主赵廷隐的生平经历、重大功绩、官职封赏、家族世系及死后尊荣等信息[1]。

墓志首题"大蜀故太师宋王赠太尉徐兖二州牧谥忠武天水赵公墓志铭并序"，撰文者为"翰林学士、正议大夫、行尚书礼部侍郎、知制诰兼知贡举、上柱国赐紫金鱼袋欧阳炯"，书丹者为"前眉州军事判官、将仕郎兼监按御史、赐绯鱼袋何尧封"，镌刻者"镌玉册官武令昇"。

二、赵廷隐籍贯

赵廷隐其人，现存《旧五代史》《新五代史》《宋史》《资治通鉴》等史籍均有记载，《九国志》和《十国春秋》有传，又以《九国志》对其生平事迹着墨最多。

关于其籍贯，文献记载不一。赵廷隐，《九国志》又作"赵庭隐"，不同版本中或称其为"开封人"，或作"太原人"[2]。《蜀梼杌》与《资治通鉴》记曰："廷隐，开封人"[3]。又有《宋史·西蜀孟氏世家》载："赵崇韬，并州太原人。父廷隐，随知祥入蜀。"[4]清代吴任臣撰《十国春秋》则采用了《蜀梼杌》的说法，名字写作"廷隐"，也将其记作"开封人"[5]。

　　赵廷隐墓志的志盖、首题均称其为"天水赵公"，志文中记"王讳廷隐，字臣贤，族本天水"，曾被后蜀孟知祥赐为"光禄阶检校太傅、天水县男"。述及家族世系时，也有其二姐嫁与陇西李氏封"天水郡太夫人"，其长女被封为"天水县君"等重要信息，可见赵廷隐本人以及其家族的封赏，亦与"族本天水"有些联系。该墓志铭明确了赵廷隐为甘肃天水人，而非史书所载的并州太原人或开封人。但为何史书又多称其为开封人？

　　志文云："……族本天水，胙之土而命之氏，史不绝书。后因官□居囗汴之浚仪，即大梁人也。"汴为"汴州"，即今河南开封，浚仪则是后梁汴州的赤县[6]。据文献记载，唐武德四年（621 年），以郑州的浚仪、开封和滑州（今河南滑县）的封丘一同组建了雄县汴州陈留郡，而浚仪为其"望"县。贞观元年（627 年），并开封入浚仪，延和元年（712 年）复又拆分成浚仪县、尉氏县。开平元年（907 年）四月，后梁太祖朱温代唐称帝，建都汴州，下敕令"升汴州为东京，置开封府，以开封、浚仪两县为赤县，其余属县为畿县"[7]。后唐灭梁，又降开封府为宣武军节度。后晋天福三年（938 年），又复置开封府，浚仪县重新升为赤县。

　　志文中"汴之浚仪"，因后梁建都汴州而政治地位急剧攀升，由望县一跃为赤县，成为后梁的京城治所。由墓志可知，赵廷隐祖籍甘肃天水，因在后梁做官而迁居汴州浚仪县。开封府浚仪县也成了赵廷隐起家、官居、成名之地，而后世记载多以赵廷隐为开封人，似乎也不足为奇。

三、生平事迹与历史事件

　　该墓志铭所载历史信息极为丰富。赵廷隐先后事三朝，生平事迹可分为后梁、后唐和后蜀三个阶段，涉及了五代时期众多的重要历史人物与历史事件，具有珍贵的史料价值。

　　第一阶段：天复四年（904 年）至龙德三年（923 年），事后梁，屡立战功。

　　志文述及其家族渊源，但并没有宣扬赵氏先祖功绩。其曾祖、祖父甚至父亲都不曾入仕为官，直到赵廷隐，才"囗自策名，仕于梁太祖武皇帝。"策名，意指仕宦、做官。可见赵家原非天水世家大族，也非《九国志》所言的"世为卿家"。《九国志·赵庭隐传》载："（庭隐）始事梁祖子友亮。因击鞠坠马死。"[8]然而史籍中，并未见梁太祖有子名"友亮"的记载，只一侄子名曰"友谅"，另有一养子"友让"，音似。而朱温另有一从子名曰"友伦"，确因击鞠坠马而死。《旧五代史·梁书·太祖纪二》："（天复三年）十月辛巳，护驾都指挥使朱友伦因击鞠堕马，卒于长安。讣至，帝大怒，以为唐室大臣欲谋叛己，致友伦暴死。"案引《九国志·赵庭隐传》考证"欧阳史及通鉴并作友伦，而《九国志》以为友亮，盖传闻之讹。"[9]又《资治通鉴》也载，昭宗天复三年"宿卫都指挥使朱友伦与客击球于左军，坠马而卒。"其注有考异曰："《编遗录》：丁亥，赵廷隐自长安驰来告，今月十四日，朱友伦坠马而卒。"梁祖悲怒，"凡与同戏者十余人尽杀之，遣其兄子友谅代典宿卫。"[10]《大梁编遗录》成书于五代，已佚，所言史实颇为翔实，此条与《九国志》关于为击鞠坠马事件之后，所述相合[11]。按《九国志》的说法，赵廷隐为"友亮"的侍从，而史籍记载，董璋、高季昌等又曾为朱温假子朱友让（李七郎，又称原名）之仆童，廷隐与董璋等又一同因此事前往开封，因此赵廷隐到底为朱友伦的属下还是与董璋、高季昌等曾同为朱友让仆童，尚难以确定[12]。但可结合墓志推知，志文所称"仕于梁太祖武皇帝"，当是赵廷隐"追赴汴州"之后的事情，即唐昭宗天复三年（903年）十月之后，廷隐入开封，得以跟随朱温左右。继而"由殿前丞旨，历东头供奉官"，之后南北转战，开启其军旅生涯。

志文曰："（廷隐）年甫弱冠，值魏府杀衙军"。衙军，又作"牙军"，为节度使亲兵。此处的魏府衙军，当为魏博节度使的牙军。天复四年（904年），昭宗被杀，朱温另立昭宣帝，唐王朝名存实亡，皇权旁落。天祐初，牙将李公佺等人为乱，原魏博节度副使罗绍威忧惧牙军之祸，谋划借助朱温之势消除隐患。天祐三年（906年）正月，幽州发兵魏博，罗绍威趁机向朱温求助，"会全忠女适绍威子廷规者卒，全忠遣客将马嗣勋实甲兵于橐中，选长直兵千人为担夫，帅之入魏，诈云会葬，全忠自以大军继其后，云赴行营，牙军皆不之疑。"潜入魏府后，马嗣勋所率骁勇之兵与罗绍威之奴客合击牙军，诛杀了作乱的牙军[13]。志文载廷隐薨于广政十三年（950年），卒年六十六，而天祐三年魏博牙兵之乱时，正值其弱冠之年，与文献所载事件吻合。廷隐时为东头供奉官，随梁军临时出使前往魏府平乱。

随后梁军又趁机攻下魏军残党盘踞的澶、博、相等州，结束了魏博持续近两百年的牙军之患。根据墓志记载，相州有叛，赵廷隐当时在军中做监护，自荐为"窟头"，领军五百人挖地道潜入城中，最后"五十日内收下州城，以功除授邢州兵马都监属。"

志文曰："镇、定兵士攻围，与节帅御捍半年，克全城。"开平四年（910年），朱温欲兼并镇、定，成德节度使王镕（镇州、冀州）、义武节度使王处直（定州、易州）向晋求助。梁晋在高邑、柏乡争战，这场战争以梁军的失败而告终，高邑、柏乡之战后，后梁在与晋军的对峙中失去优势，势力逐渐退至河南，失去梁晋争霸的主动权。

之后，赵廷隐"垒转绛州监押，复授晋州建宁军都监。""监押"低于"都监"一职。据《九国志》载："时庭隐为邢州都监，累立战功。节度使刘重霸嫉之。诬庭隐将所部兵降于庄宗。"述及梁末帝时，廷隐曾被贬之事。后梁建宁军，治所即在晋州（今山西临汾市）。《新五代史·职方考第三》有载："晋州，故属护国军节度。梁开平四年（910年）置定昌军，贞明三年（917年）改曰建宁。"[14]晋、绛一直为河东晋王与后梁的边境重地。开平四年（910年），梁太祖以晋州刺史下邑华温琪抵御晋军有功，论功欲赏。冀王朱友谦时为护国节度使，建议梁祖另建节镇，即以绛州割属晋州[15]，"以晋、绛、沁三州为定昌军，以温琪为节度使"[16]。由此推知，赵廷隐复为晋州建宁军都监之事，至少在贞明三年（917年）之后。

志文曰："破昭义叛军于柳谷，转陕州镇国军都监。"五代昭义军原有泽、潞、邢、洺、磁五州，梁有其邢州，梁晋争霸之初，就围绕潞、泽两州产生争夺，晋王得潞州和泽州。开平二年（908年），后梁以陕州保义军为镇国军[17]。贞明二年（916年），魏州张筠弃城，邢州阎宝降晋王，沧州戴思远弃守归汴，贝州又被攻陷，原昭义军所辖之地，尽属晋王。根据墓志所载，赵廷隐在柳谷败原昭义军。而柳谷的地理位置，应属陕州镇国军辖区内。唐贞观十二年（638年），太宗车驾西还长安，二月丁卯，至柳谷，观盐池。《资治通鉴》

胡注曰："禹都安邑，后人立庙于其地。安邑有盐池，则柳谷亦当在安邑。"[18]《旧唐书·太宗本纪》作"丁卯，次柳谷顿，观盐池"[19]。又有"夏县人阳城以学行著闻，隐居柳谷之北，李泌荐之。六月征拜谏议大夫。"其注曰：柳谷，在安邑县中条山[20]。柳谷位于陕州夏县，县北五里中条山中。柳谷之役可能为小范围的战争，未见史料详载。

志文曰："自后连任北面□军马军行营兵马都监，及安州护戎，杀退淮南军，解围安陆。"安州安陆，即今湖北安陆。贞明五年（919年）十一月，吴武宁节度使张崇寇安州，次年春"吴张崇攻安州，不克而还。"[21]《九国志·张崇传》："武义元年（919年），累加安西大将军。梁祖遣将合湖南兵攻荆州，以崇为应援招讨使，引军攻安州，降其骑兵二百而还，迁德胜军节度使，加中书令。"[22]史籍对吴人此次进攻细节语焉不详，应遇到了州将抵抗，无功而返。据志文所述，廷隐可能亲历此战，并"杀退淮南军，解围安陆"。

随后，"复值荆渚，收复襄州，州将奏请救援，胜捷之后，寻充复州行营都监，收复□陵郡邑。"志石上"□陵郡邑"残字上部分字形为"音"，廷隐当时充任复州行营都监，而复州所辖之地具有战略意义且符合上下文意的当属"竟陵"。竟陵，汉时置县，隋属沔阳郡，唐武德初入复州，属山南东道节度。后梁复州曾被吴人攻破，推测残文为"竟"字。乾化二年（912年），后梁割复州隶属荆南节度使。贞明五年，后梁与晋在北方战场胶着，南方吴地杨隆演立，荆南高季昌实际割据一方，而安州、襄州等地，又毗邻吴王、荆南等势力，末帝时各方争夺控制权，边境局势愈发复杂不利。贞明五年（919年）五月，"楚人攻荆南，高季昌求救于吴，吴命镇南节度使刘信等帅洪、吉、抚、信步兵自浏阳趣潭州，武昌节度使李简等帅水军攻复州……简等入复州，执其知州鲍唐。"[23]《九国志·李简传》载："天祐十二年，授武昌军节度使。武义初，加镇西大将军，袭复州破之，俘知州鲍唐以献。"[24]加之，安州遇袭，襄州失守，复州被破，919～920年，赵廷隐监军从河南转战于湖北安陆、襄阳、竟陵等地，解围后梁南方困境。志文记曰："前后八任董领兵师，所立大功者，四五赏袟。"

据志文所载，赵廷隐从殿前丞旨，历东头供奉官，后因功迁邢州都监，转充绛州监押，授晋州建宁军都监、陕州镇国军都监、□军马军行营兵马都监等职，累官至正三品兵部尚书、除天下马军都监属招讨使，在后梁屡立战功，官品也达到了一定的高度。然而正史与《资治通鉴》并没有记录其后梁时期的事迹，所见记载也始于兵败被缚入唐，称其为"裨将"，《九国志》《十国春秋》的传记中也未见详述。

值得注意的是，史籍中有"供奉官杜廷隐"在柏乡之战的零星记载。开平四年（910年）十一月，朱温以助王镕拒刘守光的名义，派遣供奉官杜廷隐、丁延徽等人领兵三千驻深、冀。"是时，梁祖以罗绍威初卒，全有魏博之地，因欲兼并镇、定，遣供奉官杜廷隐、丁延徽督魏军三千人入于深、冀，镇人惧，故来告难。"[25]乾化元年（911年）正月，守柏乡，李嗣源逼邢州，李存勖屯赵州，"杜廷隐等闻梁兵败，弃深、冀而去。"[26]且同年二月，朱温"以户部尚书李振为天雄节度副使，命杜廷隐将兵千人卫之，自杨刘济河，间道夜入魏州，助周翰城守"[27]。有关杜廷隐的事迹与该志文中记录的部分事迹具有相似性，杜廷隐其人未见其传，是否为赵廷隐之误尚不确定。出土志文可资参详。

第二阶段：龙德三年（923年）至明德元年（934年），归后唐，定西川。

志文曰："段凝分以羸兵，误为军道，以其私嫉败国殄民，及出师兖郓，至中都之失利也，梁朝革⬚，王乃随从。"志石所刻"梁朝革⬚"，"革"后一字仅存上半部分"人"字，根据上下文意，识读为"命"[28]。此段志文记述了梁末段凝等人弄权误军，导致后梁最终覆灭的这段史实，并提到赵廷隐兵败被俘的缘由，与史书记载相符。

梁王朱温与晋王李克用父子之间有宿怨，自梁立国到灭亡，梁晋（唐）对峙都未曾停止，数十年交锋各有胜负。梁龙德三年（923年）四月，晋王李存勖称帝，建立后唐，并趁后梁对泽州（今山西晋城）用兵之际攻陷后梁郓州（今山东东平）。同年五月，后梁以滑州节度使王彦章代替戴思远为北面行营招讨使，迎战唐军。王彦章断德胜浮梁，攻下德胜南城，之后王彦章、段凝围杨刘城，抵御唐军南下，并一度将唐军逼退至杨刘。然而唐军步步紧逼，博州建新垒防守，王彦章攻博州新垒失利，弃邹口，退守杨刘，再退至杨村寨。胶着之际，段凝等人隐匿王彦章功劳，向末帝朱友贞进谗言[29]。八月，梁末帝临阵换将，以段凝取代王彦章为帅。段凝领梁军主力屯兵于黄河高陵渡王村，将羸弱兵士分与王彦章，令其屯守郓东，以图收复郓州，并派监军张汉杰对其加以监视。先锋康延孝投奔后唐，泄漏梁军军机，并献策攻梁。后唐采纳康延孝之计，趁梁都空虚，虚以主力与段凝军对峙，实则分兵突袭后梁京都。

王彦章渡过汶水，攻郓州失败，退守中都。此时赵廷隐应在王彦章军中[30]。同年十月，后唐军进攻中都，中都失守，王彦章、赵廷隐等人兵败退走，终被后唐军所擒。《旧五代史·唐书》亦载："同光元年冬十月……时王彦章守中都。甲戌，帝攻之，中都素无城守，师既云合，梁众自溃。是日，擒梁将王彦章及都监张汉杰、赵廷隐、刘嗣彬、李知节、康文通、王山兴等将吏二百余人，斩馘二万，夺马千匹。"[31]而段凝陈兵河上未能及时救援，导致后唐军直驱而入攻陷汴州，后梁灭亡，正如薛史所言"退彦章而用段凝，未及十旬，国以之亡矣"[32]。

志文曰："⬚庄宗皇帝入梁，上□解缚推恩，折箭为誓，宪众小之有嫌间，惜始终之谓忠良，即时宣充青沧等道印马使。"后梁众将被擒，王彦章自尽身死，段凝等叛梁降唐，并上言请诛后梁权臣重将。庄宗下诏，诛赵岩、赵鹄、张希逸、张汉伦、张汉杰、张汉融、朱珪等，"其余文武职员将校，一切不问"，又"丁亥，梁百官以诛凶族，于崇元殿立班待罪，诏各复其位"[33]。庄宗诏曰："敬翔、李振首佐朱温，共倾唐祚；契丹撒剌阿拨叛兄弃母，负恩背国，宜与岩等并族诛于市；自余文武将吏一切不问。"[34]《九国志·赵庭隐传》亦载："（庭隐）将以就戮。大将夏鲁奇奏曰：'此烓也，其才可用。'遂释之。"[35]自此，赵廷隐降归后唐。

志文曰："同光三年，监⬚⬚康延孝军入蜀⬚，⬚魏王奏充西川左厢马步军都指挥使。"志文中"监"后缺失一字残存右下角的"又"，根据上下文补为"护"（護）字。后唐灭梁，得后梁之地，又招揽了一批后梁骁勇降将，开始秣马厉兵，备战征伐前蜀。同光三年（925年）九月，后唐庄宗以魏王李继岌为都统、枢密使郭崇韬为招讨使，以灭梁有功的将领康延孝等人带领先锋部队，发兵西川。《新五代史·康延孝传》载："三年，征蜀，以延孝为先锋、排阵斩斫使"[36]。《九国志·赵庭隐传》："魏王继岌讨西川，以庭隐为先锋监押。"[37]结合志文推知，赵廷隐应在先锋军中任监押，随先锋使康延孝一同入川伐蜀。后唐军势如破竹，短短七十天，前蜀诸州失利。同年十一月，前蜀王衍率百官出降，前蜀灭。论功行赏，魏王以赵廷隐所立军功奏充西川左厢马步军都指挥使，与《九国志》中"魏王平成都，录其功，奏授左厢马步军都指挥使"的记录一致。至此，作为降将的赵廷隐在后唐也积累了战功。

同光三年（925年）十二月，后唐以孟知祥为成都尹、剑南西川节度副大使、知节度事，董璋为东川节度副大使、知节度事[38]。同光四年（926年）正月，孟知祥入主成都，"时新杀郭崇韬，人情未安，知祥慰抚吏民，犒赐将卒，去留帖然"[39]。权力交接已毕，魏王继岌领军离开成都，令马步都指挥使陈留李仁罕、马军都指挥使东光潘仁嗣、左厢都指挥使赵廷隐、右厢都指挥使浚仪张业等将领留戍成都[40]。赵廷隐留戍成都，继而归属孟知祥麾下，职务依旧，未有变动，正如志文所记"值高祖文皇帝镇临，降公牒，依署前职"。志文的这段描述，与《九国志》相符，并证实了赵廷隐随魏王继岌入西川，而非随知祥入蜀[41]的史实。

志文："康延孝回戈诈投，命王董众合谋擒之。"墓志铭中"回戈"后二字，一字存形"乍"，以其字体大小与中线位置，疑似左部残缺偏旁，又或为"诈"字，"投"字中部因志石断残略有不清。魏王与郭崇韬灭前蜀，西南行营马步军先锋康延孝（赐名李绍琛）厥功至伟，然而与郭崇韬、左右厢马步使毛璋和董璋间因军功而素有嫌隙，同光四年（926年）正月，郭崇韬为宦官伶人忌惮构陷，被魏王所杀，数日后魏王李继岌从成都班师回朝，康延孝领后军随后。二月，魏王继岌大军行至剑州武连时，康延孝军尚在绵州。听闻朱友谦被诛，令德已危，康延孝与郭、朱旧部均自感处境危殆。中军行至利州（今四川广元）时，康延孝于剑州回戈折返，退而据汉州[42]。《资治通鉴·后唐纪三》载："（同光四年二月）丁酉，绍琛（即康延孝）自剑州拥兵西还，自称西川节度、三川制置等使，移檄成都，称奉诏代孟知祥，招谕蜀人，三日间众至五万。"[43]李继岌遣任圜等领北军前往，孟知祥命李仁罕等带西川军会同董璋所领东川军围追堵截，合力擒获康延孝。

这段史实，在《旧五代史》[44]《新五代史》[45]《资治通鉴》[46]也都有记述，但多提及将领任圜、李仁罕、董璋等，并未提及赵廷隐，仅《九国志·赵庭隐传》记有赵廷隐擒康延孝之功，"庭隐率兵击破之。擒延孝送阙下"。而《九国志·李延厚传》又有"康延孝入汉州，知祥遣延厚率精兵二千，会李仁罕往讨之"[47]的记载。后唐伐蜀时，康延孝领先锋军，而赵廷隐为监押，李仁罕也受令"监先锋军"[48]。志文记录与《九国志》所载一致，康延孝率部叛唐后，赵廷隐作为留守成都的将领，当是奉命与李仁罕等一同追击康延孝，与众将合力擒获康延孝，为孟知祥稳定西川立下功劳。

志文曰："其后眉之彭山贼帅樊义远聚徒仅万，活擒其属无遗类焉。"据志文所述，赵廷隐擒康延孝立功后，又接令讨伐"盗寇"。当时前蜀初灭，局势尚未稳定，许多溃逃的蜀军成为盗匪，一些被后唐、后蜀军剽掠的蜀人也落草为寇，《旧五代史·郭崇韬传》："时蜀土初平，山林多盗，孟知祥未至，崇韬令任圜、张筠分道招抚，虑师还后，部曲不宁，故归期稍缓。"[49]此前魏王与郭崇韬就曾在蜀地驻扎安抚。而孟知祥入蜀后也开始实施整顿吏治、减免苛捐杂税、宽厚抚民等重大举措，并派兵平盗。这在《资治通鉴·后唐纪三》中也有记述："（同光四年三月）蜀中群盗犹未息，知祥择廉吏使治州县，蠲除横赋，安集流散，下宽大之令，与民更始。遣左厢都指挥使赵廷隐、右厢都指挥使张业将兵分讨群盗，悉诛之。"[50] 史书对"群盗"以及讨伐过程一笔带过，未能详载。然而出土墓志铭则补充了部分细节，记述了赵廷隐前往彭山讨伐贼帅樊义远并大获全胜的战绩，首次明确提及赵廷隐平蜀地流匪的具体用兵地点及讨伐对象，可补史之阙。

志文："暨█宗█遐，明宗朝加检校司空、汉州刺史，南郊恩制加检校司徒属"。刻字"暨"后空三格，随后三字缺泐，第一字仅余左下角一点，第三字仅余右下"巾"，其笔画走势与文中"归"（歸）相类似。根据该墓志铭遵循的平阙形式，并联系上下文史实，推测此短句为"暨庄宗归遐"。文献记载，同光四年（926 年），唐庄宗李存勖被杀、魏王李继岌遇害，原晋王李克用养子李嗣源称帝，是为后唐明宗。后唐朝政变换，意图对两川加强节制和监督。孟知祥有心据蜀，也借机扩充兵力，训练兵甲，增设了"义胜、定远、骁锐、义宁、飞棹等军七万余人，命李仁罕、赵廷隐、张业等分将之"[51]。赵廷隐等将领受到重用，分掌西川兵权。天成三年（928 年）四月，赵廷隐因之前擒康延孝、平匪寇有功，孟知祥为其请奏，以西川马步军都指挥使加封检校司空、汉州刺史，并留屯成都。墓志铭证实了史籍中明宗"以西川马步军都指挥使赵廷隐兼汉州刺史，从孟知祥之请也"之事[52]。

志文又记："收讨武信之次，而东川剑关失守，特命王领□三千人径赴剑州，与北军对垒"，此处"武信"即武信军，治所为遂州（今四川遂宁），为唐昭宗光化二年（899 年）五月王建请置，隶有遂、合等五州。其年六月，王宗佶为首任武信节度使[53]。后唐天成二年（927 年）十二月，明宗以原许州节度使夏鲁奇为武信军节度使，移镇遂州[54]。此时孟知祥入镇西川已四年，羽翼渐丰。后唐明宗隐有征讨两川之心，东川节度使董璋与孟知祥暂时结盟。长兴元年（930 年）秋，董璋反唐据阆中，明宗下诏削夺孟知祥、董璋官爵，命天雄军节度使石敬瑭与武信节度使夏鲁奇兼任东川行营都招讨正、副使，发兵征讨东川。西川孟知祥以都指挥使李仁罕为行营都部署、汉州刺史赵廷隐为副，协同张业等将领与北军（即后唐军）战于遂州。之后"东川剑关失守"，孟知祥特命赵廷隐分兵支援东川董璋，并与北军石敬瑭对垒于剑门。

这里志文与文献所载赵廷隐分援东川的兵力略有不同，志文仅三千，文献或称五千，或载一万，而王师号称八万。《九国志》《资治通鉴》以及成书较晚的《十国春秋》都对这场战役有较为详细的记载。

《新五代史》卷六十四《后蜀世家第四》载："璋来告急，知祥大骇，遣廷隐分兵万人以东……十二月，敬瑭及廷隐战于剑门，唐师大败"[55]。

《九国志·赵庭隐传》载："会唐师入剑门，知祥急召庭隐令统锐兵五千至东川，与董璋合军以据之"。

《九国志·李奉虔传》载："诸将进攻遂宁，王师掩至，剑门不守。知祥命赵庭隐督兵往拒之，署奉虔为兵马监押。时众寡不敌，人心动摇，奉虔与庭隐率励士卒，竟败王师。"[56]

《九国志·赵庭隐传》载："一日唐师奄至……庭隐密遣军中善射者五百人，伏唐师之归路，乃领军出营，久而不战。至暮，唐师退，庭隐纵兵追之，伏卒齐起，表里合击，唐师大败。"[57]

《九国志·庞福诚传》载："王师陷剑门，从赵庭隐率兵据石桥。福诚夜领兵数百人，循水次东北上山攻王师，夹其腹背。"[58]

《资治通鉴》卷二百七十七："（长兴元年）十二月，壬辰，石敬瑭至剑门。乙未，进屯剑州北山；赵廷隐陈于牙城后山。李肇、王晖陈于河桥。敬瑭引步兵进击廷隐，廷隐择善射者五百人伏敬瑭归路，按甲待之，矛稍欲相及，乃扬旗鼓噪击之，北军退走，颠坠下山，俘斩百余人……敬瑭又使骑兵冲河桥，李肇以强弩射之，骑兵不能进。薄暮，敬瑭引去，廷隐引兵蹑之，与伏兵合击，败之。敬瑭还屯剑门。"[59]

如志文所述，在敌众我寡、双方兵力悬殊的情况下，赵廷隐仍"两度尝区，分布擒俘，及亲手斫下军校都头"。"两度"可能指此次战役中"择善射者五百人伏敬瑭归路"，及傍晚"引兵蹑之，与伏兵合击"之事。赵廷隐此战有功，孟知祥特降书以示嘉奖，"激励三军，兼命上宾到寨巡抚"。

志文载："其年正月十二日，收下武信，赍夏鲁奇首级，慰谕军前。前之一日，北军排布逼我剑郡，王独以一队据剑之北岭上，驻马当之，□戈奋击，杀戮数骑，继以大军立摧勍敌。"长兴二年（931年）正月，李仁罕、董璋等攻破遂州。《资治通鉴》卷二百七十七："（长兴二年正月）庚午，李仁罕陷遂州，夏鲁奇自杀。癸酉，石敬瑭复引兵至剑州，屯于北山。孟知祥枭夏鲁奇首以示之……敬瑭与赵廷隐战不利，复还剑门。"[60] 志文提及的"剑之北岭"应该就是文献记载的剑州"北山"，"前之一日"应指夏鲁奇枭首示众之前，"北军排布逼我剑郡"当如文献所载石敬瑭再次屯兵北山之事。按事件先后，结合文献推测，志文记载的这次赵廷隐与"北军"的交锋，当在长兴元年（930年）十二月赵廷隐"两度"对战"北军"，及次年（931年）正月癸酉石敬瑭再次屯兵北山之后，孟知祥枭夏鲁奇首级之前。此战文献未见记载，但志文所述较为详细。赵廷隐分援东川、解围剑州。而剑州之战，其以一小队人马在"剑州北岭"力战石敬瑭军，杀戮数骑，继以大军击溃强敌。北军已失遂州，剑州又连番失利，最终无功北撤。

剑门关乃两川北门锁钥，兵家必争之地。剑州之役，廷隐之捷，阻止了后唐军继续南下，鼓舞了东西川联军的士气，对孟知祥割据西川建立后蜀具有十分重要的意义。正如《九国志》所言"初唐师之入剑门也，内有坚壁，外有勍敌，远近骇震。及庭隐之捷，人心乃安。"

志文曰："遂收复昭武五州之地，献捷于都城。先皇帝寻授之昭武兵马留后，到任版筑功毕，来年归觐。"昭武军，治在利州（今四川广元）。剑州之役后，利州李彦珂闻唐军败归，弃城而走，赵廷隐又收复利州等地。孟知祥授廷隐昭武军兵马留后[61]。"版筑"即夯筑建设。长兴二年（931年）五月，赵廷隐从成都前往利州[62]，到任后，在利州主持修筑防御工事。其年十二月，"利州城堑已完"，赵廷隐以剑川之役，牙将李肇有功，奏请孟知祥愿以昭武之地让与李肇。十二月癸酉，"知祥召廷隐还成都，以肇代之"[63]。所谓"来年归觐"或指长兴三年（932年）赵廷隐从利州返回成都，觐见孟知祥之事。

志文曰："至四月潼帅□□誓盟，率众屯于广汉。先皇帝授王马步诸军都部署，随图□征，及阵于棬桥，王独以宁远军数千人据桥口，与□□□，自辰及午，力战数合，大败之。"此处志文"四"仅残存左、上部半个外框，"月"亦剩左半部分，均磨泐不清。结合文献记载与残存字形，此磨泐二字识读为"四月"。两川联军北拒后唐，胜捷之后，后唐明宗下诏安抚孟知祥，两川态度相异，矛盾升级。

《旧五代史·董璋传》载："璋怒曰：'西川存得弟侄，遂欲再通朝廷，璋之儿孙已入黄泉，何谢之有！'自是璋疑知祥背己，始构隙矣。三年四月，璋率所部兵万余人以袭知祥。"[64]

《全唐文·为孟知祥答唐明宗奏状》："其董璋至今年四月二十八日，暴兴兵甲，五月一日，骤入汉州。臣其日先差昭武军节度兵马留后兼左厢步军都指挥使赵廷隐，总领三万人骑，发次新都，臣自统领衙内亲军二万人骑继之，俱列营于弥牟镇北。"[65]

《资治通鉴·后唐纪六》载："乙丑，加宋王从厚兼中书令。东川节度使董璋会诸将谋袭成都，皆曰必克；前陵州刺史王晖曰：'剑南万里，成都为大，时方盛夏，师出无名，必无成功。'孟知祥闻之，遣马军都指挥使潘仁嗣将三千人诣汉州诇之。璋入境，破白杨林镇……辛巳，以廷隐为行营马步军都部署，将三万人拒之。（长兴三年）五月，壬午朔，廷隐入辞。董璋檄书至……"又，胡注曰："白杨林镇当在汉州界上"[66]。

长兴三年（932年）四月，董璋以孟知祥背两川之盟的名义，谋袭成都，继而攻破汉州界之白杨林镇。孟知祥授命赵廷隐为马步诸军都部署，抵御董璋之军。开战后，廷隐主力军战事接连不利。直至其年五月，赵廷隐所率宁远军数千人陈兵椶桥口，与董军大战半日，终于将其击溃。欧阳炯在志文中称其"椶桥之阵也，外无疆场之虞，内去腹心之疾。"椶桥之战的胜利，为孟知祥消除了东川董璋的威胁，进而得以兼并东川，为后蜀立国奠定了基础。

志文所记之"椶桥"未见于文献，赵廷隐对阵董璋的地点，《鉴诫录》写作"踪桥"[67]，《九国志·赵庭隐传》《九国志·孟思恭传》[68]《资治通鉴》记为"鸡踪桥"[69]，《旧五代史·董璋传》案引《九国志》为"鸡纵桥"[70]，《新五代史》作"鸡距桥"[71]。

《读史方舆纪要》卷六十七《四川二》："鸡踪桥，在县北（新都县）三十五里。旧《志》云，弥牟镇北有鸡踪桥。后唐长兴三年，孟知祥以董璋克汉州，将兵赴援，至弥牟镇，赵廷隐陈于镇北。明日，陈于鸡踪桥，别将张公铎陈于其后，董璋陈于武侯庙下。知祥登高冢督战，大败东川兵，即此桥也。今湮。"[72]

《鉴诫录》之《知机对》："至长兴三年四月二十八日，果兴狂孽，直犯汉川。是时，高祖亲统全师，合战于踪桥之野，董璋大败。我将军赵廷隐擒其将元瓒、董光演等八十余员，夺甲马五百余匹，斩首一万，获其九城。"注曰："梓、绵、龙、剑、普、果、阆、蓬、渠是也"[73]。

这几种文献又以《鉴诫录》成书时间最早，为后蜀何光远撰。何光远，广政初为普州（今四川安岳）军事判官，对当时后蜀的历史地理与事迹相对熟悉，其书载有轶事遗闻，后世流传中或存在版本、誊抄等原因造成的变化，但可信度依然较高。而文献关于这场战役桥口布阵的描述大同小异，且"踪""纵"与"椶"同音，古代字形相近，"椶"又同"棕"，推测鸡踪桥、鸡纵桥、鸡距桥、踪桥可能为同一座桥，或为椶桥的别名，或为后世误记。赵廷隐墓志铭成文年代最早，又由同时代的成都人欧阳炯撰写，故而"椶桥"或"踪桥"一说可能更为准确。

志文曰："□□之间，彼帅甌兂，兂全城。"椶桥之役后，东川兵败，将帅多有降孟知祥者。史载，董璋与亲兵撤退，赵廷隐先是"追至赤水，又降其卒三千人"[74]，后又追赴至梓州。董璋入梓州城，寓居于东川梓州的前陵州刺史王晖叛，指挥使潘稠斩璋首，晖以董璋首级举城献降赵廷隐[75]。志文中"彼帅"当为王晖，所述为王晖献董璋首级之事。

志文曰："至□□□□，囚所得之地议赏属，握兵者妄有觊觎其□□，□首图众状请先皇兼镇两Ⅲ"。赵廷隐入镇梓州，以待孟知祥，后在新都献上董璋首级。至此，孟知祥兼有东川之地。然而在论功行赏和东川归属问题上，李仁罕与赵廷隐互不相让，而赵季良等将吏请孟知祥兼领东川。

志文曰："上命副宾甘言慰谕，寻割□□□□□□□建保宁军额，授王充节度兵马留后，陈让而后受焉"。志石出土时碎裂，此处文字缺失严重，该行七字无存，但可结合文献予以补足。长兴三年（932年），孟知祥兼镇两川，为安抚赵廷隐，平衡二将，复设保宁军额，置阆州保宁军节度使，加果、蓬、渠、开四州，治阆州，赵廷隐为保宁军节度兵马留后，李仁罕为武信军留后[76]。志文此处缺失的七字可能为"阆、果、蓬、渠、开五州"。

第三阶段：明德元年（934年）至广政十三年（950年），辅后蜀，宋王致仕。

志文载："先皇帝封王□□之初，计功命赏。"此处"王"字之后，一字残存"彳"，一字缺失。根据文献与文字残迹分析，此处残缺二字识读为"行墨"较符合文义。孟知祥兼并东川之后，后唐已无力节制东、西两川。孟知祥兼有两川之地，已有称帝之意。据载，长兴三年（932年）八月，孟知祥令李昊草拟上表，请将领旌节封号，并称因为路途遥远，希望能代行封赏。朝廷许以自行墨制，将领所受旌节，均为孟知祥自行除授。《册府元龟·帝王部》载："两川部内将校，州县官员，缘地里遥远，一时奏报不暇，乞许臣权行墨制，除补讫闻奏。"后唐遣使昭之"凡剑南自节度使、刺史以下官，听知祥差罢讫奏闻，朝廷更不除人；唯不遣戍兵妻子，然其兵亦不复征也。"之后又曰："其旌节官告等，更不差使颁宣，亦便委卿分付。"[77]长兴四年（933年），孟知祥受封蜀王，正式行墨制封赏。

志文曰："转授加光禄阶检校太傅、天水县男，食邑三百户，后同五镇加官受节。"志文记载的"五镇"即东兼董璋有功的赵季良、李仁罕、赵廷隐、张知业、李肇五位大将所封的武泰、武信、保宁、宁江和昭武军五大方镇[78]。此时，赵廷隐从保宁军留后正式升为保宁军节度使。同年十二月，后唐明宗薨，闵宗李从厚即位。赵廷隐等蜀中文武百官奏请蜀王孟知祥称帝，孟知祥顺势即帝位，赵廷隐以"劝进"功加封"进检校太尉同中书门下平章事，进开国伯，加封七百户，赐忠烈扶天保国功臣"。《锦里耆旧传》卷三载："长兴五年夏四月，文武劝进即皇帝位。大赦国内。改唐长兴五年为明德元年，以副使赵季良为相……左右马步军都指挥使李仁罕、赵廷隐、张业、侯洪实分掌军权。"[79]同年，知祥病危，赵廷隐与赵季良、李仁罕等一同受遗诏辅政。后主孟昶即位，赵廷隐"以翊戴功，制授六军副使，加开府阶检校太尉兼侍中，封郡侯食邑，赐扶天定国安时保圣功臣"[80]。

志文曰："复转授卫圣诸军马步都指挥使，仍以东川潜龙重地制授武德军节度、管内观风等使，加国公，食邑五百户，实封一百户，在任加兼中令，食邑一千户，实封二百户。量留六年后，加检校太师。广政七年春，制授守太保、武信军节度、管内观风等使"。孟知祥称帝后，曾以第三子孟昶为东川节度使。故而志文称东川为潜龙重地。又有武德军治所为梓州（今四川绵阳三台），武信军治在遂州（今四川遂宁）。当初两川联军北拒后唐军时，李仁罕等战于遂州御夏鲁奇，赵廷隐等分援剑州拒石敬瑭，后来二人又以战功分领遂州与利州；两川之战，樱桥之阵后，赵廷隐定梓州，领梓州节度使。孟知祥兼有两川，以李肇为昭武留后，李仁罕与赵廷隐争功，因而分授以遂（武信军）、阆（保宁军）[81]。孟昶继位后，李仁罕求判六军总使，孟昶即以赵廷隐为六军副使遏制李仁罕的权力，张业掌武信军。李仁罕、张业被诛后，赵廷隐又兼领部分李仁罕等所掌之权。广政十一年（948年）八月，赵廷隐为太傅，赐宋王爵。

孟昶即位后，明德元年至广政十一年这十余年间，李仁罕、张公铎、赵季良、张虔钊、张业、王处回等孟知祥所遗故将旧臣，或诛，或死，或罢，或请辞，被逐步排除在新的权力中枢之外。史料记载，广政十一年，安思谦密告赵廷隐谋反，发兵夜围赵府，后有李廷珪等为赵廷隐辩白，廷隐才得以免罪[82]。后蜀朝政暗潮汹涌，赵廷隐自危，借"偶染风恙"之机，"乞养疾，请罢军权"，激流勇退以期保全。墓志铭回避了其在后蜀立国后的主要事迹，仅述以加官、勋爵与食邑数，对赵廷隐致仕一事也比较隐晦，又墓志铭叙述逝者生平功绩外，多"称美而不称恶"，对当朝敏感的朝堂争斗和帝王之事也有所避讳。

志文"其年初冬，疾伤腠理，至十一月朔薨于成都县龙池坊之里第，享年六十有六。"次年二月，后主孟昶"命太常卤簿仪仗卜兆，迁葬于灵池县强宗乡华严里之原"。以出土墓志来看，赵廷隐薨于广政十三年（950年）十一月朔，葬于广政十四年（951年）二月[83]。成都县本治赤里街，秦时迁入少城，唐初太宗以秦王建益州台遥领成都，唐贞观十年（636年）分成都县之东偏置蜀县于城郭下，玄宗西幸驻跸，成都始改蜀县为华阳，而成都、华阳二县从此两分[84]，后蜀成都县为成都府治所。龙池坊为赵廷隐庭院府邸所在地。而灵池县位于益州东六十里，原属于汉新都县，有灵泉池在县南三十五里，唐初因有泉涌而闻名。唐武则天久视元年（圣历三年，700年），分蜀县、广都县置东阳县。唐玄宗天宝元年（742年），改名为灵池县。北宋仁宗天圣四年（1026年），更名灵泉县[85]。成都已出土的有明确时代和具体地理单元的墓志铭中，前蜀乾德元年（919年）李会内志铭称其葬于"成都灵池县强宗乡惠日里"，实际出土于成都市龙泉驿区青龙村砖室墓中[86]；前蜀乾德五年（923年）王宗侃夫妇墓志铭称葬于"灵池县强宗乡华严里龙辕原"，实际出土于成都市龙泉驿区原十陵镇青龙村五组砖室墓[87]，另有2017年发现的北宋何郯家族墓，安德郡君墓志铭载其葬于"灵泉县强宗乡惠日里"，实际出土地点为龙泉驿区原十陵镇大梁村四组[88]。根据赵廷隐墓志铭与买地券记录的埋葬地点，结合已发现的考古材料与实际出土地点可知，后蜀时成都府灵池县强宗乡，大约就在今成都市龙泉驿区原十陵镇青龙村、大梁村附近，而华严里则在原青龙村五组一带。

从出土赵廷隐墓志铭得知，赵廷隐，字臣贤，甘肃天水人，生于唐中和四年（884年），卒于后蜀广政十三年（950年）十一月，谥号忠武。历后梁、后唐、后蜀三朝，战功卓越。初为梁太祖侍从，后为后梁将领，屡立战功。相州平乱后，以功除授邢州兵马都监，转绛州监押、晋州建宁军都监等职；柳谷破昭义军，转陕州镇国军都监、连任北面[⿰彳正]军马军行营兵马都监与安州护戍，累官至兵部尚书、天下马军都监属招讨使等。后随王彦章军与后唐军作战，龙德三年（923年）九月，王彦章退守中都，及中都失利，赵廷隐等为后唐庄宗李存勖擒获，赵廷隐归唐。同光三年（925年），后唐魏王李继岌伐蜀，赵廷隐随先锋军讨西川、灭前蜀，以功充任西川左厢马步军都指挥使，之后留戍成都。孟知祥入蜀，赵廷隐与众将合擒康延孝，讨贼樊义远，北拒后唐军，剑州克敬瑭，榉桥阵董璋。先为"从龙"之将，后有"劝进"之功，为后蜀建国立下了汗马功劳，封开国伯爵，赐忠烈扶天保国功臣，孟昶时制授六军副使，加中书令等，先后授武德军、武信军节度、管内观风等使，位列三公，以宋王致仕。广政十三年十一月，赵廷隐因风恙"疾伤腠理"薨于成都县龙池坊，享年六十六。孟昶追赠其为太尉、徐兖二州牧，谥号忠武，并以极礼厚葬。

赵廷隐墓还出土了一座结构完整、功能齐备的微缩庭院，庭院规模宏大，彩绘精细；随葬有各类砖石质文物及陶俑 50 余件，包括墓主坐像、侍从俑、仪仗俑、武士俑、伎乐俑和神怪俑等，出土文物精美华丽，其中描金施彩的伎乐俑，工艺精湛，惟妙惟肖，具有极高的技术水平和艺术价值，折射出墓主人生前奢华尊贵的生活。

《九国志·赵庭隐传》载："庭隐久居大镇，积金巨万，穷极奢侈，不为制限"[89]。而当时的后蜀勋贵功臣，竞相修建庄园别墅，其中赵廷隐就有"起南宅北宅。千梁万拱，其诸奢丽，莫之与俦。"赵廷隐之别墅，"后枕江渎，池中有二岛屿。遂甃石循池，四岸皆种垂杨，或间杂木芙蓉。池中种藕。"[90]廷隐薨后，"（广政十五年三月）孟昶以赵廷隐别墅为崇勋园，幅员十余里，台榭亭沼，穷极奢侈。"[91]别墅后有江渎庙，宋代开宝年间，因"帝以旧祠隘甚，命有司绘河渎庙制度，增取赵廷隐故第以建今庙"[92]。冯浩记曰"庙前林清池有岛屿，竹树之胜，红蕖夏发，水碧四照，为一州之观"[93]。宋代成都江渎庙成为旅游胜地，文人雅士多流连其间，吟诗作赋。出土墓志亦记载，孟昶制授其守太保、守太傅、封宋王时，都实封有食邑，后加守太师时，总共实际享有食邑五百户，家资豪富，非一般功臣勋贵可比。

赵廷隐不仅有广逾十余亩的别墅庄园，也豢养了大量的俳优伶人。甚至其中有孙延应者，选入宫中教坊，后因杀将夺兵，图逆被诛。《蜀梼杌》卷下载："延应，赵廷隐之优人，以能选入教坊"[94]。赵廷隐知进退，自请致仕，孟昶对其十分优待，仍"赐肩舆出入殿省"或"就第问之"[95]以示仁圣礼遇，封赏时亦"赐金沃盥及绘锦"[96]以彰显荣宠皇恩。志文载赵廷隐府中"宸翰玺书盈箱累案"，即便死后，孟昶也如志文所述"命使赗襚，备极恩礼"，先是赐赵家以丧葬钱财衣物，卜葬时又令太常准备好卤簿仪仗，可谓是"礼备饰终"。作为寿终正寝的后蜀元老，赵廷隐的丧葬规格之高、随葬器物之丰，在四川已出土后蜀墓葬中首屈一指，于出土的这些丰富精美的随葬品中亦可见一斑。

参考出土赵廷隐墓志与历史文献，梳理出赵廷隐生平大事记年表如下：

唐中和四年（884 年），赵廷隐生于天水。

天复三年（903 年），入开封，始事后梁太祖朱温。

天祐三年（906 年）春，历魏府杀衙军（牙军）。

天祐三年（906 年）七月，为窟头领军五百人，设地道潜入相州。之后充任邢州兵马都监。

贞明六年（920 年），杀退淮南军，解围安陆。

龙德三年（923 年）十月，即同光元年（923 年），在王彦章军中都失利后被唐军擒获，归唐，充青沧等道印马使。

同光三年（925 年），为监押随魏王伐前蜀，后充西川左厢马步军都指挥使。

同光四年（926 年）（后唐明宗天成元年），孟知祥入西川，赵廷隐留成成都，擒康延孝，讨贼樊义远，分将兵甲。

天成三年（928年）四月，赵廷隐以西川马步军都指挥使，加封检校司空、汉州刺史，并留屯成都。

长兴元年（930年）秋，赵廷隐分兵支援东川董璋，十二月于剑门与北军（即后唐军）石敬瑭对垒。

长兴二年（931年）正月，于剑州北岭潜伏，力战北军，为大军战胜后唐军争取了时间。收复昭武五州之地献捷，授为昭武军留后。

长兴三年（932年）四月，东川董璋谋袭成都，临汉州，五月赵廷隐对阵董璋于樱桥。

长兴三年（932年）六月，为保宁军节度兵马留后，领阆、果、蓬、渠、开五州。

长兴四年（933年）三月，以西川左厢马步指挥使、知保宁军节度兵马留后迁任检校太保、阆州节度使。

明德元年（934年）（后唐应顺元年），以劝进功，廷隐进检校太尉、同中书门下平章事、进开国伯，加封七百户，赐忠烈扶天保国功臣。

明德元年（934年），二月为左匡圣步军都指挥使，仍领保宁节度使；七月后，孟昶即位，沿用年号。秋九月，以翊戴功，制授六军副使，加开府阶检校太尉兼侍中，封郡侯食邑，赐扶天定国安时保圣功臣。

明德四年（937年）末，晋高祖发兵侵昭武（利州）至剑门，赵廷隐领兵退敌。

广政元年（938年），转授卫圣诸军马步都指挥使，仍以东川潜龙重地制授武德军节度、管内观风等使，加国公食邑，加中书令，量留六年后加检校太师。

广政四年（941年）二月，加检校官，罢节度使。之后逐渐分兵权。

广政七年（944年）春，制授守太保、武信军节度、管内观风等使。

广政十年（947年），上书请交还兵权。

广政十一年（948年）夏，赵廷隐称疾，请罢兵权。授守太傅封宋王，致仕。

广政十三年（950年），授守太师食邑，同年初冬十一月朔薨，享年六十六岁。

广政十四年（951年）二月十日，孟昶命使副持节册，赠其为太尉徐兖二州牧，谥忠武。

广政十四年（951年）二月二十二日，孟昶命太常卤簿仪仗卜兆将其迁葬于灵池县强宗乡华严里之原。

广政十五年（952年），孟昶以赵廷隐别墅为崇勋园，幅员十余里，台榭亭沼，穷极奢侈。

四、赵廷隐家族世系与姻亲关系

据墓志铭记载，赵廷隐有三兄、二姐、三妻、三子、七女。曾祖赵莹，祖父赵熙，父亲赵彦，母亲为武昌郡史氏。三位兄长分别为赵景滂、赵景浩、赵廷遇；长姐和二姐分别嫁给武威贾氏和陇西李氏，二姐封天水郡太夫人。赵廷隐先后有阎、李、吉三位夫人，先娶阎氏，追封宁国夫人；再娶李氏，封宋国夫人；后娶吉氏，封邓国夫人。三子，分别为赵崇祚、赵崇韬和赵崇奥。

根据人物关系，可得世系图如下[97]：

赵廷隐祖辈三代不曾为官，赵家的尊荣始于廷隐事后梁太祖。三位兄长中，志文仅记录了三哥赵廷遇的官职，为陵州刺史左监门卫将军。左监门卫，隋代初置，原为左右监门府，执掌宫殿门禁与守卫，有左、右监门卫将军各一人，正三品官职，唐代改府为卫，左监门卫属于左右监门卫，后蜀因之。《文献通考》载："隋初有左右监门府将军，各一人，掌宫殿门禁及守卫事，各执郎将二人、校尉直长各三十人。炀帝改将军为郎将，各一人，正四品，置官属并同备身府。唐左右监门府置大将军、中郎将等官。龙朔二年，改府为卫，大将军各一人，所掌与隋同，将军各二人以副之。中郎将各四人，分掌诸门，以时巡检。"[98]陵州即今四川仁寿，而赵廷隐家族本天水人，其三哥的官职极有可能是因赵廷隐入蜀，位极人臣后而惠及家族。赵廷隐的三子七女中，长子赵崇祚、次子赵崇韬文献中均有提及，崇韬有传，唯第三子崇奥未见。关于崇奥，志文记曰："银青光禄大夫、检□左散骑常侍、右千牛卫将军同正、兼御史大夫。"此处"检"字仅残存左部"扌"（检之异写字"捡"）缺字应为"校"，为检校官之称的散官。而右千牛卫将军执掌侍卫宫禁与兵器仪仗，领该职者多为荫封子弟。

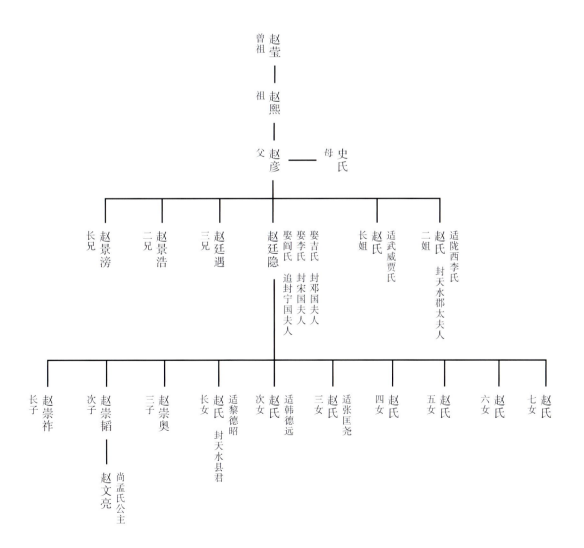

志文述及赵廷隐家族的姻亲关系，长姐所嫁武威贾氏与二姐所适陇西李氏，均籍属甘肃。大女婿右骁卫将军黎德昭未见有传，但有"（广政二十二年十二月）赐令仪死。是时西班将军黎德昭献画鹤图，诏授雅州刺史"的同名记载，尚不能确定是否为此人[99]。二女婿少府监韩德远，从三品官员。三女婿为前利州别驾张匡尧。

据出土后蜀张虔钊墓志铭，张虔钊有子"次曰匡尧，前利州别驾，娶今太傅令公宋王之女"[100]。张虔钊卒于广政十一年二月，葬于同年九月，而恰好赵廷隐在广政十一年夏封宋王[101]，可见张虔钊墓志所称"太傅令公宋王"即为赵廷隐。而赵廷隐墓志铭也证实了这一点，明确记载"第三女适前利州别驾张匡尧"，可见赵廷隐之三女婿张匡尧即后蜀张虔钊次子。两块出土墓志相互印证，为研究五代后蜀历史人物关系提供了有力的实物证据。据张虔钊墓志铭记载，张匡尧之父张虔钊原任后唐山南西道节度使、同中书门下平章事、兼西面诸州马步军都部署等职，因平潞王叛乱，将士倒戈而归蜀，后蜀明德元年（934年）七月重授"山南节度使"，广政六年（943年）"授昭武军节度使"，广政十年（947年）转授"山南节度使、行兴元尹、兼充山南武定管界泝边住寨都指挥使"[102]。张虔钊为利州昭武军节度使之事，应当在广政六年至十年之间，领利、巴、集、通四州。别驾为州官刺史的佐官，武德元年（618年）始置。节度使幕府州佐可奏荐，唐代司州别驾从事史为从四品，与长史、司马同为"上佐"，刺史缺员或者亲王兼领州府时，可暂代职权。实际上，唐及五代"上佐"通常既没有具体的职责范围，也无须躬身实务，品阶高俸禄厚，多用以优待或安置闲散官员[103]。张匡尧当时应是在其父张虔钊麾下任利州别驾，可能随其除替而变化。其长兄张匡弼守卫尉少卿驸马都尉，娶金仙长公主。

后主时期，赵廷隐之功绩荫及子孙，一门显贵，正如铭文所记"门阀盛分翼子贻孙"。然而后蜀兵败，孟昶归宋，后蜀国祚仅短短30余年，赵氏尊荣不过三代。北宋统一，其后赵氏世系不清。苏轼《赵先生舍利记》有"赵先生棠本蜀人，孟氏节度使廷隐之后，今为南海人。仕至幕职，官南海"的记载[104]，称有张方平曾为赵棠作墓志。并提及赵棠有子赵昶，官至大理寺丞，知藤州。赵昶，字晦之，曾为东武令。苏轼与赵昶素有往来，诗文相寄，有《与赵昶晦之四首》《减字木兰花（送赵令）》《减字木兰花（送东武令赵晦之）》（又题为《送东武令赵昶失官归海州》）等存世。然而，查张方平有《有宋南海大士赵君塔铭并序》一文，称赵棠"其先曹州济阴仕族。曾祖季良"[105]，可知赵棠及赵昶为后蜀赵季良之后，苏氏所称"廷隐之后"或为误。

赵廷隐三子，崇奥尚未寻到相关文献记载，此处仅就其长子崇祚、次子崇韬作简要考证。

1. 赵崇祚

根据赵廷隐墓志记载，赵廷隐长子名为赵崇祚，时任"银青光禄大夫、守卫尉卿、判太常寺、事上柱国。"关于赵崇祚，历史文献中的记载少也十分零散，仅只言片语，也未见单独有传，亦未见有作品传世，后世因其辑有《花间集》而略有考证。《九国志·赵庭隐传》载曰："（庭隐）子崇祚、崇韬。"《花间集·序》作"卫尉少卿字弘基"[106]，而《直斋书录解题》卷二十一《歌词类》载："《花间集》十卷。蜀欧阳炯作序，称卫尉少卿字宏基者所集，未详何人。其词自温飞卿而下十八人，凡五百首，此近世倚声填词之祖也"[107]。清代《十国春秋·欧阳炯传》，吴任臣又考证作"卫尉少卿赵崇祚"[108]。待到清代，多已不知赵崇祚其族系，亦不详其里贯。编修《四库全书》时，编修官因其排行"崇"与赵崇韬似，而推测其为崇韬的兄弟[109]。

赵廷隐墓志铭中有其清晰的家族世系，记载明确。赵崇祚为后蜀宋王赵廷隐长子，赵崇韬之长兄，与《九国志》记述相合。唯有官职与《花间集·序》《十国春秋》记载的"卫尉少卿"有所不同。卫尉，初为门卫屯兵之职，隋代开始掌军器、仪仗、帐幕之事。唐太极元年，设卫尉卿一人，少卿二人，领武库、武器、守宫三署[110]。五代地方政权割据，十国官制多因袭唐制。银青光禄大夫为从三品文散官，上柱国视为正二品勋衔，卫尉卿为从三品职事，太常寺亦为正三品职事。赵氏一族随着赵廷隐辅政、判六军，门第日益显赫。广政三年，赵崇祚尚为卫尉少卿，从四品上。而时隔十年，赵崇祚守"卫尉卿"也十分合理。以此来看，赵崇祚职属卫尉，兼太常寺职，掌管后蜀宫廷军器、守卫与礼乐。

赵崇祚喜好诗书，颇具才学，志文中欧阳炯赞其"言行相顾，诗礼兼闻"。广政三年，赵崇祚"广会众宾，时延佳论"，收集晚唐至五代诗词曲子五百首，辑成《花间集》，欧阳炯为其作序。赵崇祚与当时的文人墨客相交甚密。《实宾录·忘年友》称："五代后蜀赵崇祚，以门第为列卿，而俭素好士。大理少卿刘昺、国子司业王昭图，年德俱长，时号宿儒，崇友之，为忘年友。"[111] 后蜀归宋，赵崇祚之后的事迹未见记载。

2. 赵崇韬

赵崇韬，赵廷隐次子。志文云："次曰崇韬，竭忠奉义功臣，金紫光禄大夫、检校司徒、使持节眉州诸军事、守眉州▨□、▨▨□□、□上柱国"。《九国志》《宋史》《十国春秋》[112]均有传，部分细节有出入。其中《九国志·赵崇韬传》的记载较为简略，《十国春秋》的记载摘自《宋史》，另有部分事迹散记于《孟昶本纪》中。

与赵崇祚雅好诗书不同，崇韬少年骁勇果敢，有乃父之风。明德元年（934年）秋九月，辅政大臣李仁罕自恃有功，求判六军，后主孟昶以赵廷隐分其兵权加以制衡，新设置殿值四番，"以众将领子弟或遗孤为卫"，并任先帝孟知祥所留李仁罕、赵季良、赵廷隐、张业等老臣之子为殿值将领以作安抚平衡，廷隐次子赵崇韬即在此列[113]。

出土志文撰于广政十四年（951年），记载赵崇韬为正三品的金紫光禄大夫、检校司徒，加勋视正二品"上柱国"，而实际职事为"使持节眉州诸军事、守眉州▨□、▨▨□□"。赵崇韬这一阶段的任职史籍未有记载，可补史之阙。魏晋之后，执掌地方军政者加称"使持节"，有"使持节为上，持节次之，假节为下"的说法，而隋唐置州牧刺史，在诸州总管刺史前也加号"使持节"，为"从三品职同牧尹"[114]。五代官制多沿袭隋唐，通常在某州刺史前加以"持使节某州诸军事"。志文称赵崇韬为"使持节眉州诸军事、守眉州……"，其"眉州"后残字仅存右侧"刂"，以文意与字形推测识读为"刺"，推知赵崇韬当时应守"眉州刺史"，握有一州实际军政大权。据《旧唐书》《新唐书》所载，唐代眉州为上等州[115]，《通典》有载，上等州刺史为从三品，五代因唐制，眉州刺史则为从三品，该品级与《文献通考》"使持节"为"从三品职同牧尹"的说法一致。

另据永陵博物馆藏《徐铎内志》，徐铎曾于后蜀孟知祥明德元年（934年）守普州（四川安岳县）刺史，孟昶明德二年（935年）春考秩未满时改转"使持节渝州诸军事，守渝州刺史"，广政二年（939年）春三月，除授"使持节渠州诸军事，守渠州刺史"（渠州，今四川达州），广政六年（943年）二月，加封司空并"使持节眉州诸军事，守眉州刺史"，广政十年（947年），宣充北路行营，补陕路行营、兼宁江军管内、沿边诸寨屯驻都指挥使等职，广政十四年（951年）冬十月除授"使持节彭州诸军事，守彭州刺史"[116]。唐代官员实行一年一小考，四年一大考，后唐庄宗、明宗朝都有关于刺史任满三考方可移替的规定[117]。以《徐铎内志》来看，徐铎先后曾任多州刺史，除普州"考秩未满"改转外，其余任期均为四年，四年考满移替。徐铎于广政六年至十年期间为眉州刺史，以正常考课四年期满来推测，赵崇韬或广政十四年新任眉州刺史。后蜀以军为一级行政区划，下设州、县，节度使移替比较频繁，刺史的任期也比较短。因唐末藩镇专权，五代各国统治者原本也多为节帅武将，缩短其任期以削弱权力，或为避免节帅拥兵自重，藩镇割据，重蹈覆辙，如孙汉韶、张虔钊就曾先后担任过昭武军节度使。

据文献记载，孟昶广政年间，赵崇韬曾两度领兵抵御后周军，第一次为广政十八年（955年），即后周显德二年；第二次为广政二十一年（958年），即后周显德五年。《九国志·赵崇韬传》载，"广政二年，周师复至境上，昶以崇韬与控鹤指挥使袁可钧，同为北面招讨。崇韬率励将士，行阵整肃，士卒有黥其额为斧形者，号曰破柴，周师前锋，屡为崇韬所败，至归安而退。"此处广政二年记载应为误[118]。广政十年，后蜀有秦、凤、阶、成之地，复前蜀王氏疆土[119]。广政十八年正月，后蜀置威武军于凤州[120]。其年五月，后周世宗柴荣调兵自秦州犯蜀，后蜀以客省使赵崇韬为都监[121]，与北路行营都统李廷珪、招讨使高彦俦抵御后周军，因功升任右卫圣步军都指挥使。这次对战，蜀军虽获短暂胜利，之后却节节败退，终失秦、凤。又据《资治通鉴》之后周显德五年（958年）载："蜀主以右卫圣步军都指挥使赵崇韬为北面招讨使……分屯要害以备周"[122]，联系《九国志》记载及"周师复至境上"与周师前锋"至归安而退"来分析，此处交锋应在广政二十一年，即后周再次袭蜀、攻打归安镇时，为文献有载的崇韬第二次抵御后周军队。之后孟昶对赵崇韬多有倚重，广政二十五年（962年），孟昶立秦王玄喆为太子，又以赵崇韬与王昭远、伊审征、韩保正等分掌机要，总内外兵权[123]。

960年，宋太祖赵匡胤代后周称帝，以开封为东京，改元建隆。后蜀广政二十七年（964年）冬，宋派王全斌等伐蜀。后蜀孟昶以王昭远为都统，赵崇韬为都监，韩保贞为招讨使，率兵拒宋[124]。二十八年春，宋军破剑门，逼汉源，赵崇韬布阵迎敌，奋战至"兵器皆断折，犹手击杀数人"[125]。汉源之战，蜀军大败，赵崇韬最终力战不敌被宋师所擒。

《宋史·太祖本纪》载："（乾德三年春，965年）王全斌克剑门，斩首万余级，禽蜀枢密使王昭远、泽州节度赵崇韬。"[126]

又《宋史·王全斌传》载："全斌等击破之，昭远、崇韬皆遁走，遣轻骑进获，传送阙下，遂克剑州，杀蜀军万余人。"[127]

《九国志·李廷珪传》载："（广政）二十八年，王师拔剑门，加廷珪太子太傅，令从元喆统兵以拒王师。至绵州，闻王昭远、赵崇韬之师皆败，元喆惧，退保东川。"[128]

《宋史·王昭远传》载："（王昭远）俄为追骑所执，送阙下，太祖释之，授左领军卫大将军。"[129]

关于赵崇韬的记载终于其兵败被擒。《锦里耆旧传》有孟昶归宋后的后蜀归降官员敕目，王昭远为"右千牛卫上将军"，但未见赵崇韬之名。推测当时崇韬被擒后可能并未被释放，或已然身死。

赵崇韬子承父业，为孟昶后期重要将领，先为殿值将军，后为使持节眉州诸军事、守眉州刺史，历任右卫圣步军都指挥使、北面招讨使，加领洋州武定军节度、山南武定缘边诸寨都指挥副使等职。据《宋史》《十国春秋》记载，广政末年，崇韬有子名赵文亮，尚孟氏公主。

五、墓志铭撰文、书丹与镌刻者

该墓志还留下了与墓志铭成文制作有关的人物信息，如撰文者欧阳炯、书丹者何尧封、镌玉册官武令昇。

1. 欧阳炯

墓志铭撰文者为"门吏翰林学士、正议大夫、行尚书礼部侍郎、知制诰兼知贡举、上柱国赐紫金鱼袋欧阳炯"。欧阳炯，活跃在五代前后蜀至北宋初年，文献关于他的记载较多，《十国春秋》单独立传。《十国春秋》记载欧阳炯为蜀人，曾事高祖、后主，历官武德军判官、翰林学士、中书舍人，曾为赵廷隐长子赵崇祚编纂的《花间集》作序，其作品也被收录其间。此外，《尊前集》也收录有欧阳炯诗词三十一首。

宋勾延庆《锦里耆旧传》卷四，孟昶归宋后，宋太祖对后蜀将吏进行封赏，其中有"欧阳炯，左散骑常侍"的记载[130]。而宋李焘《续资治通鉴长编》卷二亦有："是月（建隆二年五月），蜀以翰林学士承旨、吏部侍郎华阳欧阳炯为门下侍郎、兼户部尚书、平章事"的记录[131]。

此外，"欧阳炯"的事迹，《野人闲话》的"贯休""应天三绝"两则中，蜀中翰林学士欧阳炯曾赠诗与僧贯休；还有翰林学士欧阳炯与景焕为忘形之交，有同赏书画、同游应天寺的记载。他的名字在文献记载中，还写作"烱""迴""炅"等，甚至为"廻"字。《宋史·西蜀世家》就为"欧阳迴"立传，称迴为成都华阳人，历前蜀后主，前蜀亡，降后唐至秦州为官，于孟知祥入西川后又返回蜀中。孟知祥登位后，迴为中书舍人，孟昶广政十二年（949年）除翰林学士，十三年（950年）知贡举，之后又"迁礼部侍郎，领陵州刺史，转吏部侍郎，加承旨。二十四年，拜门下侍郎兼户部尚书、平章事、监修国史"[132]。而《十国春秋·后蜀纪》记曰："广政二十四年，自春至于夏无雨，螟蝗见成都。诏以吏部侍郎承旨欧阳迥为门下侍郎兼户部尚书、同平章事。"[133] 观此"欧阳迥"生平，尤其是具体官职和任职的时间，与成文于广政十四年（951年）的赵廷隐墓志铭的记载相吻合，也与《十国春秋》《锦里耆旧传》《续资治通鉴长编》所载的蜀中欧阳炯生平相符。而嘉靖版《四川总志》，尤其是《十国春秋》中另有一人名欧阳迴，所录生平与《宋史》欧阳迴相同，应摘自《宋史》，却将"迥"误作了"迴"字。古"炯"同"烱"，两者音义相同，结合其活跃的时代、官职与文辞，《宋史》欧阳迴、《十国春秋》"欧阳迥""欧阳炯"及其他文献中的"欧阳炯"应为同一人，即赵廷隐墓志铭的撰文者欧阳炯。可能因时代久远，避讳、文献传抄等诸多因素，出现了不同的写法，直至清代吴任臣编《十国春秋》时，将"欧阳炯""欧阳迥"误作两人分别作传。关于欧阳炯生平研究，不少的研究者都基于文献材料进行了分析和论证[134]。而赵廷隐墓志铭的出土，为更正史料记载的舛错提供了十分珍贵的考古文献资料。

结合考古资料与历史文献推知，欧阳炯，成都华阳人，生于唐乾宁年间，曾事前蜀、后唐、后蜀、北宋，善文章、工诗词、好歌乐，是晚唐五代有名的词人，与景焕为忘形交，与僧可朋、僧贯休等当时的文士僧人交往甚善。后蜀时期，历中书舍人、武德军节度判官、翰林学士、正议大夫、行尚书礼部侍郎、知制诰兼知贡举等职，后领陵州刺史，转吏部侍郎，加承旨，拜门下侍郎、兼户部尚书平章事，勋上柱国赐紫金鱼袋。后蜀亡后随孟昶降，为宋臣，充翰林学士、左散骑常侍等职。

欧阳炯与赵廷隐一族交往甚密。广政三年，炯曾为赵廷隐长子赵崇祚的《花间集》作序，并在序中称"以炯粗预知音，辱请命题，仍为序引"。而廷隐薨后，赵氏子女"以炯素依门馆，请述志铭"。据志文记载，广政初改剑南东川节度使为梓州武德军节度使，昶以赵廷隐为武德军节度、管内观风等使（广政四年罢，加检校官），而《花间集·序》载欧阳炯为"武德军节度判官"[135]，恰为其属官。故而欧阳炯在撰写廷隐墓志铭时自称"门吏"，以示尊敬。欧阳炯两次为赵氏撰文，无论《花间集·序》还是赵廷隐《墓志铭并序》，都是不吝辞藻，文辞华美。欧阳炯撰志，正文以运命之说开篇，仿三国李萧远之《运命论》，将后蜀开国皇帝孟知祥与宋王赵廷隐的临世与相逢，归于时、运、命的结果，如"山出云则申伯匡周，石投水则留侯辅汉"，盛赞赵廷隐跟随后蜀高祖开疆辟土、立国兴邦的功勋，将赵廷隐视作可与汉初的萧何、曹参，唐初的李绩、李靖等并驾齐驱的开国功臣，更是将将孟知祥比作汉高祖刘邦、唐高祖李渊之类的开明立国之君。其溢美之词，有"谀墓"之嫌，但所记赵廷隐生平事迹，仍较详尽可靠。

2. 何尧封

墓志书丹者为"门吏前眉州军事判官、将仕郎兼监按御史、赐绯鱼袋何尧封"，史失其载。唐代在节度、观察、招讨、经略、团练等各使之下置判官，为节度幕府成员。五代在各道、州也设置有军事判官，为州府内佐官，负责协理本州府相关的防卫等军务。后蜀的州府官制，大体上延续了唐与后唐的设置。后唐同光二年（924年），中书门下奏："今后诸道除节度副使、判官两使除授外，其余职员并诸州军事判官等，并任本道本州，各当辟举，其军事判官，仍不在奏官之限。"[136]此时的军事判官可由各道、州的节度使选拔，无须奏充。天成元年（926年），幕府判官需守旧职，若节度使移镇或罢府，则不随流动，其职随罢。到了天成二年（927年），敕所设官职应各司其职，州府录事参军不得兼任，尤其是"邺都管内刺史州，不合有防御判官之职，今后改为军事判官"[137]。长兴元年（930年）十二月，太常丞孔知邵奏："诸道行军副使、两使判官及防御团练、军事判官，并请依考限欲满一月前，本处闻奏朝廷除替。"[138]

长兴二年（931年）中书门下奏议"行军副使、两使判官以下幕僚，及防御团练副使、判官、推官、军事判官，并宜以三十个月为限"，敕"推巡、防御团练推官、军事判官等，并三年与比拟。每遇除授，量与改转官资，或阶勋职次"[139]。宋代军事判官为从八品。将仕郎为隋代所置文散官，唐五代袭之。唐代属于第二十九阶，即从九品下，宋代为九品下。

何尧封原职眉州军事判官，结合赵崇韬当时为"使持节眉州诸军事、守眉州刺史"的官职推测，其为赵崇韬所在州府内的佐官，虽已卸任，但保留了郎官与御史的头衔，与赵崇韬关系较为密切，依赵氏门庭，或因其擅长书法而为赵廷隐墓志铭书丹，并依其品阶与从属关系，对赵崇韬之父宋王赵廷隐也以"门吏"自称。

何尧封"监按御史"一职，少见于其他文献。或类似"监察御史"，属于正八品下，品级虽低，却有分察百官、巡按州县等权限。唐代监察御史有判官二人为佐，务繁则有支使。唐代几经调整后有"监察御史十五人，正八品下。掌分察百寮，巡按州县、狱讼、军戎、祭祀、营作、太府出纳皆莅焉；知朝堂左右厢及百司纲目。凡十道巡按，以判官二人为佐，务繁则有支使"[140]。成都出土的后蜀广政十八年（955年）《孙汉韶内志》中，撰文者为"门吏前遂、合、渝、泸、昌等州观风副使、将仕郎兼监按御史、赐绯鱼袋王乂"[141]，其与何尧封的身份相当，也为"将仕郎兼监按御史、赐绯鱼袋"。可见在五代，至少在后蜀存在监按御史这一官职，或为州府佐官兼任。

3. 武令昇

墓志镌刻者为武令昇，生卒年不详。广政七年，后蜀门下侍郎、同平章事毋昭裔依照雍都旧本九经，命平泉令张德钊书写并刻石经，并保存于成都学宫[142]。此石经即为《广政石经》，又称《蜀石经》。其中镌刻《尔雅》的就是武令昇。曾宏父《石刻铺叙》有载："《尔雅》一册二卷，不载经注数目。广政七年甲辰六月，右仆射毋昭裔置，简州平泉令张德钊书，镌者武令昇"[143]。《广政石经》作为后蜀官方刊刻的儒家经典，立于学宫之前，供读书人抄录、校对、研究，并期许流传后世，引人瞻仰。石经必须具有规范性和权威性，参与书写、镌刻的人选均备受重视，当为经过多方考量，择其优者而录。书丹者均为官员，悉选"士大夫善书者模丹入石"[144]，而镌刻者能留其姓名的，也是后蜀精于勒石的名匠，如陈德超、颍州郡（今河南许昌）陈德谦以及武令昇、张延族等。故而南宋洪迈赞《广政石经》"孟蜀所镌字体清谨有正观遗风，续补经传殊不逮前"[145]。

　　志铭中武令昇题署"镌玉册官"。据志文，广政十一年，赵廷隐请辞致仕时，孟昶命使者持节"宣册"制授其"守太傅，封宋王"；又广政十四年二月，赵廷隐下葬之前，孟昶再度命使副持节"册赠为太尉、徐兖二州牧"，并加谥号"忠武"。"册"即玉册，又为"玉策"，为帝王封禅、祭祀和册命时使用的官方文书。有石刻与考古资料显示，唐代中书省就设有镌玉册官，五代时期如后梁、后唐等都有专门的官署玉册院管理玉册官，专门负责玉册文书制造相关事务。后梁开平三年（909 年）有"玉册院李廷珪镌字"[146]。后唐也有玉册院镌字官韩重，后蜀有陈德超等。孟知祥起于后唐，割据东西川，在官制上也延续了唐末与后唐的制度。根据文献记载，武令昇刻《尔雅》时称"镌者"，仅署有名字而没有头衔，而 1977 年成都出土的后蜀张虔钊墓志铭中，题署"镌玉册官武令昇"，与赵廷隐墓志文末署名相同。赵廷隐与张虔钊品秩高，均有蜀主追赠谥号，墓志铭皆由镌玉册官进行镌刻。张虔钊墓志铭刻于广政十一年，武令昇可能因广政年间刻蜀石经有功而获升迁，成为有品秩的镌玉册官，可能除制作玉册外，也为具有册命有身份的重臣镌刻墓志铭。

六、余论

　　后蜀赵廷隐墓是除前蜀王建墓、后蜀孟知祥墓、前蜀王宗侃墓、后蜀张虔钊墓外，迄今发现的四川五代时期最高等级墓葬。其出土墓志铭，有明确纪年可判定墓葬年代，有确切的墓主身份、墓主生平与家族世系内容，为研究其家族关系、人物传记提供了最具价值的实物资料。志文所保存的大量历史信息，涉及 10 世纪上半叶发生的一些重大历史事件，补校了现存历史文献资料的部分错漏与缺略，为五代十国人物传记和历史研究提供了十分宝贵的文字材料。所述及的五代官职与封诰制度，也值得进一步讨论。

　　该墓志铭汇集蜀地名宦名匠心力而作，在文学、书法、雕饰技艺等方面都有较高的艺术水平。此外，志文书写以楷书为主，兼有部分行楷，并包含数量较多的异写字、避讳字等，对古文字演变发展与古代避讳制度的研究有一定意义。

注释

[1] 参见本书第三章第五节。

[2] 清钱熙祚《守山阁丛书》所录《九国志》，称赵庭隐为太原人，影印清钱氏本，参见（宋）路振撰：《九国志》卷七，上海博古斋，1922 年，第 3 页。而《粤雅堂丛书》《海山仙馆丛书》所印《九国志》，及商务印书馆万有文库的整理本、民国上海进步书局校印本，赵庭隐均作开封人，参见（宋）路振撰：《九国志》卷七，商务印书馆，1937 年，第 67 页；（宋）路振撰：《九国志》卷七，上海进步书局，第 2 页。

[3] （宋）司马光编著，（元）胡三省音注：《资治通鉴》卷二百七十二《后唐纪一》，中华书局，1956 年，第 19 册，第 8895 页。

[4] （元）脱脱等撰：《宋史》卷四百七十九《世家二》，中华书局，1977 年，第 40 册，第 13886 页。

[5] （清）吴任臣：《十国春秋》卷五十一《后蜀四》，中华书局，1983 年，第 757 页。

[6] 属县的望、赤等级之分，在唐代就有规定。（唐）杜佑撰：《通典·职官十五》："开元中，定天下州府自京都及都督、都护府之外，以近畿之州为四辅，其余为六雄、十望、十紧及上、中、下之差。""大唐县有赤、畿、望、紧、上、中、下七等之差。"注曰："京都所治为赤县，京之旁邑为畿县，其余则以户口多少、资地美恶为差。"中华书局，1984 年，第 188、191 页。

[7] （宋）王溥：《五代会要》，上海古籍出版社，1978 年，第 307 页。

[8] （宋）路振撰：《九国志》卷七《赵庭隐传》，傅璇琮、徐海荣、徐吉军主编：《五代史书汇编》，杭州出版社，2004 年，第 6 册，第 3301 页。

[9] （宋）薛居正等撰：《旧五代史·梁书》卷二《太祖纪二》，中华书局，2016 年，第 1 册，第 36 页。

[10] （宋）司马光编著，（元）胡三省音注：《资治通鉴》卷二百六十四《唐纪八十》，中华书局，1956 年，第 18 册，第 8621 页。

[11] （宋）路振撰：《九国志》卷七《赵庭隐传》："庭隐、董璋等十数人，皆追赴汴州，（朱温）知其无过，竟释不问，令给事左右。"商务印书馆整理本，1937 年，第 67 页；傅璇琮、徐海荣、徐吉军主编：《五代史书汇编》，杭州出版社，2004 年，第 6 册，第 3301 页。

[12] （宋）薛居正等撰：《旧五代史》卷六十二《董璋传》，中华书局，2016 年，第 3 册，第 966 页；（宋）薛居正等撰：《旧五代史》卷一百三十三《高季兴传》，中华书局，2016 年，第 6 册，第 2039 页。

[13] （宋）司马光编著，（元）胡三省音注：《资治通鉴》卷二百六十五《唐纪八十一》，中华书局，1956 年，第 18 册，第 8657 页；（宋）薛居正等撰：《旧五代史》卷十四《罗绍威传》，中华书局，2016 年，第 1 册，第 215、216 页。

[14] （宋）欧阳修等撰：《新五代史》卷六十《职方考第三》，中华书局，2016 年，第 3 册，第 828 页。

[15] （宋）薛居正等撰：《旧五代史》卷一百五十《郡县志》，中华书局，2016 年，第 6 册，第 2347 页。

[16] （宋）司马光编著，（元）胡三省音注：《资治通鉴》卷二百六十七《后梁纪二》，中华书局，1956 年，第 18 册，第 8722 页。

[17] （宋）欧阳修等撰：《新五代史》卷六十《职方考第三》，中华书局，2016 年，第 3 册，第 828 页。

[18] （宋）司马光编著，（元）胡三省音注：《资治通鉴》卷一百九十五《唐纪十一》，中华书局，1956 年，第 13 册，第 6136 页。

[19] （后晋）刘昫等撰：《旧唐书》卷三《本纪第三》，中华书局，1975 年，第 49 页。

[20] （宋）司马光编著，（元）胡三省音注：《资治通鉴》卷二百三十三《唐纪四十九》，中华书局，1956 年，第 16 册，第 7514 页。

[21] （宋）司马光编著，（元）胡三省音注：《资治通鉴》卷二百七十一《后梁纪六》，中华书局，1956 年，第 19 册，第 8851、8853 页。

[22] （宋）路振撰：《九国志》卷一《张崇传》，傅璇琮、徐海荣、徐吉军主编：《五代史书汇编》，杭州出版社，2004 年，第 6 册，第 3234 页。

[23] （宋）司马光编著，（元）胡三省音注：《资治通鉴》卷二百七十《后梁纪五》，中华书局，1956 年，第 19 册，第 8845、8846 页。

[24] （宋）路振撰：《九国志》卷一《李简传》，傅璇琮、徐海荣、徐吉军主编：《五代史书汇编》，杭州出版社，2004 年，第 6 册，第 3229 页。

[25] （宋）薛居正等撰：《旧五代史》卷二十七《庄宗纪第一》，中华书局，2016 年，第 2 册，第 425 页。

[26] （宋）司马光编著，（元）胡三省音注：《资治通鉴》卷二百六十七《后梁纪二》，中华书局，1956 年，第 18 册，第 8734 页。

[27] （宋）司马光编著，（元）胡三省音注：《资治通鉴》卷二百六十七《后梁纪二》，中华书局，1956 年，第 18 册，第 8737 页。

[28] 古代改朝换代、变换天命谓之"革命"。"汤履革命"，参见卫辉大司马墓地 M16 出土乞扶令和墓志，河南省文物局：《卫辉大司马墓地》，科学出版社，2015 年，第 224 页，图版 3-32；（宋）路振撰：《九国志》卷七《李仁罕传》，"梁祖革命，补宫苑仪銮等使"，傅璇琮、徐海荣、徐吉军主编：《五代史书汇编》，杭州出版社，2004 年，第 6 册，第 3306 页。

[29] （宋）欧阳修等撰：《新五代史》卷四十五《段凝传》，中华书局，2016 年，第 2 册，第 566 页；（宋）欧阳修等撰：《新五代史》卷三十二《王彦章传》，中华书局，2016 年，第 2 册，第 397 页；（宋）司马光编著，（元）胡三省音注：《资治通鉴》卷二百七十二《后唐纪一》，中华书局，1956 年，第 19 册，第 8889 页。

[30] （宋）路振撰：《九国志》卷七《赵庭隐传》："王彦章守中都，庭隐在其军中。"傅璇琮、徐海荣、徐吉军主编：《五代史书汇编》，杭州出版社，2004 年，第 6 册，第 3301 页。

[31] （宋）薛居正等撰：《旧五代史》卷三十《唐书六》，中华书局，2016 年，第 2 册，第 469 页；（宋）王钦若等编纂，周勋初等校订：《册府元龟》卷二十《帝王部·功业第二》，"十月癸酉，庄宗亲御六师至郓州……追至中都。俄而大围合，城无所备，贼溃围而出，击之，大破，生擒大将王彦章及监军张汉杰、赵廷隐等"，凤凰出版社，2006 年，第 1 册，第 203 页。

[32] （宋）薛居正等撰：《旧五代史》卷二十一《王彦章传》，中华书局，2016 年，第 1 册，第 334、335 页。

[33] （宋）薛居正等撰：《旧五代史》卷三十《唐书六》，中华书局，2016 年，第 2 册，第 471、472 页。

[34] （宋）司马光编著，（元）胡三省音注：《资治通鉴》卷二百七十二《后唐纪一》，中华书局，1956 年，第 19 册，第 8901 页。

[35] （宋）路振撰：《九国志》卷七《赵庭隐传》，傅璇琮、徐海荣、徐吉军主编：《五代史书汇编》，杭州出版社，2004 年，第 6 册，第 3301 页。

[36] （宋）欧阳修等撰：《新五代史》卷四十四《康延孝传》，中华书局，2016 年，第 2 册，第 554 页。

[37] （宋）路振撰：《九国志》卷七《赵庭隐传》，傅璇琮、徐海荣、徐吉军主编：《五代史书汇编》，杭州出版社，2004 年，第 6 册，第 3301、3302 页。

[38] （宋）薛居正等撰：《旧五代史》卷三十三《庄宗纪第七》，中华书局，2016 年，第 2 册，第 525 页。

[39] （宋）司马光编著，（元）胡三省音注：《资治通鉴》卷二百七十四《后唐纪三》，中华书局，1956 年，第 19 册，第 8955 页。

[40] （宋）司马光编著，（元）胡三省音注：《资治通鉴》卷二百七十四《后唐纪三》，中华书局，1956 年，第 19 册，第 8957 页。

[41] （元）脱脱等撰：《宋史》卷四百七十九《赵崇韬传》，中华书局，1977 年，第 40 册，第 13886 页。

[42] （宋）欧阳修等撰：《新五代史》卷十四《庄宗子继岌传》，中华书局，2016 年，第 1 册，第 181 页。

[43] （宋）司马光编著，（元）胡三省音注：《资治通鉴》卷二百七十四《后唐纪三》，中华书局，1956 年，第 19 册，第 8961 页。

[44] （宋）薛居正等撰：《旧五代史》卷七十四《康延孝传》，中华书局，2016 年，第 3 册，第 1129、1130 页。

[45] （宋）欧阳修等撰：《新五代史》卷四十四《康延孝传》："继岌遣任圜以七千骑追之，及于汉州，会孟知祥夹攻之，延孝战败，被擒，载以槛车"，中华书局，2016 年，第 2 册，第 555 页；（宋）欧阳修等撰：《新五代史》卷六十四《孟知祥传》："同光四年正月戊辰，知祥至成都，而崇韬已死。魏王继岌引军东归，先锋康延孝反，攻破汉州。知祥遣大将李仁罕会任圜、董璋等兵击破延孝"，中华书局，2016 年，第 3 册，第 898 页。

[46] （宋）司马光编著，（元）胡三省音注：《资治通鉴》卷二百七十四《后唐纪三》，中华书局，1956 年，第 19 册，第 8966 页。

[47] （宋）路振撰：《九国志》卷七《李延厚传》，傅璇琮、徐海荣、徐吉军主编：《五代史书汇编》，

杭州出版社，2004 年，第 6 册，第 3306 页。

[48]（宋）路振撰：《九国志》卷七《李仁罕传》，傅璇琮、徐海荣、徐吉军主编：《五代史书汇编》，杭州出版社，2004 年，第 6 册，第 3306 页。

[49]（宋）薛居正等撰：《旧五代史》卷五十七《郭崇韬传》，中华书局，2016 年，第 3 册，第 891 页；（宋）司马光编著，（元）胡三省音注：《资治通鉴》卷二百七十四《后唐纪三》："时成都虽下，而蜀中盗贼群起，布满山林"，中华书局，1956 年，第 19 册，第 8952 页。

[50]（宋）司马光编著，（元）胡三省音注：《资治通鉴》卷二百七十四《后唐纪三》，中华书局，1956 年，第 19 册，第 8966 页。

[51]（宋）欧阳修等撰：《新五代史》卷六十四《孟知祥传》，中华书局，2016 年，第 3 册，第 898 页。

[52]（宋）薛居正等撰：《旧五代史》卷三十九《明宗纪第五》，中华书局，2016 年，第 2 册，第 615 页。

[53]（宋）司马光编著，（元）胡三省音注：《资治通鉴》卷二百六十一《唐纪七十七》，中华书局，1956 年，第 18 册，第 8525、8526 页。

[54]（宋）薛居正等撰：《旧五代史》卷三十八《明宗纪第四》，中华书局，2016 年，第 2 册，第 605 页；（宋）薛居正等撰：《旧五代史》卷七十《夏鲁奇传》，中华书局，2016 年，第 3 册，第 1082 页。

[55] 志文与文献所载兵力数量略有不同，文献或称五千或称一万。（宋）欧阳修等撰：《新五代史》卷六十四《孟知祥传》，中华书局，2016 年，第 3 册，第 901 页；（宋）路振撰：《九国志》卷七《赵庭隐传》："会唐师入剑门，知祥急召庭隐令统锐兵五千至东川，与董璋合军以拒之"，傅璇琮、徐海荣、徐吉军主编：《五代史书汇编》，杭州出版社，2004 年，第 6 册，第 3302 页。

[56]（宋）路振撰：《九国志》卷七《李奉虔传》，傅璇琮、徐海荣、徐吉军主编：《五代史书汇编》，杭州出版社，2004 年，第 6 册，第 3315 页。

[57]（宋）路振撰：《九国志》卷七《赵庭隐传》，傅璇琮、徐海荣、徐吉军主编：《五代史书汇编》，杭州出版社，2004 年，第 6 册，第 3302 页。

[58]（宋）路振撰：《九国志》卷七《庞福诚传》，傅璇琮、徐海荣、徐吉军主编：《五代史书汇编》，杭州出版社，2004 年，第 6 册，第 3309 页；关于"石桥"《九国志·赵庭隐传》作"土桥"。

[59]（宋）司马光编著，（元）胡三省音注：《资治通鉴》卷二百七十七《后唐纪六》，中华书局，1956 年，第 19 册，第 9053 页。

[60]（宋）司马光编著，（元）胡三省音注：《资治通鉴》卷二百七十七《后唐纪六》，中华书局，1956 年，第 19 册，第 9054 页。

[61]（宋）司马光编著，（元）胡三省音注：《资治通鉴》卷二百七十七《后唐纪六》，中华书局，1956 年，第 19 册，第 9055 页。

[62]（宋）司马光编著，（元）胡三省音注：《资治通鉴》卷二百七十七《后唐纪六》："昭武留后赵廷隐自成都赴利州"，中华书局，1956 年，第 19 册，第 9059 页。

[63]（宋）司马光编著，（元）胡三省音注：《资治通鉴》卷二百七十七《后唐纪六》，中华书局，1956 年，第 19 册，第 9063 页。

[64]（宋）薛居正等撰：《旧五代史》卷六十二《董璋传》，中华书局，2016 年，第 3 册，第 968、969 页。

[65]（清）董诰等编：《全唐文》卷八百九十一《为孟知祥答唐明宗奏状》，中华书局，1983 年，第 9 册，第 9309 页。

[66]（宋）司马光编著，（元）胡三省音注：《资治通鉴》卷二百七十七《后唐纪六》，中华书局，1956 年，第 19 册，第 9068 页。

[67]（后蜀）何光远撰：《鉴诫录》，傅璇琮、徐海荣、徐吉军主编：《五代史书汇编》，杭州出版社，2004 年，第 10 册，第 5871 页。

[68]（宋）路振撰：《九国志》卷七《孟思恭传》，傅璇琮、徐海荣、徐吉军主编：《五代史书汇编》，杭州出版社，2004 年，第 6 册，第 3320 页。

[69]（宋）司马光编著，（元）胡三省音注：《资治通鉴》卷二百七十七《后唐纪六》，中华书局，1956 年，第 19 册，第 9069 页。

[70]（宋）薛居正等撰：《旧五代史》卷六十二《董璋传》，中华书局，2016 年，第 3 册，第 969 页。

[71]（宋）欧阳修等撰：《新五代史》卷六十四《后蜀世家第四》，中华书局，2016 年，第 3 册，第 901 页。

[72]（清）顾祖禹撰：《读史方舆纪要》，中华书局，2005 年，第 3148 页。

[73]（后蜀）何光远撰：《鉴诫录》卷一，傅璇琮、徐海荣、徐吉军主编：《五代史书汇编》，杭州出版社，2004 年，第 10 册，第 5871 页；（后蜀）何光远撰：《鉴诫录》，中华书局，1985 年，第 3 页；文渊阁《四库全书》与《宋重雕足本鉴诫录》影印本中"汉川"均作"汉州"，参见（后蜀）何光远撰：《宋重雕足本鉴诫录》，上海科学技术文献出版社，2004 年，上册，第 5 页。

[74]（宋）司马光编著，（元）胡三省音注：《资治通鉴》卷二百七十七《后唐纪六》，中华书局，1956 年，第 19 册，第 9070 页。

[75]（宋）欧阳修等撰：《新五代史》卷六十四《后蜀世家第四》，中华书局，2016 年，第 3 册，第 902 页；（宋）司马光编著，（元）胡三省音注：《资治通鉴》卷二百七十七《后唐纪六》，中华书局，1956 年，第 19 册，第 9071 页。

[76]（宋）司马光编著，（元）胡三省音注：《资治通鉴》卷二百七十七《后唐纪六》，中华书局，1956 年，第 19 册，第 9072 页。

[77]（宋）王钦若等编纂，周勋初等校订：《册府元龟》卷一百七十八《帝王部·姑息第三》，凤凰出版社，2006 年，第 2 册，第 1981 页；（宋）司马光编著，（元）胡三省音注：《资治通鉴》卷二百七十八《后唐纪七》，中华书局，1956 年，第 19 册，第 9077、9082 页；（清）董浩等编：《全唐文》卷一〇八《后唐明宗·许孟知祥权行墨制诏》，中华书局，1983 年，第 2 册，第 1102 页。

[78]（清）董浩等编：《全唐文》卷一〇八《许孟知祥奏赵季良等五人乞正授节旄诏》，"左厢马步都指挥使，知保宁军节度兵马留后赵廷隐"，中华书局，1983 年，第 2 册，第 1103 页。

[79]（宋）勾延庆纂：《锦里耆旧传》卷七，商务印书馆，1939 年，第 84 页；（宋）勾延庆撰：《锦里耆旧传》卷七，傅璇琮、徐海荣、徐吉军主编：《五代史书汇编》，杭州出版社，2004 年，第 10 册，第 6048 页。

[80] 参见志文。劝进，实为将吏上劝已掌握实权者更进一步，南面称帝；翊戴，以重臣辅佐拥戴新帝之意。

[81]（宋）路振撰：《九国志》卷七《赵庭隐传》，傅璇琮、徐海荣、徐吉军主编：《五代史书汇编》，杭州出版社，2004 年，第 6 册，第 3303 页；（宋）司马光编著，（元）胡三省音注：《资治通鉴》卷二百七十七《后唐纪六》，中华书局，1956 年，第 19 册，第 9072 页。

[82]（宋）司马光编著，（元）胡三省音注：《资治通鉴》卷二百八十八《后汉纪三》，中华书局，1956 年，第 20 册，第 9395 页。

[83] 其卒年，《资治通鉴》卷二百八十九《后汉纪四》之乾祐三年（即广政十三年）记曰："（十一月）'蜀太师、中书令宋忠武王赵廷隐卒。'"所载与志文相符，《蜀梼杌》《十国春秋》所记为误。

[84]（宋）乐史撰：《太平寰宇记》卷七十二《剑南西道一·益州》，中华书局，2007 年，第 3 册，第 1463 页。

[85]（宋）乐史撰：《太平寰宇记》卷七十二《剑南西道一·益州》，中华书局，2007 年，第 3 册，第 1473 页。

[86] 存于成都市龙泉驿区文物管理所，出土于成都市龙泉驿区青龙村五代砖石墓，清理情况不详。参见成都文物考古研究所、成都博物院：《成都出土历代墓铭券文图录综释》，文物出版社，2012 年，上册，第 40、41 页。

[87] 成都文物考古研究所、龙泉驿区文物保护管理所：《成都市龙泉驿五代前蜀王宗侃夫妇墓》，《考古》2011 年第 6 期，第 41、42 页；成都文物考古研究所、成都博物院：《成都出土历代墓铭券文图录综释》，文物出版社，2012 年，上册，第 51、52、57 页。

[88] 成都市文物考古工作队：《成都龙泉驿区何氏家族墓地发掘简报》，待刊。

[89]（宋）路振撰：《九国志》卷七《赵庭隐传》，傅璇琮、徐海荣、徐吉军主编：《五代史书汇编》，杭州出版社，2004 年，第 6 册，第 3303 页。

[90]（五代）孙光宪撰，贾二强点校：《北梦琐言》逸文卷四《赵廷隐家莲花》，中华书局，2002 年，第 431 页。

[91]（宋）张唐英撰：《蜀梼杌》卷下，傅璇琮、徐海荣、徐吉军主编：《五代史书汇编》，杭州出版社，2004 年，第 10 册，第 6095 页。

[92]（宋）胡宗愈撰：《江渎庙记》，（宋）袁说友编：《成都文类》卷三十二，中华书局，2011 年，

第 627 页。

[93]（宋）冯浩撰：《江渎庙醮设厅记》，（宋）袁说友编：《成都文类》卷三十二，中华书局，2011 年，第 626 页。

[94]（宋）张唐英撰：《蜀梼杌》卷下，傅璇琮、徐海荣、徐吉军主编：《五代史书汇编》，杭州出版社，2004 年，第 10 册，第 6093 页。

[95]（宋）司马光编著，（元）胡三省音注：《资治通鉴》卷二百八十八《后汉纪三》，"（八月）甲申，蜀主以赵廷隐为太傅，赐爵宋王，国有大事，就第问之"，中华书局，1956 年，第 20 册，第 9396 页。

[96]（宋）路振撰：《九国志》卷七《赵庭隐传》，傅璇琮、徐海荣、徐吉军主编：《五代史书汇编》，杭州出版社，2004 年，第 6 册，第 3303 页。

[97] 墓志未述及孙辈，赵文亮系参考文献记载列入。

[98]（元）马端临撰：《文献通考》卷五十八《职官十二》，中华书局，1986 年，第 528 页。

[99]（清）吴任臣撰：《十国春秋》卷四十九《后蜀二·后主本纪》，中华书局，1983 年，第 2 册，第 729 页。

[100] 1977 年成都出土，参见翁善良：《成都市东郊后蜀张虔钊墓》，《文物》1982 年第 3 期，第 25、26 页；成都文物考古研究所、成都博物院：《成都出土历代墓铭券文图录综释》，文物出版社，2012 年，上册，第 73、74 页。

[101] 参见志文，另《资治通鉴》《十国春秋》均记作广政十一年八月。

[102] 成都文物考古研究所、成都博物院：《成都出土历代墓铭券文图录综释》，文物出版社，2012 年，上册，第 76 页。

[103] 陈茂同：《中国历代职官沿革史》，昆仑出版社，2013 年，第 204 页。

[104]（宋）苏轼撰：《苏轼全集》，上海古籍出版社，2000 年，第 911 页；曾枣庄、刘琳主编：《全宋文》卷一九七〇《苏轼一二二》，上海辞书出版社，2006 年，第 90 册，第 444 页。

[105] 曾枣庄、刘琳主编：《全宋文》卷八二九《张方平四八》，上海辞书出版社，2006 年，第 38 册，第 321 页。

[106] 关于其表字，文渊阁《四库全书》所收《花间集》之原序与纪昀等人提要均作"弘基"，文津阁《四库全书》《花间集》之提要、《四库全书总目提要》卷一百九十九、《天禄琳琅》续卷七为"宏基"。参见（后蜀）赵崇祚辑：《花间集》，中国书店，2014 年，第 1、6 页；（后蜀）赵崇祚撰：《花间集》，浙江古籍出版社，2013 年；（后蜀）赵崇祚撰：《花间集》，上海古籍出版社，2018 年；（后蜀）赵崇祚：《花间集》，世界书局，1935 年，第 1 页。

[107]（宋）陈振孙撰：《直斋书录解题》，上海古籍出版社，2015 年，第 614 页。

[108]（清）吴任臣撰：《十国春秋》卷五十六《欧阳炯传》，中华书局，1983 年，第 2 册，第 812 页。

[109] 文渊阁《钦定四库全书·集部》详校官编修周琼《花间集》案："《花间集》十卷，后蜀赵崇祚编。崇祚字弘基，事孟昶，为卫尉少卿，而不详其里贯。《十国春秋》亦不为立传。案，蜀有赵崇韬为中书令，廷隐之子；崇祚，疑即其兄弟。"纪昀、陆锡熊等"据陈氏《花间集》十卷，自温飞卿而下十八人凡五百首，今逸其二，已不可考，近来坊刻往往谬其姓氏，续其卷帙，大非赵弘基氏本来面目。"

[110]（元）马端临撰：《文献通考》卷五十五《职官九》，中华书局，1986 年，第 501 页。

[111]（宋）马永易撰，陈鸿图辑校：《新辑实宾录》卷六《忘年友》，中华书局，2018 年，第 219 页。

[112]（清）吴任臣撰：《十国春秋》卷五十五《赵崇韬传》，中华书局，1983 年，第 2 册，第 803 页。

[113]（清）吴任臣撰：《十国春秋》卷四十九《后蜀二·后主本纪》，中华书局，1983 年，第 2 册，第 706 页；后蜀李太后称众小将"皆膏粱乳臭子，素不习兵，徒以旧恩置于人上"，参见（宋）司马光编著，（元）胡三省音注：《资治通鉴》卷二百九十三《后周纪四》，中华书局，1956 年，第 20 册，第 9570 页；（元）脱脱等撰：《宋史》卷四百七十九《世家二·西蜀孟氏》，"又保正等皆世禄之子，素不知兵。一旦边疆警急，此辈有何智略以御敌"，中华书局，1977 年，第 40 册，第 13874 页。

[114]（宋）郑樵撰：《通志》卷五十六《职官六·都督》，中华书局，1987 年，第 691 页下；（元）马端临撰：《文献通考》卷五十九《职官十三》，中华书局，1986 年，第 539 页。

[115]（后晋）刘昫等撰：《旧唐书》卷四十一《地理志四》，中华书局，1975 年，第 5 册，第 1668 页；（宋）

欧阳修、宋祁撰：《新唐书》卷四十二《地理志六》，中华书局，1975 年，第 4 册，第 1081 页。

[116] 成都文物考古研究所、成都博物院：《成都出土历代墓铭券文图录综释》，文物出版社，2012 年，上册，第 82 页。

[117] （清）董浩等：《全唐文》卷一〇八《后唐明宗·久任刺史敕》，"所谓刺史三考，方可替移。免有迎送之劳。若非岁月积深，无以彰明臧否。自此到任后，政绩有闻，即当就加渥泽。如或为理乖谬，不计月限，便议替除"，中华书局，1983 年，第 1108 页；（宋）王溥：《五代会要》，上海古籍出版社，1978 年，第 307 页。

[118] 《九国志》万有文库本、粤雅堂丛书本误作广政二年，守山阁丛书本作"广政十八年"或也为误，将两次抵御后周军混为一次。

[119] （宋）司马光编著，（元）胡三省音注：《资治通鉴》卷二百八十六《后汉纪一》，中华书局，1956 年，第 20 册，第 9356 页；（清）吴任臣撰：《十国春秋》卷四十九《后蜀二·后主本纪》："广政十年，后晋凤州防御使石奉頵以凤州来降，我于是尽有秦、凤、阶、成之地，悉复前蜀王氏疆土"，中华书局，1983 年，第 2 册，第 715 页。

[120] （宋）司马光编著，（元）胡三省音注：《资治通鉴》卷二百九十二《后周纪三》，中华书局，1956 年，第 20 册，第 9523、9528 页。

[121] （宋）司马光编著，（元）胡三省音注：《资治通鉴》卷二百九十二《后周纪三》，中华书局，1956 年，第 20 册，第 9527 页；（清）吴任臣撰：《十国春秋》卷四十九《后蜀二·后主本纪》，中华书局，1983 年，第 2 册，第 724 页。

[122] （宋）司马光编著，（元）胡三省音注：《资治通鉴》卷二百九十四《后周纪五》，中华书局，1956 年，第 20 册，第 9588 页。

[123] 《锦里耆旧传》记作二十四年，参见（宋）勾延庆撰：《锦里耆旧传》卷七，傅璇琮、徐海荣、徐吉军主编：《五代史书汇编》，杭州出版社，2004 年，第 10 册，第 6050 页；（元）脱脱等撰：《宋史》卷四百七十九《世家二》，中华书局，1977 年，第 40 册，第 13874 页。

[124] （清）吴任臣撰：《十国春秋》卷四十九《后蜀二·后主本纪》，中华书局，1983 年，第 2 册，第 733 页；（元）脱脱等撰：《宋史》卷一《本纪第一》，中华书局，1977 年，第 1 册，第 18 页。《九国志》称崇韬与李廷珪等率兵拒之。

[125] （宋）路振撰：《九国志》卷七《赵崇韬传》，傅璇琮、徐海荣、徐吉军主编：《五代史书汇编》，杭州出版社，2004 年，第 6 册，第 3303 页。

[126] （元）脱脱等撰：《宋史》卷二《太祖本纪》，中华书局，1977 年，第 1 册，第 21 页。

[127] （元）脱脱等撰：《宋史》卷二百五十五《王全斌传》，中华书局，1977 年，第 25 册，第 8921 页。

[128] （宋）路振撰：《九国志》卷七《李廷珪传》，傅璇琮、徐海荣、徐吉军主编：《五代史书汇编》，杭州出版社，2004 年，第 6 册，第 3314 页。

[129] （元）脱脱等撰：《宋史》卷四百七十九《王昭远传》，中华书局，1977 年，第 40 册，第 13886 页。

[130] 文渊阁《钦定四库全书·史部》之《锦里耆旧传》卷四，第 7 页；另作"欧阳炯"，（宋）勾延庆撰：《锦里耆旧传》卷八，傅璇琮、徐海荣、徐吉军主编：《五代史书汇编》，杭州出版社，2004 年，第 10 册，第 6054 页。

[131] （宋）李焘撰：《续资治通鉴长编》卷二《太祖》，中华书局，2004 年，第 1 册，第 46 页；（宋）李焘撰：《续资治通鉴长编》卷二《太祖二》，上海古籍出版社，1986 年，第 1 册，第 17 页。

[132] （元）脱脱等撰：《宋史》卷四百七十九《欧阳迥传》，中华书局，1977 年，第 40 册，第 13894 页。

[133] （清）吴任臣撰：《十国春秋》卷四十九《后蜀二·后主本纪》，中华书局，1983 年，第 2 册，第 730 页。

[134] 王国维：《庚辛之间读书记》，《王国维遗书》，上海古籍书店，1983 年，第 10、11 页；陈尚君：《"花间"词人事辑》，《俞平伯先生从事文学活动六十五周年纪念文集》，巴蜀书社，1992 年，第 266～271 页。

[135] （后蜀）赵崇祚编，杨景龙校注：《花间集校注（典藏本）》，中华书局，2015 年，第 1 册，第 1、2 页。

[136] （宋）王溥：《五代会要》卷二十五《幕府》，上海古籍出版社，1978 年，第 395 页。

[137] （宋）王溥：《五代会要》卷十九《县令上录事参军附》，上海古籍出版社，1978 年，第 314 页。

[138] （宋）王溥：《五代会要》卷二十五《幕府》，上海古籍出版社，1978 年，第 396 页。

[139] （宋）王溥：《五代会要》卷二十五《幕府》，上海古籍出版社，1978 年，第 397 页。

[140] （元）马端临撰：《文献通考》卷五十三《职官七·监察侍御史》，中华书局，1986 年，第 488 页；
（宋）欧阳修、宋祁撰：《新唐书》卷三十八《百官三·御史台》，中华书局，1975 年，第 4 册，
第 1239、1240 页。

[141] 成都市博物馆考古队：《五代后蜀孙汉韶墓》，《文物》1991 年第 5 期；成都文物考古研究所、
成都博物院：《成都出土历代墓铭券文图录综释》，文物出版社，2012 年，上册，第 86、87 页。

[142] （清）吴任臣撰：《十国春秋》卷四十九《后蜀二·后主本纪》，中华书局，1983 年，第 2 册，
第 713 页。

[143] （宋）曾宏父撰：《石刻铺叙》卷上《益郡石经》，中华书局，1985 年，第 1、2 页。

[144] （宋）晁公武撰，孙猛校：《郡斋读书志校证》附志《石经尔雅》，上海古籍出版社，1990 年，下册，
第 1087 页；（宋）曾宏父撰：《石刻铺叙》卷上《益郡石经》，中华书局，1985 年，第 3 页。

[145] （宋）曾宏父撰：《石刻铺叙》卷上《益郡石经》，中华书局，1985 年，第 5 页。

[146] 洛阳市文物工作队：《洛阳后梁高继蟾墓发掘简报》，《文物》1995 年第 8 期，第 59 页。

附录二　后蜀赵廷隐墓出土花冠舞俑与柘枝舞

闫　琰

（成都博物馆）

赵廷隐墓出土的一件花冠伎乐女俑服饰造型奇特。通过对比相关考古材料和文献记载，笔者推测其为柘枝舞俑。

一、花冠伎乐俑

赵廷隐墓出土的一件花冠女俑立于椭圆形底座之上，身材匀称，面容丰腴，略带微笑。上身前躬，头微右倾，双手上扬，左足直立，右足微翘，做舞蹈状。头戴红色描金鸡冠状帽，额前窄缘饰云头纹，两侧及后部下垂覆耳后向上翻折，后视其翻折部呈"山"字形；帽顶尖角向前，中部有纵向云头状凸起似鸡冠形，上饰珠形物；两侧护耳亦呈云纹状，边缘似凤翅，中部绘红黄花卉。帽两侧耳部自后向前各垂一长带，搭于身前，长度及腰，长带中部饰双凹弦纹，端呈箭矢状并描金。帽后为披风，垂至腰部，红底金缘，上饰红黄色花卉纹样。外穿红色大翻领右衽窄袖及地长袍，左侧上部脱掉系结于腰后，胯部两侧开衩，前摆收于身前，后摆自然垂下。内着两层黄色右衽交领衬衣。外侧为短袖袍，袍长至膝，两侧自腰下拼接带褶衣摆。褶袍下前垂红色如意云头形边缘裙片，饰红色缘边，长至脚面，上有墨绘黄色花卉纹样，形制同蔽膝。内着右衽交领窄袖衣，袍长盖足。腰束革带，带饰弦纹，后有黄色长方形带銙。下着外白内红双层大口裤，白色裤脚上有墨绘花草枝叶。足穿黄底红面尖头鞋，鞋头有金色云纹装饰。俑最宽23.2、通高45.3厘米，重2.6千克（图版四二八～图版四三五）。此俑与其他舞俑和伎乐俑共出，结合其服饰及姿态，可确定其为舞俑。

二、花冠伎乐俑的柘枝舞特征

已发表的考古材料中罕有与赵廷隐墓花冠伎乐俑形制相同者，但唐宋文献，特别是唐代诗词中对柘枝舞伎的描写甚多。

张祜《金吾李将军柘枝》：足叠蛮鼍引柘枝，巷檐虚帽带交垂。紫罗衫宛蹲身处，红锦靴柔踏节时[1]。

张祜《投魏博田司空二十韵》：小旗鞍马令，尖帽柘枝娘[2]。

张祜《赠柘枝》：帽侧蹙腰铃数转[3]。

张祜《赠杭州柘枝》：红罨画衫缠腕出，碧排方胯背腰来[4]。

张祜《寿州裴中丞出柘枝》：罗带却翻柔紫袖，锦靴前踏没红茵。深情记处常低眼，急拍来时旋折身[5]。

白居易《柘枝妓》：带垂钿胯花腰重，帽转金铃雪面回[6]。

白居易《柘枝词》：绣帽珠稠缀，香衫袖窄裁[7]。

白居易《看常州柘枝赠贾使君》：莫惜新衣舞柘枝，也从尘污汗沾垂[8]。

白居易《奉和汴州令狐令公二十二韵》：发滑歌钗坠，妆光舞汗沾[9]。

卢肇《湖南观双柘枝舞赋》：袭舞衫，突舞弁。珠彩荧煌，铃光炫转。外宝带以连玉。……靴瑞锦以云匝，……拾华衽以双举，露轻裾之一半[10]。

刘禹锡《观舞柘枝二首》：垂带覆纤腰，安钿当妩眉。……何如上客会，长袖入华裀[11]。

刘禹锡《和乐天柘枝》：鼓催残拍腰身软，汗透罗衣雨点花[12]。

沈亚之《柘枝舞赋》：差重锦之华衣，俟终歌而薄祖[13]。

薛能《柘枝词三首》：急破催摇曳，罗衫半脱肩[14]。

通过这些诗词，可知柘枝舞伎戴尖帽，帽侧上翻，两侧存飘带，帽饰有铃、珠之类，腰间系带，且带上存玉钿，身着红色窄长袖衣，随鼓声旋转舞动，半脱外袍，并将下摆分系于前后，足穿饰云纹红色靴。柘枝舞伎的这些特征与赵廷隐墓花冠伎乐俑相符。

唐宝应年间的《教坊记》载："凡欲出戏，所司先进曲名……《垂手罗》《回波乐》《兰陵王》《春莺啭》《半社渠》《借席》《乌夜啼》之属谓之'软舞'，《阿辽》《柘枝》《黄獐》《拂林》《大渭州》《达摩支》之属谓之'健舞'"[15]。说明柘枝舞在唐中期已非常流行，且为健舞。晚唐的《乐府杂录》"舞工"条载："舞者，乐之容也。有大垂手、小垂手，或如惊鸿，或如飞燕。婆娑，舞态也；蔓延，舞缀也。古之能者，不可胜记。即有健舞、软舞、字舞、花舞、马舞。健舞曲有《棱大》《阿连》《柘枝》《剑器》《胡旋》《胡腾》，软舞曲有《凉州》《绿腰》《苏合香》《屈柘》《团圆旋》《甘州》等"[16]。至晚唐，不仅有健舞柘枝，而且新出现软舞屈柘枝。

《乐书》"柘枝舞"条载："《柘枝舞》，童衣五色绣罗宽袍，胡帽，银带。案唐《杂说》，羽调有《柘枝曲》，商调有《掘柘枝》，角调有《五天柘枝》，用二童舞，衣帽施金铃，抃转有声。始为二莲华，童藏其中，华拆而后见，对舞相占，实舞中之雅妙者也。然与今制不同矣，亦因时损益然邪？唐明皇时《那胡柘枝》，众人莫不称善"[17]。宋代柘枝舞已与唐代有区别，但其舞童"着五色绣罗、宽袍、胡帽、银带……衣帽施金铃"，尚可见唐柘枝舞遗风。

综上所述，可确认赵廷隐墓出土花冠女俑即为柘枝舞俑，表现的是舞曲将终时的情景。

三、柘枝舞的起源

关于柘枝舞源头，学界主要有三种观点，向达认为其出自昭武九姓之石国[18]，沈淑庆、奚治茹认为其源于拓跋鲜卑[19]，杨宪益主张其源于南诏[20]。通过文献与考古材料的综合研究可知，柘枝舞起源于柔然，后传至鲜卑地区和昭武九姓，中唐后经粟特人传入中土并迅速风靡全国。

《乐府杂录》载："健舞曲有棱大、阿连、柘枝、剑器、胡旋、胡腾"[21]。日本学者石田干之助考证，胡旋舞源自康国，胡腾舞源自石国[22]，两者皆源自西域之昭武九姓。《柘枝舞赋》"昔神祖之克戎，宾杂舞以混会。柘枝信其多妍兮，命佳人以继态"[23]、《观舞柘枝二首》"胡服何葳蕤，仙仙登绮墀"[24]也暗示柘枝源自西域，赵廷隐墓柘枝舞俑所着大翻领外袍确含明显西域风格，柘枝舞应为胡舞无疑。

部分南北朝至隋唐时期考古材料能直接反映当时胡舞形象。北齐范粹墓出土的黄釉瓷扁壶浅浮雕五人乐舞图[25]，五人高鼻深目，乐者皆头戴小帽，舞者发式前齐额头、侧盖双耳、后不及项，舞者和击钹者身着对襟大翻领长袍，腰间束带，足蹬长靴，舞者脚踏莲花状毯，且乐队以抃掌为节（图一）。北周安伽墓出土围屏中有奏乐舞蹈图，正面围屏第一幅舞者"剪发，身着褐色翻领紧身长袍，袍前胸中部开襟，领口、前襟、袖口及下摆为红色，腰系黑带，穿白裤，脚蹬黑色长靴。双手相握举于头顶，扭腰摆臀后抬左脚"；正面围屏第六幅为奏乐宴饮舞蹈图，舞者"剪发，身着红色翻领紧身长袍，袍内穿红衣，腰系黑带，穿浅色裤，脚蹬黑色长靴"[26]（图二）。安伽墓舞者发式、服饰、姿态与范粹墓扁壶乐舞图舞者极为相似，两图皆刻画有抃掌为节的人物，所以范粹墓扁壶乐舞图与安伽墓围屏奏乐舞蹈图所表现的应该是同一种舞蹈。据安伽墓志，其为姑藏昌松人，且为同州萨保。《元和姓纂》"姑藏凉州安氏条"载"（安氏）

图一　北齐范粹墓出土黄釉瓷扁壶

图二　北周安伽墓围屏石榻乐舞图

1、2.正面第六幅　3、4.正面第一幅

出自安国，汉代遣子朝国，居凉土，后魏安难陀至孙盘娑罗，代居凉州，为萨宝"[27]。可见安伽为凉州安氏，源自安国。北周史君墓石堂上存大量精美浮雕，其中北壁 N2 "台阶下右侧有 3 人，右侧为伎乐，正在手拍腰鼓，其身后放一瓶，中间站立一人，似在应节鼓掌。左侧一人长袖飘舞，左腿抬起作舞蹈状"[28]。N2 下部雕刻二位乐人和舞者皆似剪发，舞者着紧身袍，腰间束带，足蹬长靴，乐人中一人抃掌为节（图三）。初步判断画面中的舞蹈与范粹墓扁壶乐舞图所表现的亦为同一种舞蹈。据石堂题刻，男墓主人为史国人，女墓主人康氏应为康国人。

《魏书·西域传》载"康国者……旧居祁连山北昭武城……米国、史国、曹国、何国、安国、小安国、那色波国、乌那曷国、穆国皆归附之。"[29]《新唐书·西域传》亦载"康者……枝庶分王，曰安，曰曹，曰石，曰米，曰何，曰火寻，曰戊地，曰史，世谓'九姓'，皆氏昭武。"[30] 康国为昭武九姓宗主国，枝庶国名略有变化，可能与魏宋间国家兴灭有关。然如《隋书》"安国"条载："汉时安息国也。王姓昭武氏，与康国王同族……风俗同于康国"，"史国"条载："其王姓昭武……亦康国王之支庶也"[31]，可知安国、史国一直为昭武九姓之枝庶国。可见，范粹墓黄釉瓷扁壶乐舞图表现的是南北朝流行于昭武九姓康、安、史国的舞蹈。该舞蹈为男性单人舞，舞者为剪发，外着翻领外袍、束带、足蹬长靴。《魏书》《晋书》《周书》《隋书》《新唐书》等皆载西域波斯、焉耆、悦般、嚈哒、康国、龟兹等地男子流行剪发，所以流行于昭武九姓的这种舞蹈应源于西域本地。后蜀赵廷隐墓出土柘枝舞俑着翻领长袍、束带、穿靴等特征与南北朝时期流行于中土的西域胡舞服饰相同。

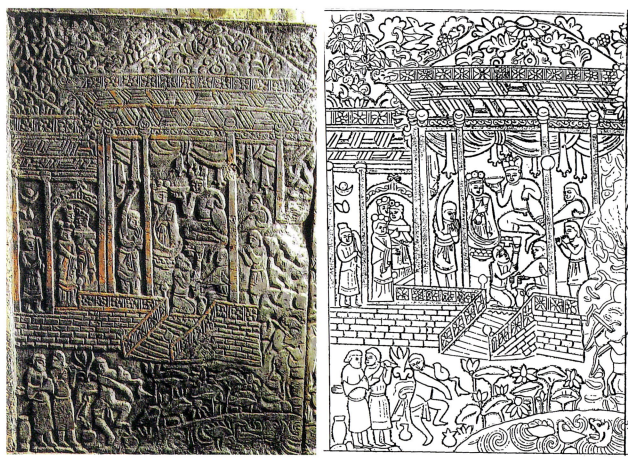

图三　北周史君墓石堂N2乐舞图

与唐五代胡舞形象的对比可进一步确认两者的密切联系。宁夏盐池唐墓M6存石刻门两扇，正面各凿刻一男子。右扇门上所刻男子"头戴圆帽、身着圆领窄袖紧身长裙，脚穿软靴。左扇门上所刻男子身着翻领窄袖长袍，帽、靴与右扇相同。均单足立于小圆毯上，一脚腾起，扬臂挥帛，翩翩起舞"[32]（图四）。M6葬具为石棺床，与上文昭武九姓中康、安、史国人的葬俗相同，墓主人为昭武九姓何国人。细观雕刻形象，发现舞者头部未戴小帽，而是束带以固定剪发。可见至盛唐时期流行于昭武九姓的胡舞由男性独舞变为双人对舞，头部也有束带飘于脑后。唐《兴福寺半截碑》侧面有两个舞者立于图像中部植物两侧，姿态、服饰一致，单足立于似为植物枝叶的略呈圆形莲花状物上，束带飘于脑后，身着圆领窄袖长袍，腰间束带，足蹬长靴[33]（图五）。该墓稍晚于盐池唐墓M6，两墓中的舞者服饰及姿态基本相同，无帔，身着袖部窄长的圆领长袍。他们比南北朝胡舞形象更接近赵廷隐墓柘枝舞俑的服饰特征。后周冯晖墓东西壁伎乐彩雕砖前列有一男一女两位"巫师"形象[34]，服饰和姿态与赵廷隐墓出土柘枝舞俑基本一致（图六）。

学术界对南北朝流行于昭武九姓的舞蹈和唐代宁夏盐池M6石门、西安《兴福寺半截碑》所刻胡舞为胡腾、胡旋或柘枝未有定论，但这些舞蹈无疑皆为胡舞。南北朝与唐代舞者的发式、服饰及舞姿均较相似，后者由男性单人舞变为男性双人舞。五代十国时期柘枝

图四　宁夏盐池唐墓M6石门舞蹈图

图五　唐《兴福寺半截碑》侧面舞蹈图

1　　　　　　　　　　　2

图六　后周冯晖墓柘枝舞砖雕

1.东壁　2.西壁

舞者头系飘带、身着窄长袖袍、脚踏圆毯及为双人舞等特征明显继承了唐代胡舞，但由男性双人舞变为一男一女或女性双人舞。因此，五代时期柘枝舞应深受昭武九姓文化影响，服饰、舞姿等与南北朝至唐流行于昭武九姓的胡舞有诸多相似之处。

柘枝舞深受昭武九姓胡舞影响并不能表明其源自昭武九姓。部分学者从文献角度判断柘枝舞源于昭武九姓之石国[35]，但从考古材料观察，柘枝舞者所戴卷檐鸡冠状高帽、帽侧飘带及背披披风等特征并非源自昭武九姓。考古发现的大量粟特人戴帽形象比较一致，如敦煌佛爷庙湾唐墓模印砖胡商牵驼形象[36]、吐鲁番阿斯塔那古墓群 M206 驼夫俑[37]、洛阳龙门唐安菩夫妇墓牵驼俑[38]及宁夏盐池唐墓群出土女侍俑[39]，男女所戴帽皆尖顶向上，帽檐窄且紧贴帽身，帽侧亦无飘带，与柘枝舞者头部服饰迥异（图七）。北魏时期"自葱岭以西，至于大秦，百国千城，莫不欢附，胡商贩客，日奔塞下"[40]。胡人内附，必然带来其文化。到了唐代，胡服、胡妆、胡人乐舞广泛流行。柘枝舞或在唐代由昭武九姓传播至中土，其服饰融合了昭武九姓因素和其他异于昭武九姓及中土的特征。

隋代虞弘墓可为柘枝舞源头提供线索。该墓的汉白玉石椁雕绘宴饮、乐舞、射猎、家

图七　考古材料中的粟特人形象

1. 敦煌佛爷庙湾唐墓胡商牵驼模印砖　2. 唐李凤墓胡人牵驼图
3. 吐鲁番阿斯塔那古墓群M206驼夫俑　4. 洛阳龙门唐安菩夫妇墓牵驼俑　5. 宁夏盐池唐墓群女侍俑

居、行旅等画面，其中贵族、伎乐大多头系飘带，特别是石椁后壁居中部位所雕绘宴饮乐舞图上部，"在亭前平台上，坐着一男一女，似为夫妻。男者头戴冠，冠后有两条长达臂肘的飘带……女子面对着他，曲脚坐于平台上，头戴花冠，身着半壁裙装。"女子背后两侍女亦头戴花冠，冠侧存飘带，着半臂长袍，腰间系带（图八、图九）。该图中女性所戴花冠与赵廷隐墓柘枝舞俑所戴鸡冠状帽极为相似，结合飘带、半臂长袍、束带等服饰特征，可证柘枝舞应源于此处。据墓志，墓葬年代为隋开皇十二年（592 年）。男墓主人姓虞名弘，"鱼国尉纥驎城人"，曾奉茹茹国王之命出使波斯、吐谷浑和安息、月支等国故地，后出使北齐，随后便在北齐、北周和隋为官[41]。鱼国不见于中外文献，细观墓志照片，两处"鱼国"之"鱼"均存修改痕迹。鱼国可能并不存在，墓主人的故国因不明原因遭到改刻。虞弘墓出土遗骨和牙齿的线粒体 DNA 序列分析结果显示，虞弘的线粒体有欧洲序列的特征，其

图八　隋虞弘墓石椁后壁乐舞图

图九 隋虞弘墓石椁后壁乐舞图线图及细部
1. 线图 2. 男女主人 3. 侍女 4. 乐者

夫人具有欧洲序列和亚洲序列的特征[42]。学界主要据鱼国及尉纥驎城发音的比较提出看法，目前有稽胡说、粟特说、柔然说、大月氏说等[43]，以柔然说为主体。结合墓主人奉茹茹国王之命出使波斯、吐谷浑和安息、月支等国故地，后定居北周的经历，及"鱼"与"茹"古音同等因素，鱼国实为茹茹国，即柔然。因此，柘枝舞应起源于柔然所在区域。

西域及中土皆不见赵廷隐墓柘枝舞俑背披与帽连接的披风，已发表的考古材料中，仅固原北魏壁画墓中存类似形象，壁画墓中东王公、西王母、舜、郭巨等人皆为头戴长尖帽、背披与帽相连方巾的形象[44]（图一〇），孙机将该墓忍冬图案与太和八年司马金龙漆屏边饰及该墓人物服饰与内蒙古赤峰市托克托县太和八年鎏金铜释迦像座供养人服饰进行对比，认为墓葬时代在"献文帝已死、冯太后开始推行汉化政策期间"的太和八年至十年[45]，所言甚确。该墓壁画内容含明显中土文化因素，但人物服饰却保留着汉化前的鲜卑风格，背披与帽连接方巾应是鲜卑服饰的特征之一。柔然与北魏毗邻，两者之间存在频繁的经济和军事接触，《魏书》载"蠕蠕，东胡之苗裔也……先世源由，出于大魏"[46]，可见柔然与鲜卑的文化渊源和交流都甚为密切，固原北魏壁画墓部分人物背披与帽连接方巾的习俗不但流行于鲜卑地区，亦可能流行于柔然地区。《古今图书集成》引《同话录》曰"舞柘

1

2

图一〇 固原北魏墓漆棺画着鲜卑服饰人物形象
1. 西王母、东王公 2. 郭巨及妻子

之本出拓跋氏之国，流传误为柘枝也，其字相近耳”[47]。无论《同话录》所载柘枝舞名称来由是否属实，柘枝舞在唐中后期广泛流行于中土前应在服饰和文化上吸取了诸多鲜卑因素，舞伎背披方巾为其反映之一。

　　因而，柘枝舞应起源于柔然地区，先传播至与其有密切联系的鲜卑地区，至唐中期又通过经商和内附的粟特人传播至中土，所以柘枝舞者服饰兼含柔然、鲜卑和粟特特征。

四、柘枝舞的发展

　　唐代诗词中关于柘枝舞常见的地名有常州、汴州、浙右、同州、钟陵、湖南、寿州、池州、杭州、潭州等，说明唐中晚期柘枝舞已盛行于大江南北，到唐晚期犹以南方为盛。根据前述《教坊记》《乐府杂录》的记载，唐晚期在柘枝舞基础上新出屈柘枝。何昌林认为屈柘枝应为《屈调·柘枝辞》，“屈调”实为降音，将羽调《柘枝曲》降音为商调《屈柘枝》[48]。晚唐五代流行于南方地区的柘枝舞者已由男性变为女性，继承了柘枝舞的刚健有力，也会表现女性的妩媚柔软，舞为乐之容，曲音定会下降。所以，屈柘枝为柘枝舞传播至南方地区后在晚唐时期吸收当地文化而成。这里的南方地区主要指长江上中游的巴蜀和荆楚地区，因《羯鼓录》载“广德中，前双流县丞李琬者亦能之……夫曲有不尽者，须以他曲解之，方可尽其声也。夫《耶婆色鸡》，当用《榲柘急遍》解之”[49]，可见今四川地区是较早出现屈柘枝的地区，晚唐时期柘枝舞诗名中出现的地名以荆楚地区最为密集。

　　五代时期，柘枝舞逐渐由双人舞形态屈柘枝向宋代队舞形态转变。河北曲阳县王处直墓后室西壁存浮雕“散乐图”，乐队前列两女童头戴鸡冠状帽，帽侧存飘带，身着长袍，双手上扬，作舞蹈状。服饰与赵廷隐墓柘枝舞俑基本一致（图一一）。该墓建于924年[50]。可见，五代时期屈柘枝舞者已出现用女童者。

　　前述宋《乐书》“柘枝舞”条所载柘枝女童服饰与王处直墓壁画所绘舞者基本一致，推测王处直壁画墓所绘柘枝舞表演已包含女童始藏于莲花、华拆而对舞这一新的内容。南宋《鄮峰真隐漫录》中大曲部“柘枝舞”条详细记载了两柘枝女童（“花心”）的服饰、台词及舞蹈[51]。可知宋代柘枝舞者服饰尚存唐代遗风，表演者已固定为女童，并以队舞的形式表演。元《宋史·乐志》亦载“队舞之制，其名各十。小儿队凡七十二人：一曰柘枝队，衣五色绣罗宽袍，戴胡帽，系银带”[52]。

　　宋初，柘枝舞较流行，为十大队舞之一。北宋中期已逐渐衰落，但仍有人痴迷柘枝，《梦溪笔谈》载：“寇莱公（寇准）好柘枝舞，会客必舞柘枝，每舞必尽日，时谓之‘柘枝颠’”[53]。《新雕皇朝类苑》载：“燕龙图肃有巧思，初为永兴推官，知府寇莱公好舞柘枝。有一鼓甚惜之，其环忽脱，公怅然以问诸匠，皆莫知所为。燕请以环脚为镙簧内之，则不脱矣，莱公大喜”[54]。可见寇准之时了解柘枝舞鼓的人极少，柘枝舞应已不再流行。《梦溪笔谈》又载：“今凤翔有一老尼，犹莱公时柘枝妓，云当时柘枝尚有数十遍，今日

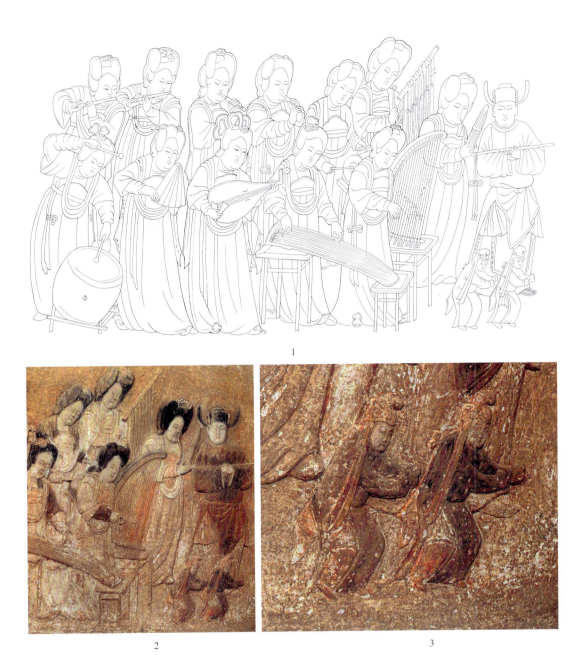

图一一 王处直墓后室西壁散乐图线图及细部
1. 线图　2. 右侧细部　3. 右侧舞者细部

所舞柘枝，比当时十不得二三"[55]，亦可证柘枝舞至北宋中晚期已衰落。

元明时期的考古资料中基本未见柘枝舞形象，文献中亦极少出现，零星材料如王恽《玉堂嘉话》亦是抄摘前代之说[56]。

五、结语

通过对比考证唐宋文献与相关考古材料，赵廷隐墓出土花冠俑可确认为柘枝舞俑，对比柘枝舞俑服饰、造型特征与已出土昭武九姓、柔然和鲜卑图像及文献，可知柘枝舞起源于柔然，后传至鲜卑和昭武九姓地区，在吸收粟特和鲜卑文化因素后，于唐中期传入中土。晚唐时期，柘枝舞传播至南方地区与当地文化融合形成屈柘枝，流行于全国。五代时期，屈柘枝已经出现了宋代宫廷柘枝队舞因素。宋初，柘枝舞作为宫廷十大少儿队舞之一尚比较流行，北宋中晚期开始，柘枝舞走向衰落。

确定赵廷隐墓出土花冠俑为柘枝舞俑,有助于研究和认识赵廷隐墓及其出土的伎乐俑，也为研究同类考古材料提供了参考。

注释

[1]　（唐）张祜撰：《张承吉文集》卷八《杂题》，宋刻本，上海古籍出版社，2013年，第127页。

[2]　（唐）张祜撰：《张承吉文集》卷九《杂题》，宋刻本，上海古籍出版社，2013年，第157页。

[3]　（唐）张祜撰：《张承吉文集》卷八《杂题》，宋刻本，上海古籍出版社，2013年，第128页。

[4]　（唐）张祜撰：《张承吉文集》卷八《杂题》，宋刻本，上海古籍出版社，2013年，第128页。

[5]　（唐）张祜撰：《张承吉文集》卷八《杂题》，宋刻本，上海古籍出版社，2013年，第126页。

[6]　（清）彭定求等编：《全唐诗》卷四百四十六《白居易二十三》，中华书局，1960年，第13册，第5006页。

[7]　（清）彭定求等编：《全唐诗》卷四百四十八《白居易二十五》，中华书局，1960年，第13册，第5053页。

[8]　（清）彭定求等编：《全唐诗》卷四百四十六《白居易二十三》，中华书局，1960年，第13册，第5008页。

[9]　（清）彭定求等编：《全唐诗》卷四百四十七《白居易二十四》，中华书局，1960年，第13册，第5018页。

[10]　（唐）卢肇撰：《文标集》，（宋）李昉等编：《文苑英华》卷七九，中华书局，1956年，第1册，第361页。

[11]　（清）彭定求等编：《全唐诗》卷三百五十四《刘禹锡一》，中华书局，1960年，第11册，第3972页。

[12]　（清）彭定求等编：《全唐诗》卷三百六十《刘禹锡七》，中华书局，1960年，第11册，第4067页。

[13]　（唐）沈亚之撰，肖占鹏、李勃洋校注：《沈下贤集校注》卷一，南开大学出版社，2003年，第3页。

[14]　（唐）薛能撰：《柘枝词三首》，（清）彭定求等编：《全唐诗》，中华书局，1960年，第1册，第290页。

[15]　（唐）崔令钦撰，罗济平校点：《教坊记》，辽宁教育出版社，1998年，第2页。

[16]（唐）段安节撰：《乐府杂录》，《丛书集成新编》，台湾新文丰出版公司，1986年，第53辑，第425页。

[17]（北宋）陈旸撰，张国强点校：《〈乐书〉点校》，中州古籍出版社，2019年，下册，第953页。

[18]向达：《柘枝舞小考》，《唐代长安与西域文明》，重庆出版社，2009年，第76页。

[19]沈淑庆、奚治茹：《关于"莲花台舞"历史演变的研究》，《舞蹈》2000年第2期。

[20]杨宪益：《〈柘枝舞〉的来源》，《译余偶拾》，山东画报出版社，2006年，第10页。

[21]（唐）段安节撰：《乐府杂录》，丛书集初编成本，中华书局，1985年，第11页。

[22]石田干之助著，欧阳予倩译：《胡旋舞小考》，《舞蹈学习资料》（第四辑），中国舞蹈艺术研究院筹委会编内部资料，1954年；向达：《柘枝舞小考》，《唐代长安与西域文明》，重庆出版社，2009年，第76页。

[23]（唐）沈亚之撰：《沈下贤集校注》卷一，南开大学出版社，2003年，第3页。

[24]（清）彭定求等编：《全唐诗》卷三百五十四《刘禹锡一》，中华书局，1960年，第11册，第3972页。

[25]河南省博物馆：《河南安阳北齐范粹墓发掘简报》，《文物》1972年第1期。

[26]陕西省考古研究所：《西安北周安伽墓》，文物出版社，2003年，第25、34页。

[27]（唐）林宝撰，岑仲勉校：《元和姓纂》卷四，"安"姓条，中华书局，1994年，第500页。

[28]西安市文物保护考古所：《西安北周凉州萨保史君墓发掘简报》，《文物》2005年第3期。

[29]（北齐）魏收撰：《魏书》卷一〇二《西域传》，中华书局，1974年，第6册，第2281页。

[30]（宋）欧阳修、宋祁撰：《新唐书》卷二百一十六《西域传下》，中华书局，1975年，第20册，第6243页。

[31]（唐）魏征等撰：《隋书》卷八十三《西域传》，中华书局，1973年，第6册，第1849、1855页。

[32]宁夏回族自治区博物馆：《宁夏盐池唐墓发掘简报》，《文物》1988年第9期。

[33]唐僧大雅：《集王羲之书〈兴福寺半截碑〉》，张钧编：《碑林墨宝集赏·行书卷》，西安地图出版社，2006年，第51～71页；罗丰：《隋唐间中亚流传中国之胡旋舞》，《胡汉之间："丝绸之路"与西北历史考古》，文物出版社，2004年，第280页。

[34]杨忠敏、阎可行：《陕西彬县五代冯晖墓彩绘砖雕》，《考古》1994年第11期；咸阳市文物考古研究所：《五代冯晖墓》，重庆出版社，2001年，第64页；罗丰：《五代后周冯晖墓出土彩绘乐舞砖雕考》，《考古与文物》1998年第6期。

[35]向达：《柘枝舞小考》，《唐代长安与西域文明》，重庆出版社，2009年，第76页；郭丽：《柘枝舞起源三说平议》，《民族文学研究》2014年第5期。

[36]甘肃省博物馆：《敦煌佛爷庙湾唐代模印砖墓》，《文物》2002年第1期。

[37]新疆维吾尔自治区博物馆、西北大学历史系考古专业：《1973年吐鲁番阿斯塔那古墓群发掘简报》，《考古》1975年第7期。

[38]洛阳市文物工作队：《洛阳龙门唐安菩夫妇墓》，《中原文物》1982年第3期。

[39]宁夏回族自治区博物馆：《宁夏盐池唐墓发掘简报》，《文物》1988年第9期。

[40]（北魏）杨炫之撰，范祥雍校注：《洛阳伽蓝记校注》卷三，"宣阳门"条，上海古籍出版社，1958年，第159页。

[41]山西省考古研究所、太原市考古研究所、太原市晋源区文物旅游局：《太原隋代虞弘墓清理简报》，《文物》2001年第1期；太原市文物考古研究所：《隋代虞弘墓》，文物出版社，2005年。

[42]谢承志等：《虞弘墓出土人类遗骸的线粒体DNA序列多态性分析》，《隋代虞弘墓》，文物出版社，2005年，第204～207页。

[43]林梅村：《稽胡史迹考——太原新出隋代虞弘墓志的几个问题》，《中国史研究》2002年第1期；余太山：《鱼国渊源臆说》，《史林》2002年第3期；罗丰：《一件关于柔然民族的重要史料——隋虞弘墓志》，《胡汉之间："丝绸之路"与西北历史考古》，文物出版社，2004年，第412页；张金龙：《隋代虞弘族属及其祆教信仰管窥》，《文史哲》2016年第2期等。

[44]固原县文物工作站：《宁夏固原北魏墓清理简报》，《文物》1984年第6期。

[45]孙机：《固原北魏漆棺画》，《中国圣火：中国古文物与东西文化交流中的若干问题》，辽宁教育出版社，1996年，第122～138页。

[46] （北齐）魏收撰：《魏书》卷一〇三《蠕蠕传》，中华书局，1974 年，第 6 册，第 2289、2299 页。

[47] （清）陈梦雷等辑：《古今图书集成·经济汇编·乐律典》卷九十《舞部杂录》，中华书局影印本，1934 年，第 737 册，第 57 页。

[48] 何昌林：《唐代舞曲〈屈柘枝〉——敦煌曲谱〈长沙女引〉考辨》，《敦煌学辑刊》1985 年第 1 期。

[49] （唐）南卓撰：《羯鼓录》，上海古籍出版社，1988 年，第 8、9 页。

[50] 河北省文物研究所、保定市文物管理处：《五代王处直墓》，文物出版社，1998 年，第 39 页。

[51] （南宋）史浩撰：《鄮峰真隐漫录》卷四十五《大曲》，四川大学古籍所编：《宋集珍本丛刊》，线装书局，2004 年，第 43 册，第 277 页。

[52] （元）脱脱等撰：《宋史》卷一百四十二《乐志十七》，中华书局，1977 年，第 10 册，第 3350 页。

[53] （宋）沈括撰，张福祥译注：《梦溪笔谈》卷五《乐律一·柘枝旧曲》，中华书局，2009 年，第 79 页。

[54] （宋）江少虞编：《新雕皇朝类苑》卷十四，"燕龙图"条，日本元和七年活字印本，第 93 页。

[55] （宋）沈括撰，张福祥译注：《梦溪笔谈》卷五《乐律一·柘枝旧曲》，中华书局，2009 年，第 79 页。

[56] （元）王恽《玉堂嘉话》卷三载"宋克温说：'今山阴，古金山也……身毒，印都；土蕃，土波。柘枝舞，本柘拔舞，金人以名不佳，改之"，《丛书集成新编》，台湾新文丰出版公司，1986 年，第 12 辑，第 576 页。

后 记

　　赵廷隐墓是成都地区继发掘后蜀皇帝孟知祥墓（和陵）、张虔钊墓、徐铎墓、宋琳墓、孙汉韶墓等后蜀时期高等级大型墓葬后的又一重要发现，为研究后蜀时期高等级墓葬提供了可靠的材料。

　　本次考古发掘领队为王毅，现场执行领队为龚扬民、谢涛，参加发掘整理的工作人员还有杨颖东、王宁、白玉龙、闫琰、王军，龙泉驿区文物保护管理所袁云基、杨军等。发掘现场绘图由王军完成，室内整理绘图由寇小石、陈睿完成，陶瓷器保护修复由孙杰、曾帆、陈翮、付金凤完成，壁画和金属器保护修复由王宁、刘晓彬完成，石质文物保护修复由王通洋、陈俊橙完成，拓片由戴福尧、严彬完成，出土器物照片由孙杰、陈俊橙、曾帆、陈翮、付金凤拍摄，发掘现场照片由龚扬民、王军拍摄。

　　报告的第一章以及第三章第一、二、三、四节由闫琰、谢涛执笔，第二章由谢涛、闫琰、王宁执笔，第三章第五、六节以及第四章第一节由童蕾旭、闫琰执笔，第四章第二节由谢涛执笔，第四章第三、四、五节由闫琰执笔。

　　此次的发掘和整理工作得到四川省文物局、成都市文化广电旅游局、龙泉驿区文物保护管理所等单位的关心和支持。成都文物考古研究院颜劲松院长、江章华副院长、蒋成副院长多次亲临工地现场指导和协调具体工作，成都文物考古研究院周志清副院长、陈云洪研究员、陈剑研究员、肖嵘研究员等先后给予学术指导，陕西省文物考古研究院赵西晨、王啸啸两位先生对壁画的保护和揭取工作提出宝贵的技术指导，四川大学考古文博学院张勋燎教授、白彬教授等学界前辈也提出不少宝贵意见。

　　在此，对上述诸单位和领导、前辈、同仁一并致以诚挚谢意！

　　由于编写时间仓促，作者水平有限，书中难免有不足之处，敬请读者批评指正。

编者